高职高专酒店管理专业工学结合规划教材

饭店概论

主编 卢静怡 张劲松 主审 王忠林

ZHEJIANG UNIVERSITY PRESS
浙江大学出版社

图书在版编目（CIP）数据

饭店概论 / 卢静怡，张劲松主编. —杭州：浙江大学出版社，2013.8

ISBN 978-7-308-11929-0

Ⅰ.①饭… Ⅱ.①卢…②张… Ⅲ.①饭店—企业管理—高等职业教育—教材 Ⅳ.①F719.2

中国版本图书馆 CIP 数据核字（2013）第 175568 号

饭店概论

卢静怡　张劲松　主编

策划组稿
责任编辑　孙秀丽(sunly428@163.com)
封面设计　俞亚彤
出版发行　浙江大学出版社
（杭州市天目山路 148 号　邮政编码 310007）
（网址：http://www.zjupress.com）
排　　版　杭州中大图文设计有限公司
印　　刷　浙江省邮电印刷股份有限公司
开　　本　787mm×1092mm　1/16
印　　张　11
字　　数　248 千
版 印 次　2013 年 8 月第 1 版　2013 年 8 月第 1 次印刷
书　　号　ISBN 978-7-308-11929-0
定　　价　29.00 元

浙江大学出版社发行部联系方式：0571—88925591；http://zjdxcbs.tmall.com

INTRODUCTION

内容简介

饭店概论课程是旅游类高职高专院校专业基础课，以提高学生整体素质为基础，以能力为本位，着力培养学生的操作实践能力和创新能力。《饭店概论》全书共分为八章，分别介绍了饭店概述、饭店业发展史、饭店集团、饭店等级划分与评定、绿色饭店、主题饭店、经济型饭店、饭店组织等内容。本书强调教与学、学与用的关系，兼顾了酒店管理专业学生的学习特点，减少了普通饭店概论教材中的管理类知识，加大了饭店业发展最新趋势等内容的比重，使之既能体现课程要求，同时又符合行业特点，体现了饭店业日新月异的发展和变化。

本书可作为高校酒店管理专业的教材，也可作为酒店服务与管理岗位培训教材，还可作为饭店爱好者的阅读用书。

PREFACE 前 言

随着国家骨干高职院校建设步伐的进一步推进，为配合酒店管理专业教学改革的需要，体现“工学结合、校企合作”的人才培养模式和课程标准建设的要求，浙江旅游职业学院和世贸君澜酒店管理集团合作编写了《饭店概论》教材。

《饭店概论》作为浙江省重点建设教材，在编写过程中体现了三大特色：第一，充分体现了“校企融合”的特点。本教材编写团队成员来自于浙江旅游职业学院酒店管理专业的一线教师和行业单位的专家，一线教师皆为“双师型”教师，具备丰富的教学经验和高星级酒店的工作经历。教材在编写过程中，根据饭店岗位对员工饭店知识的需求，重构了知识结构和能力体系结构，增加了行业的实际案例，提高了教材在省内外同类高职院校教学和行业培训中的使用率。第二，编写模式新颖，体现高职特色。教材贯彻“以服务为宗旨，以就业为导向”的职业教育方针，打破传统编写模式，弱化理论知识，强化能力培养。教材紧紧围绕着学生关键能力的培养组织教材的内容，以“必需”、“够用”为度，删去繁琐的理论概念和历史知识，将大量案例引入教材，突出了理论知识的实用性，促进了“教、学、用”一体化教学。第三，教材内容全面，具有可读性、趣味性和广泛性。本教材汇编了来自于教学、企业和行业的最新典型案例，促进相关课程的学习；设有饭店历史、全球著名饭店、经济型酒店等社会热点方面的阅读材料，可以满足不同层次人员的需要；同时实现课堂教学资源网络化，培养学生的自主学习能力。

本教材适合作为高校酒店管理专业教材使用，也可作为酒店服务与管理岗位培训教材使用。总教学时数为 36 课时，每周 2 课时授课，一学期完成全部课程。本教材共分饭店概述、饭店业发展史、饭店集团、饭店等级划分与评定、绿色饭店、主题饭店、经济型酒店、饭店组织等八个章节，各章由引言、教学目标、核心概念、正文、知识拓展、案例分享与思考构成。

本书由浙江旅游职业学院和世贸君澜酒店管理集团合作编写，卢静怡、张劲松担任主编，具体编写分工：第1章、第2章由浙江旅游职业学院顾燕云老师编写，第3章由世贸君澜酒店管理集团董事长助理张劲松编写，第4章、第5章由浙江旅游职业学院雷明化副教授编写，第6章、第7章由浙江旅游职业学院方敏副教授编写，第8章由浙江旅游职业学院卢静怡副教授编写。浙江旅游职业学院王忠林教授负责前言并主审。

在这里，特别感谢浙江大学出版社给我们这次合作机会，以及浙江旅游职业学院君澜学院的鼎力支持，正是他们的帮助，才使本书的出版成为可能。

由于编者水平有限，敬请读者和旅游业人员批评指正。

编　者

2013年3月

CONTENTS 目　录

第一章　饭店概述

引言：饭店是现代旅游业的主要支柱，是旅游供给的最基本的构成要素，是旅游业经营活动必不可少的物质条件，为旅游者提供综合服务的重要场所。本章是本书的开篇，对饭店的定义、特点及一些基本概念进行阐述。

教学目标

1. 掌握饭店、饭店产品的定义及其特点。
2. 理解饭店在国民经济中的作用。
3. 了解饭店不同的分类方法。

核心概念

饭店　饭店产品　饭店功能　特点

第一节　饭店的定义与功能

一、饭店的定义

在中文里表示住宿设施的名词很多，如旅店、旅馆、饭店、宾馆、招待所等等。20 世纪 80 年代末，又引进了中国香港和新加坡等地的“酒店”一词。在英文中，表示饭店意思的词也颇多，有 hotel，inn，lodge，guesthouse，tavern 等。而 hotel 是目前普遍被业内人士和专家学者认可的表述住宿设施的词汇。饭店（hotel）一词源于法语，原指法国贵族在乡间接待宾客的别墅。后来，英、美等国沿用了这一名称来泛指所有商业性的住宿设施。

其实，中国的“饭店”一词含义应接近国际通例。“饭店”在过去等同于“酒店”，甚至“餐馆”、“酒家”等，指能提供餐食的商业经营场所，而“旅店”（旅馆、旅邸等）则提供住宿，餐饮除外。现在也出现了一种只管住宿不管餐饮的“酒店”（经济型），有些像中国古代的旅店。

部分权威辞典对饭店下过不同的定义：

饭店一般来说是为公众提供住宿、膳食和服务的建筑与机构。

——《科利尔百科全书》

饭店是装备完好的公共住宿设施，它一般都提供膳食、酒类与饮料以及其他服务。

——《美利坚百科全书》

饭店是在商业性的基础上向公众提供住宿，也往往提供膳食的建筑物。

——《大不列颠百科全书》

饭店是提供住宿，也经常提供膳食与某些其他服务的设施，以接待外出旅游者和半永久性居住的人。

——《韦伯斯特美国英语新世界辞典》

饭店是向旅游者与过路的人出租睡觉设施的地方。

——《旅游辞典》

饭店是为公众提供住宿设施与膳食的商业性建筑设施。

——《简明不列颠百科全书》

就一般认识而言，“全书”的定义较适合；就现代发展而言，《旅游辞典》的定义较适合。

我国《旅游饭店星级的划分与评定》(GB/T 14308—2010)对旅游饭店做出如下定义：

旅游饭店(Tourist Hotel)是以间(套)夜为时间单位出租客房，以住宿服务为主，并提供商务、会议、休闲、度假等相应服务的住宿设施，按不同习惯可能被称为宾馆、酒店、旅馆、旅社、宾舍、度假村、俱乐部、大厦、中心等。

综合上述定义，饭店是以某一特定的建筑物为依托，通过提供有形的产品和无形的服务等来满足宾客住宿、饮食、娱乐等多方面需求而获取利润的经济组织。

由此可以看出，要成为饭店，必须具备四个条件：

第一，饭店必须具备一定的房屋建筑、设备设施和相关的物资物品。这是饭店提供各种产品和服务的依托，是饭店的首要条件。

第二，饭店必须能够提供住宿、餐饮、商务和其他服务，有满足各种旅居宾客和其他宾客需求的使用功能。

第三，饭店必须有经过系统培训、具备了饭店行业素质的从业人员，其主要职责是为宾客服务。

第四，饭店必须以营利为目的，使用者要支付一定费用。经营者必须自主经营、独立核算、自负盈亏、自担风险。

二、饭店的功能

饭店的功能是指饭店为满足客人的需求而提供的服务所发挥的效用。饭店最基本、也最传统的功能就是向客人提供住宿和餐饮。由于客源及顾客需求的不断变化，现代饭店的功能也已经有了很大的发展，其功能日益多样化。

1. 住宿功能

饭店为顾客提供住宿设施，以清洁、舒适的环境和热情、周到的服务，使顾客获得宾至如归的感受。

2. 餐饮功能

饭店一般设有中餐、西餐、特色风味等不同的餐厅，以良好的环境、可靠的卫生条件、精美的菜肴和优质的服务，向顾客提供零点、团队以及宴会等多种形式的餐饮服务。

3. 商务功能

饭店设置商务中心、商务楼层、商务会议室与商务洽谈室，为商务客人提供传真和国际、国内直拨电话等现代通信设施。商务型饭店客房商务化趋势非常明显，传真机、两条以上的电话线、与电话线连接的打印机、互联网接口等都逐步安装。有的饭店还发展电子会议设备，设有为各种联络所需要的终端。高科技的设施设备使饭店更加智能化、信息化，从而更好地满足商务客人的需求。

4. 度假功能

随着我国度假旅游市场的兴起和不断发展，人们对度假型饭店的需求日益增长。度假饭店一般坐落于风景名胜区内或附近，因地制宜配备娱乐设施，注重提供家庭度假环境，能满足不同类型家庭的度假需求。

5. 休闲娱乐功能

饭店除了提供基本的住宿和餐饮服务外，还提供各种供顾客消遣娱乐、健身康体的活动内容和项目，如付费点播电视、卡拉 OK、游泳、健身、SPA 等。

6. 会议功能

饭店可为从事商业、贸易展览、科学讲座等客人提供各种会议的设施和服务。饭店设有规格不等的会议室、洽谈室、演讲厅、展览厅等设施。会议型饭店往往还配备各种举办大型会议和国际会议的音响设施和同声传译设备，可供召开远程的电视、电话会议，多国语言同声传译的国际会议，各类企业的新产品推介会、业务洽谈会和新闻发布会等。

7. 其他服务功能

除了上述的服务功能外，饭店作为顾客的“家外之家”，还应该尽可能满足旅游者的各种需求，提供各种各样的其他服务，包括代订代邮服务、洗涤服务、游览组织服务，以及其他一些法律允许的特种服务等。

第二节　饭店产品及特点

一、饭店产品的定义

饭店产品是指宾客在住店期间，饭店提供的用以满足宾客需要的有形产品和无形服务的综合。

1. 顾客视角

从顾客角度看，饭店产品是一段住宿经历，它包括物质产品消费和精神享受，由 3 部分构成：

(1)物质产品　顾客实际消耗的物质产品，如饮食、宿具、肥皂、牙刷及牙膏等等。

(2)感觉上的享受　它是通过住宿设施的建筑物、家具、用品等来传递的。顾客通过视觉、听觉、味觉以及嗅觉等感受到的物质享受。

(3)心理上的感受　顾客在心理上所感觉到的利益,如地位感、舒适感、满意程度以及享受程度等。

顾客在饭店的这段经历质量的好坏,既取决于饭店产品的物质形态,如建筑物、家具、食品、饮料及其他无形形态,即提供的各种服务及氛围等,也取决于顾客主观的经历和看法。

2. 饭店视角

从饭店角度看,饭店产品是有形设备设施和无形服务的综合。所以说,饭店产品是饭店硬件和软件的综合体,由 6 部分构成:

(1)饭店的位置　饭店所处的位置,是指它是否位于交通便利地带,如市中心或中心商务区、旅游景区或度假区等。这些都是顾客选择饭店的重要因素。美国饭店业先驱埃尔斯沃思·米尔顿·斯塔特勒(Ellsworth Milton-Statler)先生曾说过:"对任何饭店来说,取得成功的三个根本要素是地点、地点、地点。"今天的现代饭店更应如此,饭店充分利用位置的优势向客人推销,往往就能吸引客人,取得较佳效果。

(2)饭店的设施　饭店设施是指饭店的建筑规模,饭店的各类客房、商务套间、豪华套间、总统套房,各类别具特色的餐厅、商务中心以及公共的休息场所、卫生间等。齐全的设施是构成饭店产品的重要条件。

(3)饭店的服务　饭店的服务包括训练有素、端庄大方、懂得礼仪、恭敬待客的服务员,操作熟练、动作轻盈利落、主动热情、不厌其烦地解答客人的问询、善为客人处理意外情况的现场管理员,以及标准、流利的国际语言交流环境,千方百计为客人排忧解难,使客人感到安全可靠的服务。良好的服务,是饭店产品中最为重要的部分。

(4)饭店氛围　氛围是顾客对饭店的一种感受。例如,中国民族风格的饭店建筑,配上不同格调、不同档次的壁画、艺术品,错落有致的花草布置,以及与之相适应的服务员的传统服饰打扮,对各国客人都有极强的吸引力。

(5)饭店的形象　在竞争日益激烈的社会中,社会形象已成为一个饭店立足社会的必备条件。饭店通过销售与公关活动在公众中所形成的良好形象,涉及饭店的知名度、经营思想、服务质量与信誉度等诸多方面。一个饭店良好的社会形象,是最重要的无形资产,对饭店的生存和发展至关重要。

(6)饭店的价格　价格也是产品的组成部分之一,饭店产品价格制定是否合理对饭店产品的销售、利润及形象会产生很大影响,只有科学合理的定价,才会吸引消费者前来消费,同时使饭店取得最大化的效益。

二、饭店产品的特点

饭店产品不是一种简单的具体产品,而是一种特殊的综合产品,所以具有不同于一般产品的特点。

1. 饭店产品的无形性

从表面上看，饭店所出售的似乎是客房、食品等有形产品，但实质上饭店所出售的是一种非量化的、无形的服务。饭店产品是一种无形产品，这是饭店最本质的特点，从而使饭店既区别于生产实物产品的生产性企业，也区别于进行商品流转的商业企业。

饭店产品的无形性是指饭店劳务服务具有看不见、摸不着，非物质化、非数量化等特点。它的无形性，使饭店难以向客人描述和展示其服务项目，给营销工作带来了很大困难。客人在做出购买饭店产品的决定时，也感到风险较大。饭店产品的无形性也决定了产品无专利权的特点，使新产品极易被竞争对手模仿。

当然，饭店产品的无形服务离不开物质化的有形商品（或以之为辅助），离开它就谈不上“饭店”产品了。但其中心还是“无形”产品，因为“有形”的物质离开“无形”的服务就不能称其为“饭店产品”。

2. 生产与消费的同步性

通常，实物产品的生产、销售和消费过程是分离的过程，即先由生产者生产出产品，然后进入市场销售，最后由消费者进行消费，整个过程中生产者和消费者是不直接接触的。而饭店产品的生产、销售和消费过程则是同时进行且不可分离的，当顾客消费饭店服务产品时，也就是饭店服务产品的生产（提供）过程。

饭店产品生产与消费的同步性，要求饭店不仅要有一个良好的服务环境和条件，以吸引顾客的光临，同时还要提供高质量、周到的服务，才能满足顾客的消费需求，使饭店产品的价值和使用价值得以实现。

3. 饭店产品的差异性

虽然饭店提供给每一位宾客的产品和服务都是一致的，但是，对于不同的宾客，由于其生活背景不同，所以对相同产品和服务的感受是具有差异性的。对于同一位宾客而言，由于其所处的时间、环境和心态不同，所以对同一种产品和服务也可能会有不同的感受。

就同一种产品和服务而言，不同饭店所提供的是不同的，需要突出其各自饭店自身的特点。而同一家饭店所提供的同一种产品和服务同样具有质量、水平等的差异，这是因为在提供同一种产品和服务的不同服务人员之间具有差异性。对于同一名员工而言，由于时间、地点、心情等方面的原因，其所提供的产品和服务亦有差异。

因此，对饭店而言，要提供标准化服务，就必须制定相关的质量规程，对员工进行培训，树立“员工是饭店最宝贵的财富”这一理念，坚持以人为本。

三、饭店业务的特点

饭店是个特殊性行业，它是生产性行业，但生产的是无形产品，它是现代化企业，但无大机器生产，饭店有其自身特有的业务形式和业务特点。

1. 饭店业务的时空特性

饭店产品使用价值的产生和存在一定要依赖固定的空间，这些使用价值有很强的时间效用。

空间是饭店产品的外壳，是使用价值的组成部分。饭店的空间是不能移动的，这就决定了饭店产品的不可移动性。由此，我们也常常把饭店经营称为出售空间。饭店空间虽是不能移动的，但饭店空间功能可做临时或永久性的改变。

时间是饭店产品的载体，饭店产品的使用价值是和时间紧密联系在一起的。从形式上看，没用过的饭店产品的价值和使用价值依然存在，但这个存在是在一个新时段的存在，而上个时段的产品价值和使用价值因未被使用而闲置，是一种损失。因此饭店产品的价值有很强的时间性。

把饭店产品的时间、空间联系起来观察，就可以发现，空间和时间是互相联系和交织在一起对饭店产品产生影响的。要使每个时段的每个空间都能产生理想的效益，关键就在于提高经营管理的水平。

饭店要实现产品价值，就不能使空间闲置，就要通过营销手段吸引客源，充分利用饭店空间。而这一空间的利用和时间段相联系。饭店在淡旺季、客源不同的情况下，利用价格杠杆调节客流量，就是利用了饭店业务的时空特性。

2. 饭店业务的综合协调性

当宾客进入饭店后，要消费由各个不同部门所生产的使用价值，以宾客的活动为纽带，各相关部门使用价值的综合就形成饭店产品。无论饭店还是饭店产业，都是一个整体，分散在不同空间的不可凝聚的多种使用价值和业务内容包容在一个整体中，去满足某一特定对象的需要，这就决定了饭店业务的综合协调性。

饭店业务的综合性是由饭店产品的业务在时空上的分散性、不可凝聚性、多样性、产品独立使用价值的多元性所决定的。因为其一，各部门独立的业务和使用价值都包容在饭店的整体中；其二，宾客在饭店的消费往往不是单一的，它们得到的服务绝不会是某部门的单一服务；其三，每一部门使用价值的产生和业务的运行都涉及其他部门，要和其他部门相联系；其四，各部门之间业务的共进性。所以，饭店业务的运行都是为了给宾客一个满意的饭店产品，这个产品是由饭店各部门共同提供的。

饭店业务的综合性带来了饭店业务的协调性。饭店业务的协调性包括：业务组合和衔接的协调；业务组合的交叉性；各部门业务水平的一致性。

3. 饭店业务的强文化性

饭店必须带有文化色彩，这里的“文化”是指大文化，由地域、民族、政治所决定的人类知识、信仰和行为的整体，它包括语言、思想、信仰、风俗习惯、禁忌、法规、制度、工具、技术、艺术、礼仪、仪式及其他有关成分。文化所包含的内容在饭店的各个方面都会充分地表现出来，它使饭店带有业务上的强文化性。

饭店业务的强文化性是渗透在饭店业务的各个环节各个方面的，具体地说，饭店业务的强文化性主要是通过饭店的硬件和软件两个方面来体现。硬件方面主要有：建筑物造型和外观环境、外装修，饭店的环境设计和内装修设计，设备设施及用品物品的造型、色彩图案、款式、CI设计的艺术效果等。软件主要有：饭店的产品理念和服务理念、饭店的文化理念、服务程序设计、产品及业务设计等等。除软、硬件的文化性外，饭店的餐饮特别是菜肴也是饭店文化的重要方面。

4. 饭店作业的独立性和员工行为的自我约束性

饭店劳动特点是体力劳动、脑力劳动相结合但以体力劳动为主;以集体协作为辅,以单体操作独立进行为主。这种作业方式导致了劳动力有较大的自由空间和较少的外界制约因素。另外,宾客需求也有很大的随机性。为此,员工应有扎实的作业基本功、严谨的规范作业精神、应变自如的能力。

饭店各部门、各岗位间存在广泛的业务和信息联系。员工对信息的认识和处理有赖于员工的自我发挥和自我约束。主动配合、自我调节是出自于责任和理智,责任和理智的集中表现形式就是自我约束。员工只有先把握自己,才能通过自身去把握业务协调。

饭店服务是对客服务,宾客是各种各样的,对客服务的情况也是千变万化的。饭店员工的形象是饭店产品的组成部分,是要直接面对顾客的,保持形象是一个需要努力的过程,也是员工应有的职业习惯。在任何情况下,员工都要能控制自己的情感,控制自己的情绪和行为,以良好的形象、宽阔的胸怀来赢得宾客的满意和信赖。

第三节　饭店业的作用

饭店业作为现代旅游业的三大支柱之一,不但对旅游业本身,甚至对于整个国民经济都有着极为重要的作用。

一、饭店是发展旅游业的重要物质基础

饭店业作为现代旅游业的三大支柱之一,毫无疑问是发展旅游业的重要物质基础,大凡旅游业发达的国家(地区),其饭店业也是发达的。在旅游需求的六大要素(吃、住、行、游、购、娱)中,除“行”和“游”之外,其他要素均可在饭店得到提供和满足,可以说离开了饭店,游客连最基本的住宿、饮食都无法得到保证,整个旅游活动也就无法顺利地进行。因此饭店业建设总体水平,其中包括饭店客房数量、设施设备的实用程度、服务项目的数量、档次数量比例关系等具体指标,反映了一个国家(地区)发展旅游业的物质基础条件,是其旅游接待能力的重要标准之一。

二、饭店是旅游创收的重要基地

现代化的饭店由于具备多种服务功能和提供多种项目的服务,因此,其收入在整个旅游收入中所占的比重越来越大,因而成为旅游业的重要部门,也是旅游业赚取外汇、回笼货币的重要场所和手段。根据相关统计,饭店业可以将30%以上的旅游总消费转化为自己的收入。

饭店提供的服务性劳务具有就地“劳务出口”的性质,因此,取得的外汇收入是一般外贸出口所无法达到的。随着旅游业的蓬勃发展,其在国民经济中的重要性不断上升,作为其重要支柱之一的饭店业的发展,对于国家增加外汇收入、平衡国际收支有着重要意义。

三、饭店为社会创造就业机会，带动其他行业的发展

饭店业向社会提供的主要产品是服务，而服务部门与物质生产部门的最大区别在于它提供的是非物质产成品的活劳动。饭店业全方位的满足旅行者的临时生活需要，其分工复杂多样，这一特点决定了饭店业需要大量的就业人员。由此可见，饭店属于最典型的劳动密集型行业，直接为社会提供大量的就业机会。

根据世界旅游组织对饭店业就业状况的分析，亚太区饭店业的每间客房可以为1.5人提供就业岗位。同时，需要其他诸如建筑、商业、农副产品加工等众多的社会行业2.5人的配合，因此饭店业的发展可以为社会提供更多的间接就业机会，从而活跃劳动力市场。饭店业的发展不可能解决整个社会的就业问题，但在一定程度上可以起到缓解就业矛盾的作用，这不但有利于社会安定，也为更多的人提供了施展才华的机会。

另外根据有关资料统计表明，饭店客人近60%的花费花在饭店以外的社会其他行业，而且客人在饭店消费的物品大都是由社会其他相关行业提供的。因此，饭店业的发展，实际上也刺激了其他行业的发展。

四、饭店业的发展可促进社会消费方式和消费结构发生变化

旅游市场的激烈竞争和旅游地区人民生活水平的提高加大了社会对饭店业的需求，也促进了饭店业自身建设日趋合理和完善。现代饭店业发展的重要目标之一就是满足客人不断增加的消费需求，扩大相应的经营范围，饭店业正逐步转变为向全社会提供综合服务的消费活动场所。

高速发展的现代社会，人们个人隐私意识的加强跟社会活动的空间的狭小之间的矛盾越来越突出，原有的家访式社交存在诸多不便。而饭店在各种公共场合中，其具有种类齐全的综合服务设施，能向所在地的居民提供餐饮、娱乐等活动，就会吸引本地居民，使之成为最为理想的社交环境。随着经济的发展，饭店为人们提供的服务将会越来越多，这反过来也会促进人们消费方式和消费结构发生变化。

第四节　饭店的分类

一、根据饭店规模分类

国际上通常采用饭店规模分类法，一般采用以下标准。

1. 小型饭店（lodge or tavern）

小型饭店一般指拥有标准客房300间以下的饭店。这类饭店的设施和服务基本满足旅游饭店的标准和要求，如客房和餐厅。小型饭店一般价格都比较低廉，适宜于经济紧张的游客居住。

2. 中型饭店(average hotel)

中型饭店一般是指拥有300～600间标准客房的饭店。这类饭店价格比较合理,服务项目较齐全,设施也比较现代化,是一般旅游者理想的休息娱乐场所。

3. 大型饭店(mega hotel)

大型饭店一般是指拥有600间以上标准客房,并且饭店设施和服务项目比较齐全、设施比较豪华的饭店。通常大型饭店都是豪华级饭店,但随着世界旅游业的快速发展,许多中价饭店也不断扩大规模而成为大型饭店。

中国国内由于城市化程度相对不高,而且相比较客房数量,更注重服务设施的综合性,在规模分类上,也可采用以下的标准:

(1)小型饭店　客房数量<25间。

(2)中型饭店　客房数量25～99间。

(3)较大型饭店　客房数量100～299间。

(4)大型饭店　客房数量>300间。

二、根据饭店客源市场及客源特点分类

1. 商务饭店(commercial hotel)

所谓商务饭店,就是为那些从事企业活动的商业旅游者提供住宿、膳食和商业活动及有关设施的饭店。一般来讲,这类饭店大都位于城市中心或商业区,客人主要以商务旅游者为主,住宿时间一般为三至五天。客人的消费水平及对饭店服务设施的要求一般较高。为了适应商务旅游者的需要,商务饭店不仅要求设施富丽堂皇、先进完备,而且要求服务水平高、服务质量好,特别是在商务活动的条件方面,要能够适应现代商务活动的发展特点和趋势,能够很好地满足商务旅游者的要求。

世界国际酒店集团所属的饭店,绝大多数是商务饭店,如纽约希尔顿饭店(Hilton Hotel,New-York),芝加哥凯悦饭店(Hyatt,Chicago),华盛顿万豪饭店(Marriott,Washington),日本东京帝国饭店(The Emperial Hotel,Tokyo)等等都是典型的商务饭店。

2. 公寓饭店(apart-hotel of apartment)

公寓饭店主要是为旅游者提供长住或经常性居住的饭店。这类饭店大多数采取公寓式布局,配有完善的生活设施及各种服务设施。旅游者有充分的自由和自主性,可以自己买菜做饭,就像在自己的家中一样。由于公寓饭店一般费用较低、价格合理,而且管理简便,因而对于学习、进修、商务以及其他需较长时期住宿的旅游者来讲是最合适的。目前,国际上公寓饭店尤其是供商务游客的旅游饭店发展十分迅速。

3. 度假饭店(resort hotel)

度假饭店以接待休闲、度假及游乐的旅游者为主,其大多数位于海滨、温泉、森林、湖岸等地,即设在自然环境优美、气候适宜的地区。由于度假饭店的主题是为人们提供休闲、度假胜地,因而度假饭店会因地制宜地开设各种娱乐项目、体育项目和康乐设施等,有的度假饭店还设有博彩娱乐活动以增强吸引力,并通过提供热情、周到、优质的服务来吸引更多的旅游者。

4. 会议饭店（conference hotel）

会议饭店主要是为参加会议的客人提供住宿、餐饮、娱乐及其他服务的饭店，其客源市场主要是因为参加会议而暂住的客人。这类饭店与商务饭店有许多相似的特点，不仅要求舒适方便，特别要有各种类型、规格的会议室、展览厅、陈列室、演讲厅及贸易洽谈室等，以方便开展各种各样的商贸活动、学术交流和举办展览会等。

由于会议市场发展迅猛，接待会议有较高的综合经济效益和社会效益，近年来，在国际、国内饭店市场上出现了众多专门的会议饭店，而且更多的饭店在新建或扩改建时配备了数量不等、规模不一的会议厅，以便招揽和承接会议。

5. 汽车饭店（motor lodge or motel）

汽车饭店主要是为自备汽车的宾客提供服务的饭店。这类饭店通常设在城市边缘和公路干线旁边，一般都配有停车场、住宿和餐饮等服务，能满足过往旅行者尤其是自驾车游客的基本需求。目前，随着家庭旅游者和自驾车游客的不断增多，汽车饭店的经营内容不断丰富，服务水平也不断改善。

三、根据饭店的建筑投资费用分类

1. 中低档饭店

根据国际饭店建筑投资标准，中低档饭店一般每个标准间的建筑投资为 2 万～4 万美元。其中包括建筑材料、室内装饰、各种设备、用具、陈设的费用，另外也包括建造中所需的各种技术、人员训练费用等。每个标准间建筑面积为 25 平方米左右，除了卫生间的洗漱用品以外，室内陈设包括沙发、写字台、电视机、音响系统、室内空调等。

2. 中高档饭店

中高档饭店介于中低档饭店与豪华饭店之间，其每个标准间的总建筑投资为 4 万～6 万美元。客房除设置先进的舒适卫生间，还有彩电、音响系统、中央空调系统、壁画等，更注重室内环境的氛围和用具产品的质量，每个标准间建筑面积为 36 平方米左右。

3. 豪华饭店

豪华饭店每个标准间的建筑总投资费用为 8 万～10 万美元。客房内有国际直拨电话、名人字画、豪华卫生间、室内按摩浴池、豪华灯具、付费点播电影和电视节目、呼唤安全电话等，设备设施完善，服务项目齐全。豪华饭店标准间的建筑面积一般要大于 47 平方米。

四、根据饭店的地理位置分类

1. 公路饭店（highway hotel）

公路饭店主要是为了适应汽车旅游的需要而设置的各种经济、方便、舒适的饭店，因位于高速公路沿线而得名。目前汽车旅游在欧洲、美国是极为普遍的。游客驾驶着小车，可以十分方便地住进公路饭店。这类饭店一般提供住宿、膳食、洗衣、电话以及停车场等几项服务，它目前正在向综合性服务发展。

2. 机场饭店（airport hotel）

机场饭店所以得名，是因为它位于机场附近。主要是为一些大型航空公司和一般飞机乘客提供方便，饭店为游客的暂时停留而提供舒适方便的住宿、饮食服务。客人在机场饭店停留的时间一般在一天左右。我国的北京丽都饭店就属于机场饭店。

3. 城市中心饭店（city center hotel）

城市中心饭店一般位于城市中心或商业区，拥有良好的地理位置优势和豪华的设施，特别适宜发展成为以接待商务客人为主的商务饭店。

4. 风景区饭店（resort hotel）

风景区饭店一般位于风景区、山城、林地、海滨地带，其特点与度假饭店相同，主要是以接待观光游览和休闲度假旅游者的旅游饭店为主。

五、根据饭店计价方式分类

按国际惯例，饭店的计价方式通常有以下五种：

1. 欧式计价（european plan，简称 EP）

欧式计价是指饭店标出的客房价格只包括客人的住宿费用，不包括其他服务费用的计价方式。这种计价方式源于欧洲，目前世界绝大多数饭店使用这种方式。我国的旅游涉外饭店也基本上采用这种计价方式。

2. 美式计价（American plan，简称 AP）

美式计价是指饭店标出的客房价格不仅包括客人的住宿费用，而且还包括每日三餐的全部费用，因此，又被称为全费用计价方式。目前此种计价方式已经很少见，仅出现在一些地处偏远的度假饭店中。

3. 欧陆式计价（continental plan，简称 CP）

欧陆式计价是指饭店标出的客房价格包括客人的住宿费和每日一顿欧陆式简单早餐的计价方式。欧陆式早餐主要包括果汁、烤面包、咖啡或茶。有些国家把这种计价方式称为“床位连早餐”计价。欧陆式计价的饭店一般不设餐厅。

4. 百慕大计价（Bermuda plan，简称 BP）

百慕大计价是指饭店标出的客房价格包括客人的住宿费和每日一顿美式早餐的计价方式。美式早餐除含有欧陆式早餐的内容以外，通常还包括火腿、香肠、咸肉等肉类和鸡蛋。

5. 修正美式计价（modified American plan，简称 MAP）

修正美式计价是指饭店标出的客房价格包括客人的住宿费和早餐，还包括一顿午餐或晚餐(两者任选一)的费用。这种计价方式多用于旅行社组织的旅游团队。

六、根据产权及经营权分类

1. 个体经营饭店

由业主个人经营，即一个人出资和经营，饭店财产归个人所有，是资产所有权和经营权完全统一的饭店。特点是所有财产归个人所有，利润归个人。个体经营饭店经营方式灵活，决策迅速，能保持经营特色，在竞争中易保守机密。但个人经营形式规模小，发展缓慢，缺乏稳定性，对企业负无限连带责任，风险大，资金占有多，一旦规模超过限度，经营变得难以控制。

2. 合伙经营饭店

由两个以上的合伙人订立合伙协议，共同出资，合同经营，共享收益，平担风险，对合作饭店债务承担无限连带责任。该饭店合伙方式可有多种类型，如负有无限责任的普通合作、有限责任的合作及不参与具体管理的合作等。与个人经营饭店相比，合作饭店扩大了资金来源，增强了信用能力，提高了决策水平。但是合伙经营的饭店权利分散，决策缓慢，经营理念分散，资本规模有限，因此这种饭店与个体经营饭店的本质没有根本区别，很难适应现代饭店业的发展需要。

3. 饭店有限责任公司

通常由两个以上出资人兴办，每个出资人以出资份额的多少对该公司拥有规定的权利并承担相应义务。由于饭店有限责任公司所有权、管理权，决策工作和执行工作实施职能化，因此会提高公司整体管理水平和竞争水平。它资金实力强，设备先进，经营规模大，便于管理和控制，因此在经济中有举足轻重的作用。饭店有限公司也叫做私人公司，由两个以上股东共同出资，每个股东以其所认缴的出资额对公司承担有限责任并享受权利，公司以其全部资产对债务人承担责任。通常有限公司的出资标的以财产为限，不得以劳务和信用出资，全部资产不分为等额股份，公司向股东签发出资证明书，不发行股票。

4. 饭店股份有限公司

指由一定数量发起人组成，全部资本由等额股份构成，是由认购股份金额方式对公司承担财产责任的成员组成的饭店公司。股份有限公司通过发行股票或股权证筹资本，股东以所认购的股份公司承担有限责任，公司以全部资产对公司债务承担责任。股东个人财产和公司财产分离，股东对公司的债务不负任何责任。

5. 饭店集团

由多个法人企业联合组成的集团，不像饭店公司那样是单一法人实体，并由多种合作方式联系在一起，常通过持股、融资租赁、特许经营方式等进行。饭店集团常包括核心企业、半紧密层企业和松散层企业，以经营住宿产品、会展产品、餐饮产品和休闲产品为主。

七、新兴的饭店业态

随着社会进步、经济发展和现代科学技术的突飞猛进，饭店的管理方式、建筑风格有了更多的选择，出现了更多新兴的饭店业态。下面介绍有代表性的几种：

1. 经济型饭店（budget hotel）

经济型饭店是饭店业为适应消费者需求变化的产物，是相对于传统的全服务饭店(full service hotel)而存在的一种新业态。是以大众旅行者和中小商务者为主要服务对象，以客房为唯一或核心产品，价格低廉，服务标准，环境舒适，硬件上乘，性价比高的现代饭店业态。

经济型饭店的核心理念就是在为住宿者提供较为舒适的住宿条件的同时，无需住宿者为饭店摊销娱乐等非主体设施的费用，力求在严格控制成本的同时为住宿者提供价格低廉、舒适的核心服务。

2. 精品饭店（boutique hotel）

精品饭店是 20 世纪 80 年代在西方国家出现的一种新的专业饭店类型，是个性化需求催生出来的多元化饭店业态之一。最初是指起源于北美的私密、豪华或者离奇的饭店环境，以提供独特、个性化的居住环境和“一对一”的管家式贴身服务而与大型连锁饭店相区别。但到现在为止，学术界和业界对精品饭店都没有给出统一界定。尽管如此，许多学者和专家还是对精品饭店产生了一些共识，比如独特的外观建筑，精巧的室内装饰，浓郁的文化特色，高雅的品位格调，较小的经营规模，贴身的个性服务，昂贵的服务价格，特定的顾客群体等。

精品饭店的产生源自长期积淀的文化底蕴和稳定成熟的经济基础，是一种反标准化的产品，代表的是一种与主流饭店标准化和雷同化相对应的个性化产品，所以有其自身的独特特点。

3. 主题饭店（themed hotel）

主题饭店也是近年来发展很快的一种饭店类型，人们常常将它与精品饭店混为一谈。事实上，这是两种完全不同的饭店。主题饭店是以某一特定的主题来体现饭店的建筑风格和装饰艺术，体现特定的文化氛围，让顾客获得富有个性的文化感受；同时，也将服务项目融入主题，以个性化的服务取代一般化的服务，让顾客获得欢乐、知识和刺激。历史、文化、城市、自然、神话、童话故事等都可以成为饭店借以发挥的主题。主题饭店最显著的特点就是其文化性，整个饭店的设计、运营、管理及服务都围绕着这一文化性，使之系统化和主题化。例如印尼巴厘岛的摇滚音乐主题饭店，它以摇滚音乐为主题，所有房间都提供互动式影音娱乐系统；饭店内还展出音乐文物、音乐家手稿、老唱片封面、歌唱家用过的服饰等。

知识拓展

世界最豪华的饭店

阿布扎比皇宫饭店（Emirates Palace）——位于阿拉伯联合酋长国首都阿布扎比（Abu Dhab）西北的海岸边，是迄今为止最为奢华、最贵的饭店，斥资 30 亿美元修建，该饭店被认为“简直是为国王而建的”。这座与阿联酋总统府仅一街之隔的宫殿式饭店，远看像一个巨大的城堡，拥有 1300 多米长的黄金海岸线。该饭店目前由凯宾斯基饭店集团管理经营，由著名的英国设计师约翰—艾利奥特设计。

饭店最初是为迎接海湾合作委员会首脑会议在阿布扎比召开而修建的，故饭店的原名是会议宫，随后还曾更名为酋长国宫殿酒店。

饭店的设计基调庄重大方，富有浓郁的阿拉伯民族风格。饭店正门的外形有点像巴黎的凯旋门，汽车穿过凯旋门，经过一条三四百米长的坡道，便来到了位于四楼的饭店大厅。该饭店共有大小圆屋顶114个，突出了阿拉伯人喜欢的建筑风格。

饭店内部面积达242820平方米，但客房不到400间，还有一个面积达7000平方米的中东地区最大的豪华礼堂，可容纳1200人开会；一个可容纳2800人的舞厅；有12个餐厅和8个娱乐厅，配有128间厨房和餐具室，可同时接待2000多人就餐；另有40个会议室和附带12个工作间的新闻中心。

整个饭店共有394套客房，分为总统套间、宫殿套间、海湾豪华套间、海湾套间、钻石客房、珍珠客房、珊瑚客房和豪华客房等8种。客房的地板是大理石或地毯，房间价格从600～13000美元不等，外加20%的服务费。最小的客房面积为55平方米，最大的总统套间面积近千平方米。6套宫殿套间位于饭店的六层和七层，每套面积达680平方米。每个套间有7名专门的服务员在门外24小时待命，随时听候客人的吩咐。客人入住前，服务员会把套间里的电脑等设备语言调整为客人最熟悉的语种，让卧室、客厅和餐厅里的电视播放客人喜欢的电视节目或音乐。饭店顶层的6个总统套间，只接待来自海湾地区的国家元首或王室成员，设有专属的入口车道。

这家饭店的独特之处不限于表面的豪华，还在于不为人知的管道系统。管道内蜿蜒近1000多公里的蓝色、红色与绿色的光缆和电缆，以及其他多种时髦玩意，都在向人们证实高科技才是这家饭店最耀眼的招牌。此外，饭店拥有长达一英里的私人海滩，两座游泳池面积有数个足球场大。由于内部面积过大，有些楼梯间距超过一公里远，为方便员工正常活动，饭店还为职工配备了45辆高尔夫球场专用的高尔夫球车代步。

如此豪华的饭店，服务当然非比一般。在这里工作的员工远比客人多得多，饭店职员和宾客的比例是6∶1。客人在海滩游泳池享受阳光时，服务员可以为你擦太阳眼镜，洒水雾消暑。服务人员会在每天客房床单和枕头下放熏衣草，让客人在芳香气氛下入眠；单是沐浴，就为客人提供了7种选择。饭店还可以特别为客人准备香槟浴。

奢华也许只能满足人们的虚荣心，饭店内无所不在的高科技才真正提供实实在在的享受。人们在饭店100公顷区域内的任何一处都可以享受到无线上网的乐趣，即使是在游泳池边和私人沙滩上。客房内的高科技更是令人咋舌。入住的顾客会领到一个价值2500美元的掌上电脑。这个小巧的电脑带有一个8英寸大小的彩色显示屏，装有Linux系统，与电视、立体声音响以及其他装置相连。人们通过它可以设定叫醒电话、下载电影、录像或召唤服务员。饭店工作人员也通过类似的装置来遥控电视、灯光、声响和空调。

这座超豪华饭店所有房间都配备了号称22世纪的设施。50寸或61寸的交互式等离子电视、无线高速因特网接入是该饭店所有客房的最低标配，套间配备更加高级，还有先进的笔记本电脑和集打印、扫描和传真等功能于一体的办公设备。客人在普通客房内能通过一个专门的触摸屏来控制房间内的所有设施，如灯光、空调温度、室内游戏和娱乐节目。客人通过交互式电视，足不出户就能购买饭店商场里的东西、发出房间服务指示，或结账退房。

思考题

1. 如何理解饭店的定义?
2. 饭店有哪些功能?
3. 简述饭店产品的定义和特点。
4. 分析饭店业务的特点。
5. 举例说明饭店业的作用。
6. 简述目前较为流行的饭店分类。

第二章 饭店业发展史

引言：饭店业是一个古老而又常青的行业，它伴随着人类历史而产生和发展，从最早的古代客栈到现代的新型饭店，经历了上千年的变革。而今，饭店又以一种崭新的面貌和姿态屹立于世界。本章是饭店业的历史篇章，对世界和中国饭店业的产生和发展进行介绍。

教学目标

1. 掌握世界饭店业发展的分期。
2. 理解世界和中国饭店业不同时期的特点。
3. 了解中国饭店业发展的特色。

核心概念

商业饭店　现代新型饭店　驿站　西式饭店

第一节 世界饭店业的发展

饭店的产生和发展过程源远流长，已有几千年的历史。现代的饭店，就是从中国的驿馆、中东的商队客店、古罗马的棚舍、欧洲的路边旅馆及美国的马车客栈演变而来。

现代的饭店是在传统的饮食和住宿产业基础上发展起来的，它的发展进程大体上可以分为四个时期：

一、古代客栈时期(12—18 世纪)

客栈是随着商品生产和商品交换的发展而逐步发展起来的。最早期的客栈，可以追溯到人类原始社会末期和奴隶社会初期，是为适应古代国家的外交交往、宗教和商业旅行、帝王和贵族巡游等活动的要求而产生的。

在西方，客栈作为一种住宿设施虽然早已存在，但真正流行却是在 15～18 世纪。当时欧洲许多国家如法国、瑞士、意大利和奥地利等国的客栈已相当普遍，但以英国最为著名。

客栈的特点：规模都很小，建筑简单，设备简易，价格低廉；仅提供简单食宿、休息场所或车马等交通工具；服务上，客人在客栈往往挤在一起睡觉，吃和主人差不多的家常饭。当时的这些住所，只是个歇脚之处，无其他服务而言；管理上，以官办为主，也有部分民间经营的小店：即独立的家庭生意，是家庭住宅的一部分，家庭是客栈的拥有者和经营者，没有其他专门从事客栈管理的人员。后来，随着社会的发展，旅游活动种类的增加，客栈的规模也日益扩大，种类不断增多。

后期的英国客栈有了很大的改善。到了 15 世纪，有些客栈已拥有 20～30 间客房。当时比较好的客栈通常拥有酒窖、食品室和厨房，还有供店主及管马人用的房间。许多古老客栈还都有花园草坪以及带有壁炉的宴会厅和舞厅。

此时的英国客栈已是人们聚会并相互交往、交流信息的地方。实际上，在 18 世纪，世界许多地方的客栈不再仅仅是过路人寄宿的地方，还是当地的社会、政治与商业活动的中心。这些简单的住宿设施还不是完整意义上的饭店，而是饭店的雏形。

二、豪华饭店时期(18 世纪末—19 世纪末)

随着资本主义经济和旅游业的产生和发展，旅游开始成为一种经济活动，专为上层统治阶级服务的豪华饭店应运而生。

在欧洲大陆出现了许多以“饭店”命名的住宿设施。无论是豪华的建筑外形，还是高雅的内部装修；无论是奢华的设备、精美的餐具，还是服务和用餐的各种规定形式，都是前王公贵族生活方式商业化的结果。饭店与其说是为了向旅游者提供食宿，不如说是为了向他们提供奢侈的享受。所以人们称这段时期为豪华饭店时期(又叫大饭店时期)。

一般认为，欧洲第一个真正可称之为饭店的住宿设施是在德国巴登建起的 der Babische Hof(巴典国别墅)。随后，许多国家大兴土木，争相修造豪华饭店。当时颇有代表性的饭店有 1850 年在巴黎建成的巴黎大饭店、1874 年在柏林开业的凯撒大饭店、1876 年在法兰克福开业的法兰克福大饭店和 1889 年开业的伦敦萨伏伊饭店等。

19 世纪末 20 世纪初，美国也出现了一些豪华饭店。其中在这些饭店中，瑞士人凯撒·里兹(Cesar Ritz)开办的饭店，可以说是豪华饭店时代最具有代表性的饭店。他建造与经营的饭店以及他本人的名字变成了最豪华、最高级、最时髦的代名词。里兹在饭店服务方面所做出的创新和努力、建立的饭店经营法则和实际经验，在今天已被世界各国高级饭店继承和沿用，其著名的经营格言“客人永远不会错”被许多饭店企业家当做遗训而代代相传。

豪华饭店的特点是：规模宏大，建筑与设施豪华，装饰讲究；供应最精美的食物，布置最高档的家具摆设，许多豪华饭店还成为当代乃至世界建筑艺术的珍品。饭店内部分工协作明确，对服务工作和服务人员要求十分严格，讲究服务质量；饭店内部出现了专门管理机构，促进了饭店管理及其理论的发展。豪华饭店是新的富裕阶级生活方式和社交活动商业化的结果。

三、商业饭店时期(19 世纪末— 20 世纪 50 年代)

商业饭店时期，是世界各国饭店最为活跃的时代，是饭店业发展的重要阶段，它使饭店业最终成为以一般大众为服务对象的产业,从各个方面奠定了现代饭店业的基础。

20 世纪初,世界上最大的饭店业主出现在美国,他就是埃尔斯沃思·米尔顿·斯塔特勒(Ellsworth Milton-Statler)。1908 年,斯塔特勒在美国巴法罗建造了第一个由他亲自设计并用其名字命名的斯塔特勒饭店。该饭店是专为旅行者设计的,适应了市场的需求,创造了以一般大众所能负担的价格条件但却提供世界上最佳服务为目标的新型饭店,开创了饭店业发展的新时代。

斯塔特勒在饭店经营中有许多革新和措施:按统一标准来管理他的饭店,不论你到波士顿、克利夫兰,还是纽约、布法罗,只要住进斯塔特勒的饭店,标准化的服务都可以保证;饭店里设有通宵洗衣、自动冰水供应、消毒马桶坐圈、送报上门等服务项目;讲究经营艺术,注重提高服务水平,亲自制定《斯塔特勒服务手册》,开创了现代饭店的先河。斯塔特勒的饭店经营思想和既科学合理又简练适宜的经营管理方法,如"饭店从根本上说只销售一样东西,那就是服务"等,至今对饭店业仍大有启迪,对现代饭店的经营具有重要的影响。

商业饭店的基本特点是:第一,商业饭店的服务对象是一般大众,主要以接待商务客人为主,规模较大,设施设备完善,服务项目齐全,讲求舒适、清洁、安全和实用,不追求豪华与奢侈。第二,实行低价格政策,使顾客感到收费合理,物有所值。第三,饭店经营者与拥有者逐渐分离,饭店经营活动完全商品化,讲究经济效益,以营利为目的。第四,饭店管理逐步科学化和效率化,注重市场调研和市场目标选择,注意训练员工和提高工作效率。

四、现代新型饭店时期(20 世纪 50 年代以后)

第二次世界大战后,随着世界范围内的经济恢复和繁荣,人口的迅速增长,世界上出现了国际性的大众化旅游。科学技术的进步,使交通条件大为改善,为外出旅游创造了条件;劳动生产率的提高,人们可支配收入的增加,外出旅游和享受饭店服务的需求迅速扩大,加快了旅游活动的普及化和世界各国政治、经济、文化等方面交往的频繁化。这种社会需求的变化,促使饭店业由此进入现代新型饭店时期。

20 世纪 60 年代,大型汽车饭店开始在各地出现,并逐渐向城市发展,建筑物也越造越高,使汽车饭店与普通饭店变得很难区分,其奢华程度大大超过原先的同类饭店。鲜艳夺目的店内装饰,用来招徕顾客;花砖浴室、地毯、空调、游泳池等皆为每家饭店必备的标准设施。至 20 世纪 60 年代中期,汽车饭店联营和特许经营得到迅速发展,一家饭店生意好坏,在很大程度上就靠联营网络中饭店之间的互荐客源。

在现代新型饭店时期,饭店业发达的地区并不仅仅局限于欧美,而是遍布全世界。亚洲地区的饭店业从 20 世纪 60 年代起步发展到如今,其规模、等级、服务水准、管理水平等方面毫不逊色于欧美饭店业。在美国《机构投资者》杂志每年组织的颇具权威性的世界十大最佳饭店评选中,亚洲地区的饭店往往占有半数以上并名列前茅。由香港东方文华饭店集团管理的泰国曼谷东方大饭店,十多年来一直在世界十大最佳饭店排行榜上名列榜首。在亚洲地区的饭店业中,已涌现出较大规模的饭店集团公司,如日本的大仓饭店集团、新大谷饭店集团,香港东方文华饭店集团、香港丽晶饭店集团,新加坡香格里拉饭店集团、新加坡文华饭店集团等,这些饭店集团公司不仅在亚洲地区投资或管理饭店,还扩展到欧美地区。

现代饭店的主要特点：旅游市场结构的多元化促使饭店类型多样化（如度假饭店、观光饭店、商务饭店、会员制俱乐部饭店）；市场需求的多样化引起饭店设施的不断变化，经营方式更加灵活；饭店产业的高利润加剧了市场竞争，使饭店与其他行业联合或走向连锁经营、集团化经营的道路；现代科学技术革命和科学管理理论的发展，使现代饭店管理日益科学化和现代化。

综上所述，饭店业的功能及特点随社会发展和旅游者队伍的不断壮大而逐步递增与变化。表 2-1 是这种规律的总结。

表 2-1 世界饭店业发展的四个时期

时期	市场	交通方式	地点	特点
古代客栈时期	传教士，信徒，外交官吏，信使，商人	步行 骑马 驿车	古道边 车马道路边 驿站附近	设备简陋，仅提供基本食宿；服务项目少，质量差；低级行业；不安全，常有抢劫发生
豪华大饭店时期	贵族度假者，上层阶级，公务旅行者	火车 轮船	铁路沿线 海港附近	规模大；设施豪华；服务正规，具有一定接待仪式和一定规格的礼貌礼节
商业饭店时期	公务旅行者	汽车 飞机 火车	城市中心 公路边	设施方便、舒适、清洁、安全；服务全面但较合理；经营方向开始以顾客为中心；价格合理
现代新型饭店时期	大众旅游市场	汽车 飞机 火车	城市中心 公路边 旅游胜地 机场附近	规模扩大，饭店集团占据愈来愈大的市场；类型多样化，开发了各种类型的住宿设施；服务综合化，饭店提供住、食、游、通信、商务、康乐、购物等服务

第二节 中国饭店业的发展

中国是世界上最早出现饭店的国家之一。远在 3000 多年前的殷商时期就出现了官办的“驿站”，它是中国历史上最古老的官办住宿设施。

一、中国古代的饭店业

中国最早的饭店设施可追溯到春秋战国或更早时期，唐、宋、明、清被认为是饭店业得到较大发展的时期。中国古代住宿设施大体可以分为官办设施和民间旅馆两类。

古代官办的住宿设施主要有驿站和迎宾馆 2 种。驿站始于商代中期，止于清光绪年间“大清邮政”的兴办，有三千多年历史。驿站是中国历史上最古老的住宿设施，主要是为了满足办理各种公务、商务和外交、军事人员的基本生存需要——食宿而设立的。

“迎宾馆”名称最早见于清末，是古代官方用来接待外国使者、外民族代表及客商，安排他们食宿的馆舍。在历代曾有“诸侯馆”、“传舍”、“蛮夷邸”、“四夷馆”、“四方馆”、“会同馆”等称谓。迎宾馆适应了古代民族交往和中外往来的需要，对中国古代的政治、经济和文化交流起到了不可忽视的作用。

古代民间旅店作为商业的重要组成部分在周朝时期就已出现，被称为“逆旅”。它的产生和发展与商贸活动的兴衰及交通运输条件密切相关。在春秋战国时期，农业生产的进步，促进了手工业和商业的发展，频繁的商贸活动增加了对食宿交通的需求，为民间旅店的发展提供了市场。至战国时期，民间旅店业也得到很大的发展。汉代以后诸多城市发展成为商业都市，城市的管理制度及城市布局也发生了变化，从而导致了民间旅店进入城市。隋唐时期，经济空前繁荣，旅店业也得到了很大的发展，旅店遍布繁华街道。明清时期，民间旅店业更加兴旺，由于封建科举制度的进一步发展，在各省城和京城出现了专门接待各地应试者的会馆，成为当时饭店业的重要组成部分。

知识拓展

古老的旅馆——驿站

1. 驿站的起源

据历史记载，中国最古老的一种官方住宿设施是驿站。在古代，只有简陋的通讯工具，统治者政令的下达，各级政府间公文的传递，以及各地区之间的书信往来等，都要靠专人递送。历代政府为了有效实施统治，必须保持信息畅通，因此一直沿袭了这种驿传制度，与这种制度相适应的为信使提供的住宿设施应运而生，这便是中国古代驿站。这是中国最古老的旅馆。

中国古代驿站在其存在的漫长岁月里，由于朝代的更迭、政令的变化、疆域的展缩以及交通的疏塞等原因，其存在的形式和名称都出现了复杂的情况。驿站虽然源于驿传交通制度，初创时的本意是专门接待信使的住宿设施，但后来却与其他公务人员和民间旅行者发生了千丝万缕的联系。驿站这一名称，有时专指其初创时的官方住宿设施，有时则又包括了民间旅舍。

远在殷代，我国就有驿传，周代已有平整的驿道。据说，西周时在国郊及田野的道路两旁通常栽种树木以指示道路的所在，沿路十里有庐，备有饮食；三十里有宿，筑有路室；五十里有市，设有候馆，这些都是为了供给过客享用的。中国古代驿站的设置与使用，完全处于历代政府的直接管理之下。

2. 驿站的符验簿记制度

为防止发生意外，历代政府均规定：过往人员到驿站投宿，必须持有官方旅行凭证。战国时，“节”是投宿驿站的官方旅行凭证。汉代，“木牍”和“符券”是旅行往来的信物。至唐代，“节”和“符券”被“过所”和“驿券”取而代之。在旅行出示凭证的同时，驿站管理人员还要执行簿记制度，相当于后世的“宾客登记”制度。

3. 驿站的饮食供给制度

中国古代社会是一个等级严格的社会，公差人员来到驿站，驿站管理人员便根据来者的身份，按照朝廷的有关规定供给饮食。为了保证对公差人员的饮食供应，驿站除了配备相当数量的厨师及服务人员以外，还备有炊具、餐具和酒器。驿站的这种饮食供应制度，被历代统治者传承袭用。

4. 驿站的交通供应制度

为了保证公差人员按时到达目的地和不误军机，历代政府还根据等级制定了驿站的交通工具供给制度，为各级公差人员提供数量不等的车、马等。我国古代的驿站制度曾先后被邻近国家所效仿，并受到外国旅行家的赞扬。中世纪世界著名旅行家，摩洛哥人伊本·拔图塔在他的游记中写道：中国的驿站制度好极了，只要携带证明，沿路都有住宿之处，且有士卒保护，既方便又安全。

二、中国近代的饭店业

中国近代由于受到外国帝国主义的侵入，沦为半殖民地半封建社会。当时的饭店业除有传统的旅馆之外，还出现了西式饭店和中西式饭店。

西式饭店是 19 世纪初由外国资本建造和经营的饭店的统称。这类饭店规模宏大，装饰华丽，设备先进，经理人员皆来自英、法、德等国，接待对象主要以来华外国人为主，也包括当时中国上层社会人物及达官贵人。代表有：北京的六国饭店、北京饭店，天津的利顺德饭店和上海的理查德饭店等。这些饭店除了提供基本的食宿外，还具备游艺室、浴室、理发室等，是中国近代饭店业中的外来部分，是帝国主义列强入侵中国的产物。但另一方面，西式饭店的出现对中国近代饭店业的发展起了一定的促进作用，把西式饭店的建筑风格、设备配置、服务方式、经营管理的理论和方法带到了中国。

中西式饭店是在西式饭店带动下，由中国的民族资本投资兴建的一大批中西风格结合的新式饭店。这类饭店在建筑式样、店内设备、服务项目和经营方式上都接受了西式饭店的影响，而且在经营体制方面也仿效西式饭店的模式，实行饭店与银行、交通等行业联营。至 20 世纪 30 年代，中西式饭店的发展达到了鼎盛时期，在当时的各大城市中，均可看到这类饭店。中西式饭店将输入中国的欧美饭店业经营观念和方法与中国饭店经营环境的实际相融合，成为中国近代饭店业中引人注目的部分，为中国饭店业进入现代饭店时期奠定了良好的基础。

三、中国现代的饭店业

中国现代饭店业的发展历史不长，但速度惊人。新中国成立后，中国的各省会城市、直辖市和风景区通过改建老饭店，建立了一批宾馆、招待所，其功能主要是干部休养、接待公事访问。营利并不是这些饭店的主要经营目的。自 1978 年中国开始实行对外开放政策以来，大力发展旅游业，这为中国现代饭店业的兴起和发展创造了前所未有的良好机遇。

在行业规模扩大、设施质量提升的同时，中国饭店业的经营观念也发生了质的变化，经营管理水平得到了迅速的提高。从 1978 年至今，中国饭店业大体经历了四个发展阶段：

第一阶段（1978—1983 年）：由事业单位招待型管理走向企业单位经营型管理。这一时期的饭店，很大部分是从以前政府的高级招待所转变而来的，在财政上实行统收统支，实报实销的制度，基本没有上缴利润，没有任何风险，服务上只提供简单的食宿，基本没有满足客人要求的各种服务项目；经营上既没有指标，也没有计划，因此，作为一个饭店也就既没有压力，又缺乏活力，与满足国际旅游业发展和为国家增加创汇的要求极不相称。

第二阶段(1984—1987年)：由经验型管理走向科学管理。1984年，中国饭店业在全行业推广北京建国饭店的科学管理方法，走上了与国际接轨的科学管理的轨道，这是中国饭店业在发展中迈出的第二步。企业化管理进程开始加快，科学管理体系开始形成，经营方式灵活，管理队伍活力增强，服务质量明显上升，经济效益和社会效益不断提高。

第三阶段(1988—1994年)：吸纳国际上通行做法，推行星级评定制度，进入到国际现代化管理新阶段。1988年9月，国家旅游局颁布了饭店星级标准，并开始对旅游涉外饭店进行星级评定。中国的饭店星级标准，是在对国内外饭店业进行大量调查研究的基础上，参照国际通行标准并结合中国实际情况，在世界旅游组织派来的专家指导下制定出来的。1993年经国家技术监督局批准，定为国家标准。饭店星级是国际饭店业的通用语言。中国饭店业实行星级制度，可以促使饭店的服务和管理符合国际惯例和国际标准。评定星级既是客观形势发展的需要，也是使中国饭店业进入规范化、国际化、现代化管理的新阶段的需要。

第四阶段(1994年至今)：中国饭店业逐步向专业化、集团化、集约化经营管理迈进。20世纪90年代以来，国际上许多知名饭店管理集团纷纷进入中国饭店市场，向中国饭店业展示了专业化、集团化管理的优越性以及现代饭店发展的趋势。1994年，中国的饭店业已形成了一定的产业规模。经国家旅游局批准，中国成立了第一批自己的饭店管理公司，这为迅速崛起的中国饭店业注入了新的活力，引导中国饭店业向专业化、集团化管理的方向发展。另外，20世纪90年代中后期，中国饭店业的总量急骤增加。由于受到国际国内经济环境变化的影响，饭店业的经营效益出现滑坡，走集约型发展之路，越来越成为饭店业的共识，要求饭店业应从单纯追求总量扩张、注重外延型发展向追求质量效益、强化内涵型发展转变。

这个时期饭店业的特点是：①实行多种形式联合：出于经营上的需要，为了提高预订和推销效果，许多饭店实行了多种形式的联合；②投资形式多样化：为了满足不断发展的旅游业和对外开放的经济发展需要，饭店业采取多种渠道的集资形式，建造了一批具有现代化设施和服务的饭店；③设施和服务日趋现代化：为了适应现代旅游多元化的发展，满足多类别的国外旅游者的需要，中国参照国外先进饭店的硬件标准，结合中国民族建筑的特色，建造了一批建筑新颖别致、设施齐全的饭店。它们不仅具有基本的食宿设施，高级的娱乐、健身、购物等设施，而且提供接待外宾应具备的各种服务项目，并且不断地充实和改善；④经营管理日趋先进：新时期的饭店管理引进国外先进的饭店管理理论和经验，结合中国饭店经营的实际情况，吸收中国其他行业企业管理的先进经验，探索和创造了先进的饭店管理体制和方法，并不断改进和完善。

思考题

1. 简述世界饭店业的发展时期和每个时期的特点。
2. 简述中国饭店业的发展简史。
3. 中国饭店业的发展有什么特殊之处？给中国饭店业的发展带来何种影响？

第三章 饭店集团

引言：任何行业的发展，大体都是由分散到集约、由单体向联合迈进，饭店业也是如此。本章从世界饭店集团产生的背景、优势分析等方面揭示了饭店的集团化发展是必然趋势，同时介绍了世界著名饭店集团和饭店集团常见的经营模式，最后结合我国饭店集团发展的具体现状进行剖析和展望。

教学目标

1. 掌握世界饭店集团的产生与发展过程。
2. 了解世界饭店集团十大品牌及旗下品牌。
3. 掌握饭店集团的经营模式。
4. 了解我国饭店集团的发展情况。

核心概念

饭店集团

第一节 饭店集团概述

一、饭店集团的产生和发展

(一)饭店集团的概念和起源

饭店集团又称连锁饭店或饭店联号，是指饭店集团在本国或世界各地拥有或控制两家或两家以上的饭店。这些饭店采用统一的店名、店标，统一的经营管理方式，统一的管理规范和服务标准以及联合经营形成的系统。① 与单体饭店相比，饭店集团在经营管理、市场营销、人才技术、财务采购、风险扩散等方面具有明显的优势，是饭店业发展的必然趋势。

饭店集团和连锁经营形式起源于美国。1907 年，美国的里兹公司首次出售特许经营

---

① 李天元.旅游学概论.南开大学出版社 2003 年版

权给饭店，开始了饭店联号的经营形式，开始时连锁经营规模并不大，被认为是饭店集团经营的雏形。“二战”后，饭店集团开始迅速发展，现在已经走上国际化、多元化发展道路。

(二)饭店集团产生的背景和原因分析①

作为与旅行相伴相生的古老行业之一，饭店业走过了从简易的客栈到现代化超豪华饭店的历史过程。虽历经千年，然而与诸如钢铁、汽车、信息技术等产业由分散到迅速形成高度集约经营的轨迹不同，在 20 世纪末，饭店业在业主数量、饭店所占市场份额等方面来看，处于相对分散的状态，发展较为缓慢，当饭店在自身发展过程中，意识到品牌、管理经验等具有像资本一样的有形价值时，饭店集团便开始利用其非资本要素优势进行迅速扩张，以获得市场增长的收益。关于饭店集约经营的优势，在有关文献中已有一定论述。魏小安认为：“一是有统一的管理模式，在市场上形成了统一的品牌，形成了消费者的高度信任感；二是有统一的品牌；三是有统一的饭店销售和组织网络。”②。李天元等人对饭店在市场营销、人力资源、采购等方面所具有的优势进行了具体论述。戴斌在书中提出“由规模与范围而来的效率优势及由交易成本和信息成本而来的成本优势”是集团化经营的主要体现。概括如下：

1. 通过规模经营来实现规模经济

在独立经营的饭店，由于规模小，造成经营成本和管理费用居高不下，即使市场需求大，受规模的限制，销售收入也难以同步增长。然而，在饭店集团，企业的上述成本由于分摊而使单个成本水平得以下降。在人力资源方面，由于管理人员管理幅度的扩大，而使平均管理费用下降，同时，通过共享集团所有的培训和人力资源，也可以帮助成员饭店提高人员素质，弥补人才匮乏的不足。同时，可以相互调配人力资源，实现集团人力资源季节性、结构性方面使用的最佳效果；在市场营销方面，成员饭店分摊广告促销成本，使个体饭店促销费用也得以减少。尤其对于新开业的饭店，由于缺乏营销经费，往往难以开展大规模的宣传促销活动，而集团成员饭店则可享受到联合促销的实惠。例如，北京长城喜来登饭店在开业时，世界各地的喜来登饭店都同时开展促销这一新饭店的活动，使其迅速建立起品牌声誉。集团联合营销还可以集中力量，开展大规模的具有影响力的产品开发、广告宣传等营销活动，提高单位营销费用的效益。例如，各集团开展的各种顾客忠诚计划、与航空公司联合推出“累计飞行里程计划”等，单靠独立饭店是绝不可能实现的。在采购方面，通过集中采购，一方面可以严格监控质量，保证企业的质量水平，另一方面通过批量采购降低成本，同时还可使企业与供应商增强讨价还价的能力。假日饭店公司利用集团购买优势，采取总公司供应部集中采购的方式，大大降低了采购成本费用。对假日集团所属饭店的改造，总公司可以为它提供从家具、地毯、窗帘、床单、床罩、到墙纸、装饰物、带镜框的风景画等所需要的一切，成本比单体饭店的改造要低得多；此外，还可以合力进行研究开发，共同促进饭店技术进步。如假日集团投巨资开发及不断升级其电脑预定系统及进

① 谷慧敏:世界著名饭店管理精要.辽宁科技出版社 2001 年版

② 魏小安等.旅游强国之路:中国旅游产业政策体系研究.中国旅游出版社 2003 年版

行网站建设，凯悦集团投资2亿美元研究并推广其自动入住系统，香格里拉集团建立的"金环计划"顾客数据库等，都只有在大的集团才可能产生，也只有大的集团才可能维持这种高技术水平的系统运作，而这些又是在现代市场上形成领先优势所必不可少的。

2. 通过品牌延伸、产品线延伸以及多角化经营，来实现范围经济

范围经济是指企业进行多角化经营、拥有多个市场或产品时，联合经营要比单独经营获得更多的利益。在集团化进程中，由于企业品牌声誉的扩大，从而有可能顺利实现产品线延伸，进而实现跨市场和产品的多角化经营。如假日集团由汽车旅馆向豪华饭店及其他领域延伸，目前已发展壮大为一家包括食品、住宿、交通、旅游等多行业的综合性大公司，属下饭店品牌包括假日宾馆、大使套房、皇冠假日等。地中海俱乐部由非营利性的运动协会发展成集度假村、游船公司、旅游等一体的度假王国。集团在扩充收益组合的同时，还可以带来规避风险的好处，使之在动荡不安的市场环境下保持足够的竞争实力。

3. 通过产品服务标准化及管理模式的重复使用，来获得经验曲线效益

经验曲线是指某一产品的累积生产量增加时，产品的单位成本趋于下降。管理模式及标准化是推动饭店集团化的重要因素，它带来饭店在服务、管理等方面的劳动效率的提高；此外，累积生产也会带来产品设计、服务程序和管理等的改善，进一步满足市场需求，并降低成本。

4. 通过纵向一体化实现饭店交易成本的降低

通过与上下游企业的一体化，使许多交易得以在企业内部完成，从而降低企业与供应商、销售渠道的交易成本，使企业保持更大的成本优势。如上海锦江集团以饭店业为主，并从事物业管理、游乐、客运、商贸、房地产、金融等多种经营，向上控制家具、蔬菜等原材料供应，向下拥有旅行社等销售渠道。同时，一体化经营为饭店带来内部客源市场，扩大了饭店的市场规模。由于集团所拥有的品牌信誉，还会降低企业在筹资时的代理成本，而代理成本的存在会提高负债成本而降低负债利益。因此饭店集团不仅在经营领域，而且在金融市场上也比单体饭店具有更大的优势。

5. 通过建立品牌忠诚度，获得顾客终身价值，进而赢得市场优势

在我们所介绍的著名饭店集团中，都十分重视集团品牌建设，并把吸引回头客当做其经营战略的重要组成部分。希尔顿 HHonors 计划、假日的全球优先俱乐部、最佳西方饭店集团的金冠国际俱乐部计划、万豪的馈赠计划等，其目的都在于赢得顾客忠诚，以此获得市场地位同时降低营销成本。据饭店专家推算，回头客增加5%，其利润率上升30%～50%，而吸引回头客的成本只有一次性顾客的1/7。

集团化经营可以避免市场的过度竞争。经济学家贝恩曾指出，集中便利了企业之间的合谋，并且会增加行业的利润。在一个行业中，如果存在数量太多而又缺乏差异化的企业，必然导致企业在广告宣传、价格、销售让利等方面的过度竞争，从而降低行业的总体利润水平。对于这一点，我们可以从中国（低集中度）和美国（相对高集中度）饭店业的对比中看出。而通过横向一体化，减少竞争者数目，并以集团的综合实力提高各企业的差异化水平，从而更好地满足市场的需求。这是一个行业得以健康发展的关键。目前，我国饭店

业的恶性削价竞争，在很大程度上是由于行业过于分散而导致的。因此，尽快发展饭店集团，提高饭店业的集中度，是我国饭店业的当务之急。

知识拓展

国际著名饭店集团顾客忠诚计划

洲际酒店与度假酒店：六大洲俱乐部

• 成员入会和续签时可享受一晚周末免费房间、奖励里程数、升档、优先预订、房内礼品、免费报纸、延时离店和快速结账

• 年入住满 30 晚的成员可获得升档，提前入住、快速登记、72 小时内保证订房

• 年入住满 50 晚的成员可获得一晚周末免费房间、情侣卡、免费小冰箱酒水及 24 小时内保证订房

马里奥特国际酒店集团：马里奥特馈赠计划

• 每元消费折合 10 分

• 成员在合作企业消费如 AT-T 和 Hentz，1500 家饭店及合作航空公司可获得额外点数

精品国际饭店集团：顾客优先计划

• 在美国所有的 Comfort，Quality 和 Sleep Inn 饭店每元消费折合 10 点，可折合为免费房间、假日、购物凭证、AAA 成员卡和价格折扣。

• 餐饮俱乐部成员可将点数兑换为顾客优先计划点数

• 利益包括：快速入住登记、升档、免费本地电话、免费接收传真、延时离店及公司价

最佳西方饭店集团：金冠国际俱乐部一计划

• 每元消费计 1 点，可折合为最佳西方全球支票，成员可获得带有奖励点数的宣传品

希尔顿饭店集团：希尔顿 HHonors 计划

• 成员入住希尔顿和希尔顿国际饭店可享受累积里程或点数

• 可折合为免费房间，免费机票、游船旅游、度假及美国部分地区的赌场筹码

凯悦饭店集团：金护照计划

• 以合格房价的每元消费计 5 分，可折合为免费房间、免费机票

• 快速入住登记、免费咖啡和茶、私人电话线、积分混合和积分购买

喜达屋酒店与度假酒店集团：喜达屋优先顾客计划

• 普通：每元消费计 2 分，折合为免费饭店、机票、度假、购物、店内消费

• 黄金级(每年 10 晚及以上)：每元消费计 3 分，升档、延世离店、免费报纸

• 白金级(每年 25 晚及以上)：除以上外，还包括升档、优先保证用房、迎宾用品

香格里拉酒店与度假酒店集团：金环计划

• 初级：金环成员楼层，免费配偶入住、早餐、本地电话和电话卡、credit card cash advance

- 商务级（每年 10 晚及以上）：除上述外，还包括延时离店、25%奖励分数、升档
- 特级（每年 25 晚及以上）：专用酒廊、提前入住登记、50%奖励分数

（三）现代饭店集团的发展历程

现代饭店集团诞生于 20 世纪 40 年代的欧美国家，至今已有 70 多年的发展历史了。在过去的半个多世纪之中，欧美国家的饭店集团在市场需求和经济利益的牵引作用下，逐步完成了从无到有、从小到大、从单一到多元、从国内到国外的成长过程，并先后经历了三大发展阶段：

1. 第一阶段：区域性发展阶段（20 世纪 40—50 年代）

"二次大战"之后，伴随着欧美等国出现的相对持续的和平、稳定、繁荣、发展历史机遇和 5 天工作制、高速公路及私家汽车的日趋普及，局限在某一国家及其周边地区的休闲度假旅游或商务旅游对制度化、规范化和标准化管理的连锁饭店产生了强烈的市场需求。1946 年成立的"洲际酒店集团"（Inter-Continental）、1949 年成立的"希尔顿国际集团"（Hilton International）、1950 年成立的"地中海俱乐部集团"（Club Med）和 1952 年成立的"假日酒店集团"（Holiday Inn）等现代饭店集团都是这一时代的产物。此间这些饭店集团扩张发展的方向是由其本国或本地游客的批量流向来决定的。哪里本国或本地的游客最多，哪里就有这些跨市、跨州、跨国、跨区经营的现代饭店集团的身影。市场的需求和利益的牵引最终使一大批现代饭店集团应运而生并脱颖而出。

2. 第二阶段：跨国发展阶段（20 世纪 60—70 年代）

伴随着波音 707 的问世（1958 年）和波音 747 的大批量投用（1969 年），民航业在 20 世纪 60—70 年代取得了长足发展。以"波音"与"协和"为代表的高速度、大容量、远距离、低价位的喷气式飞机逐步取代了涡轮机，从而使乘飞机出行成为大众休闲度假或商务旅游的首选，在欧美国家逐渐普及的带薪年假制度又进一步催生了跨国旅游和跨洋度假的大众旅游消费市场。为了满足国际旅游的市场需求，并使本国出境游客在异国他乡也同样能感受到"家外之家"的温馨、安全与舒适，众多的欧美饭店集团纷纷联姻航空公司，并先后走出国门到本国出境游客流量较大的外国旅游目的地或中心门户城市接管或开设饭店。譬如：美国的希尔顿国际与环球航空公司（TWA）的联姻（1967 年），美国的西方国际（WI）与联合航空公司（UA）的联姻（1970 年），法国的子午线（Meridian）与法航（AF）的联姻（1972 年）等成功案例催生了一大批跨国、跨洲、跨地区经营的国际饭店集团。这些国际饭店集团发展到 20 世纪 70 年代末，已基本完成了对全球饭店市场（社会主义国家除外）的瓜分。

3. 第三阶段：整合发展阶段（20 世纪 80 年代至今）

伴随着 20 世纪后期社会主义国家的政治改革和经济开放，以及信息技术和网络平台在各国饭店经营管理业务中的日益普及，那些兼具规模经济和范围经济效益的欧美饭店管理集团在基本完成了全球饭店市场的瓜分之后又呈现出整合发展的趋势，即：饭店集团的扩张模式逐渐从单一饭店接管向管理公司或饭店集团之间的兼并、收购与联盟的转型。从 1981 年大都会（Grand Metropolitan）兼并洲际酒店集团开始，这种趋势一直延续到今

天。其中最引人注目的莫过于香港新世界集团(New World)对华美达集团(Ramada)的收购兼并(1989年),英国巴斯有限公司(Bass)对假日集团(1989年)和洲际集团(1998年)的收购兼并,以及法国雅高(Accor)集团对6号汽车旅馆公司(Mobile 6)的收购兼并(1990年)。通过重新整合,在全世界范围内出现了一大批横跨国界、纵跨行业、品牌多元、管理统一的超级饭店集团(如:英国的洲际集团、美国的万豪集团和法国的雅高集团等)。其中,2004年跃居国际饭店集团三百强首位的洲际酒店集团(即前"六洲")就是通过在2003年成功收购兼并了美国的蜡木酒店式公寓集团(Candlewood Suite)而一举夺魁的,并把连续六年稳坐世界三百强头把交椅的美国圣丹特集团(Cendant)拉下了马。目前,洲际酒店集团是世界上客房拥有量最大(高达643787间)、跨国经营范围最广(多达100个国家与地区)、在中国接管饭店最多(多达45家)的超级饭店集团(Mega Group)。

(四)世界饭店集团在中国的发展

1. 国际饭店集团在中国的发展阶段

国际饭店集团在我国的发展大致分为三个阶段,分别为20世纪80年代的引进初期、20世纪90年代的整体铺开阶段和21世纪初的纵深发展阶段。

(1)引进初期　继1982年香港半岛集团Peninsula进入中国之后,假日集团(现为六洲Six Continents)于1984年管理北京丽都假日饭店,并在五年之内先后在拉萨、桂林、广州、西安、厦门、大连、成都、重庆等城市形成网络,成为当时中国境内管理饭店最多的国际饭店集团。20世纪80年代进入我国市场的还有喜来登(Sheraton)、希尔顿(Hilton)、雅高(Accor)、香格里拉(Shangri-La)、新世界(New World)、拉美达(Ramada)、凯悦(Hyatt)、太平洋(Pacific)、马尼拉(Manila)等十余家饭店管理集团。在引进初期,进入我国的国际饭店集团以经营中高档饭店为主,多数分布在沿海的中心城市,尤其是直辖市与著名的旅游城市。国际饭店集团进入中国市场的第一个十年里,只有假日集团形成管理10家以上饭店的规模。

(2)整体铺开阶段　20世纪90年代,尝到了甜头的国际饭店集团登陆中国市场的步伐明显加快。这一时期既是我国旅游业蓬勃发展的阶段,也是国际饭店集团积极扩大市场份额的时期。于是,形成了一批中国市场份额在两位数以上的国际饭店集团,如:六洲(原Bass,曾经并购Holiday Inn)、万豪(Marriott)、香格里拉、雅高等。90年代,最佳西方国际(Best Western)、天天(Days Inn)、凯宾斯基(Kempinski)、喜达屋(Starwood)、海逸(Harbour Plaza)、文华东方(Mandarin Oriental)、威士汀(Westin)、豪生、雷迪森、罗顿等数十家国际饭店集团纷纷进驻中国市场,出现了群雄逐鹿的局面。根据国际饭店与餐馆协会的资料统计,2012年世界饭店管理集团排行前10位的洲际、胜腾、万豪、雅高、精品国际(Choice)、希尔顿、最佳西方国际、喜达屋、卡尔逊(Carlson)、凯悦,均已进入中国市场,在中国建立或管理饭店,并逐步涵盖了高中低所有的消费档次,中国已成为著名国际饭店集团的集聚地。

(3)纵深发展阶段　近年来,国际饭店集团在我国的发展呈现网络化、两极化、本土化的特征,不仅饭店数量增长,而且以全球化战略为前提,追求地区分布、经营格局的更加合理化。在中国市场形成规模和特色的国际饭店集团越来越多，这既是国际饭店业的发展大势所趋，也是全球经济一体化的必然结果。例如万豪集团作为世界五百强跨国集团之一，是国际饭店集团中的巨无霸，虽然他们1997年才进入中国市场，但他们通过实施以丽思·卡尔顿、万豪、万丽三大品牌为主的全品牌发展战略，在"你如能使员工树立工作自豪感，他们就会为顾客提供出色的服务"的核心经营理念指导下，很快就打开了中国市场，目前万豪国际集团在中国管理61家饭店，旗下有丽思·卡尔顿、JW万豪、万豪酒店及度假酒店、万丽、万怡和万豪行政公寓等品牌。

2. 国际饭店集团在我国的发展策略

国际饭店集团进入中国已30多年，虽然并未达成全面覆盖市场的格局，但是我国饭店业的高端市场基本都控制在国际饭店集团手中。据国家旅游局公布的资料，国外和外资饭店虽然占全国饭店客房总数的20%，但却占有饭店业80%的利润。除了采用品牌化、全球化、集约化的战略决策外，集团旗下饭店的管理方式、经营理念、企业文化也值得我们借鉴与深思。

(1)多品牌策略　国际饭店集团依靠其成功的品牌经营，建立为客人所熟悉与信任的品牌，保证客人对品牌的忠诚，以期获得更高的价格和更稳定的客源。品牌优势在构成强大进入壁垒的同时，也有利于形成产品差异，满足不同消费群体的需要。实践表明，第二个出现的品牌只能享有第一个品牌市场份额的75%。要想达到与第一个品牌相同的市场份额，平均需支出第一个品牌广告费用的3.5倍。

洲际集团刚进入中国时，推出的品牌只有假日品牌饭店，为了满足商务客人的需求，又陆续推出皇冠假日、洲际等品牌。万豪集团在中国市场的扩张就是运用其强大的品牌优势，它进入中国市场首推的是万豪品牌，目前该集团已推出全品牌发展战略，既有高档的丽思·卡尔顿、万豪、万丽，又有中高档的万怡、新世纪、拉美达，共达11个品牌。即使是万豪的同一档次品牌，各品牌间的差异也体现了不同的风格，如万豪是体现欧美古典式风格，万丽则追求智能化的商务现代派风格，不同的风格适应不同的消费需求。

(2)两极化策略　饭店市场中的超豪华品牌饭店与经济型饭店是国际饭店集团在我国重点发展的两大市场极端。过去相当长一段时间超豪华品牌饭店在中国是空白，90年代末期仅有北京圣·瑞杰斯国际俱乐部酒店和上海丽思·卡尔顿及金茂君悦酒店三家。随着我国旅游业的发展以及国际性商务活动的增多，知名国际饭店集团对我国饭店市场表示出极大的信心，纷纷推出超豪华品牌饭店，在中国打造自己的旗舰。例如2000年底开业的北京东方君悦酒店是凯悦集团在中国继上海金茂君悦酒店之后管理的第二家君悦品牌酒店；2002年元月开业的上海四季酒店是著名的四季酒店集团在中国的第一家饭店，万豪的丽思·卡尔顿酒店也在北京落户。另外，二三线城市的豪华饭店市场也逐渐被打开，例如，喜来登温泉度假酒店在浙江湖州隆重登场，这是国内首家水上白金七星级饭店。

随着国内旅游的迅速发展，国内游客已经成为饭店不可忽视的客源。据统计，2012年国内旅游人数29.6亿人次，比2010年增加9亿人次。对中国旅游者而言，多数高档饭店消费不起，而大部分低档饭店的设施卫生、服务条件太差，又难以入住，缺乏的是中、外顾客需要的、符合国际标准的经济型饭店。未来趋势是装修朴素、干净卫生、设施便利、价位适中的经济型饭店将成为国内游客所看重的饭店业类型。一些知名国际饭店集团达成共识，经济型饭店已成为继高档饭店之后的饭店业发展的又一新热点、新机会。较早进入中国经济型饭店市场的是美国天天酒店集团，该集团于 90 年代末期进入中国市场，并与中国建设银行联手推出了 11 家天天品牌饭店。六洲、雅高、万豪等集团的管理层都明确表示了在中国发展经济型饭店的意向，近期纷纷来华调研市场，或专门请咨询公司，了解中国未来饭店业发展趋势，希望在拓展豪华品牌饭店的同时，也将经济型饭店品牌打入中国市场。

(3)网络化策略　国际饭店集团开始进入中国市场时，往往先选择经济发达的中心城市或旅游资源丰富的城市立足，如香格里拉在中国开业的饭店基本分布于北京、上海、哈尔滨、长春、大连、青岛、南京、武汉、北海、西安等城市，其中北京就有五家(香格里拉饭店、中国大饭店、国贸饭店、嘉里中心饭店、上乐盛贸饭店)。如今，迅猛发展的国内旅游业推动着该集团向二线城市扩张。香格里拉饭店在颇具有市场潜力的二线城市也加快了发展进程，如中山、西安、福州等。

拥有庞大的销售网络和强大的销售能力是国际饭店集团成功的一大关键。国际饭店的网络优势体现在其拥有完善的全球预定网络。1965 年假日饭店系统建立了自己独立的电脑预订系统 HolidexⅠ，到 70 年代又发展了第二代预订系统 HolidexⅡ。Holidex 电脑系统把遍布世界的假日饭店联系在一起，假日集团 24%的客源通过网络成交，在每一家假日饭店里，都可以随时预定任何一个地方的假日饭店，并可在几秒钟内得到确认。喜来登集团各成员饭店通过全球预订网销售的比例已达到 20%～24%，喜达屋饭店集团网上客房预定额在 1999 年就约为 1 亿美元。

(4)本土化策略　使用和培养本土人才，促进与接管饭店之间的文化融合是提高国际饭店集团经营业绩的根本。由于较大的文化差异，外方管理人员与中国员工沟通难度较大，曾经出现中方员工不接受外方管理层管理的情况，外方管理层对中方员工的行为难以理解，致使接管后的饭店经营状况一直不佳。文化冲突主要表现在两大方面：一是中外双方管理层不相容，双方在决策方式、管理方式上存在着较大分歧，无法达成共识；二是中方员工与外方管理层之间的不相容，由于中外价值观念的差异，致使双方在核心理念、思维模式、行为方式等方面都表现出很大程度上的不同，双方难以相互理解，无法沟通。针对这种情况，选拔和培养当地饭店管理人才，在集团统一的管理体制下，放手让中方管理人员运作，增进与当地文化的衔接与相容，被越来越多的国际饭店集团所采用。许多有过在国际饭店集团任职经历的人员成为国内饭店和外企争夺的对象，国际饭店集团管理的饭店成为我国饭店管理人才的“提高班”，对我国饭店人力资源整体素质的提高功不可没。

在市场开拓方面，某些较早进入中国市场的国际饭店集团，在经过一段适应期后，逐步形成了本土化的经营战略，他们的目标也开始转向中低档饭店市场开发。

3. 国际饭店集团在我国的发展规律

国际饭店集团通过导入先进的管理观念与模式，提高了我国饭店经营管理水平，缩短了我国饭店业与国际水平的差距，使我国饭店业成为开放较早、市场化程度较高、最先与国际接轨的行业之一。我国饭店集团发展即将进入全新的整合重组阶段，只有借鉴国际饭店集团在我国的发展规律，取长补短，才能顺利完成改革，实现深度发展。

(1)集团扩张方式日趋多样化　从国际饭店集团的发展进程和现状来看，通过资本市场的并购获取部分财产权，通过非产权交易获取其他饭店的管理权、营销权和无形资产运作权是国际饭店集团在华扩张的主要手段。国外投资不仅可以控股、独资经营饭店，而且可以通过输出品牌和管理在中国形成母子公司体系的饭店管理网络。以品牌和规制为先导，对集团内的饭店进行高水平的管理，使其具有竞争力，资本经营与产品经营相辅相成。

(2)与国有饭店集团既联合又竞争　由于体制的阻力加上内资饭店缺乏实力，在饭店业的集团化组合上国际饭店集团更具有现实性。实力雄厚的国际饭店集团，能够承担较高的组合成本，其机制能够承载大规模的集团运行，能够保证集团成员效益。另外，组合过程中国有饭店的心理障碍比较小，认可程度高。就现在的经营状况看，外资集团也具有优势。统计资料表明，2011 年，我国内资饭店数量占 95.44%，外资饭店数量占总数的 4.56%。但营业收入中，内资饭店仅占 84.25%，外资饭店占 15.75%；全员劳动生产率方面，外资饭店比内资饭店高 66.93%；人均实现利税，外资饭店比内资饭店高 86%。

我国入世后，国际饭店集团进入我国的步伐加快了，以此为契机，政府通过制定政策和条例，继续扩大开放度，借助市场的手段多方引进国际大型饭店集团，加剧行业竞争，激发行业活力，促进联合。在市场竞争和压力下，国有饭店受到的威胁与日俱增，由市场竞争引发的危机使饭店觉醒，被迫地接受集团化战略。例如，企业破产的危机迫使饭店联合；外资饭店的集团优势形成的威胁，迫使内资饭店团结起来；外资饭店对中国经济型饭店的兼并，引发内资饭店对经济型饭店的购买等。

(3)以先进的科学管理制胜，由输出管理到输出理念与文化　国际著名饭店集团都拥有一套成熟、合理、有效、系统的管理模式，规范成员饭店的行为。国际饭店集团的进入，带来管理经验的同时也带来了饭店最新的管理理念，树立了饭店文化建设的典范，给我国饭店集团以深层思考。香格里拉饭店集团的管理模式浓缩于一句话，即“由体贴入微的员工提供的亚洲式接待”。香格里拉的八项指导原则为：我们将在所有关系中表现真诚与体贴；我们将在每次与顾客接触中尽可能为其提供更多的服务；我们将保持服务的一致性；我们确保我们的服务过程能使顾客感到友好，员工感到轻松；我们希望每一位高层管理人员都尽可能地与顾客接触；我们确保决策点就在与顾客接触的现场；我们将为我们的员工创造一个能使他们个人、事业目标均得以实现的环境；客人的满意是我们事业的动力。

(4)由点、线、面至网络的发展格局　目前，国际饭店集团在我国呈逐步网络化的发展格局，并已初步完成了从经济发达的沿海开放城市至中西部地区的拓展，实现了全方位发展的网络化布局，以及由一线城市向二线城市的扩展。由于网络销售的便利、进口税收的降低，更加利于国外饭店管理集团发挥其品牌、集中采购、网络销售等优势，市场竞争力更加强劲。

二、世界饭店集团十大品牌

目前全球有较多的饭店集团品牌，以下将简要介绍位列前十的品牌：

1. 洲际酒店集团 Intercontinental Hotels Group PLC（IHG）

集团简介：洲际酒店集团是一个全球化的饭店集团，在全球 100 多个国家和地区经营和特许经营超过 4400 家饭店，超过 650000 间客房，为全球拥有客房最多的饭店集团。洲际酒店集团的经营目标是让 Intercontinental 这一品牌成为消费者和饭店所有者心目中的首选。

旗下品牌：目前洲际酒店集团旗下拥有七个饭店品牌，分别是洲际酒店及度假村（Intercontinental Hotel & Resorts）、皇冠假日酒店及度假村（Crown Plaza Hotels & Resorts）、假日酒店及度假村（Holiday Inn Hotels& Resorts）、快捷假日酒店（Holiday Inn express）、Staybridge Suites 酒店、Candlewood Suites 酒店及 Hotel Indigo 品牌酒店。其中既有洲际酒店及度假村和皇冠假日酒店及度假村这类高端豪华酒店品牌，也有假日酒店及度假村、快捷假日酒店等中端舒适饭店，更不乏 Staybridge Suites 这样专为延长住宿饭店市场而创立的特色饭店。

在中国的发展：目前，洲际酒店集团在亚太地区拥有 290 家饭店，并有 223 家在建。在中国，洲际酒店集团拥有 200 家正在经营的饭店旅游景区度假村，饭店数量在过去 5 年中翻了一番。在积极扩张中国市场的过程中，洲际集团已经开始了由一线城市向二三线城市进发的过程。现在，洲际酒店集团在大城市采用公关活动、积极营销等方式巩固已有市场，如举办 2011 洲际酒店集团北京去饭店慈善高尔夫锦标赛等活动；在中小城市则采取抢占市场的扩张战略，如计划在 2015 年在广东省再开 5 家饭店等。据世界旅游组织预测，中国饭店客房数将在 2025 年超过美国。

2. 温德姆（原胜腾）集团 Cendant Corporation

集团简介：美国胜腾集团是世界最大的饭店特许经营者和最大的假期所有权组织，也译为圣达特集团。美国胜腾集团是全球最大的商业业与消费性服务公司之一，主要有四大部门：房地产事业部，是全球最大的房地产中介连锁加盟体系，提供优质的房地产中介服务和顾客贷款。直销事业部，运用多种批发及零售促销方法，为全球超过 7300 万成员及广大消费者提供旅游、购物、保健、汽车及餐饮等服务项目。旅游事业部，是全球最大的饭店特许方，共计 7000 余家饭店，拥有世界排名第二的通用租车连锁系统 Avis 品牌，拥有世界最大旅游分时度假组织（Resort Condominiums International），占全球 70%的份额。衍生事务服务部，通过建立业务联盟体系，为消费者提供搬家、装修、存储、保险等多种衍生服务。

旗下品牌：胜腾酒店集团是胜腾集团的子公司，其总部设在美国新泽西州的帕西帕尼，是全球最大的饭店运营商之一，在全球五大洲拥有十大著名品牌为：速 8（Super 8®）、戴斯（Days Inn ®）、华美达（Ramada®）、Baymont Inn®、Travelodge®、豪生（Howard Johnson®）、Knights Inn®、Wingate Inn®、Ameri Host Inn® 以及 Wyndham®、Hotels。全球雇员超过 25000 人，支持着它旗下 7000 多家加盟饭店、588500 多个房间。所有饭店都拥有胜腾集团的特许及管理协议并独自经营运作。这 10 个品牌风格迥异，各具特色，如速 8（Super 8）是全球最大的连锁汽车旅馆，Wingate Inn 是适合 35～49 岁男性商业旅行者的中高档商务饭店、Travelodge

和 Knights Inn 是迎合美国市场对家庭式需求发展起来的中低档经济型饭店等。

在中国的发展：在中国市场，速 8 连锁饭店是拥有加盟饭店数量最多的品牌，具有低投入、高回报、周期短等特点。目前在全中国范围内已拥有超过 574 家加盟饭店，以“干净、友好”的形象和对服务细节的关注得到了消费者的认可。

3. 万豪国际集团 Marriott International

集团简介：万豪国际集团是全球首屈一指的饭店管理公司，创建于 1927 年，总部位于美国华盛顿，业务遍及美国及其他 69 个国家和地区，管理超过 3200 家饭店，提供约 490500 间客房，共有员工 128000 人。万豪还被《财富》杂志评为饭店业最值得敬仰企业和最理想工作饭店集团之一。

旗下品牌：万豪国际集团目前拥有 18 个著名饭店品牌。分别是万豪酒店及度假村(Marriott Hotels & Resorts)、JW 万豪酒店及度假村(JW Marriott Hotels & Resorts)、万丽酒店及度假村(Renaissance Hotels)、Edition(Edition Hotels)、Autograph Collection、万怡酒店(Courtyard by Marriott)、AC hotels by Marriott、万豪行政公寓(Marriott Executive Apartments)、Fairfield Inn & Suites by Marriott、Residence Inn by Marriott、Marriott Conference Centers、Towne Place Suites by Marriott、Spring Hill Suites by Marriott、ExecuStay、Marriott Vacation Club International、丽思·卡尔顿酒店(The Ritz-Carlton Hotel Company, L. L. C.)、The Ritz-Carlton Destination Club、Grand Residences by Marriott。其中万豪酒店及度假村和 JW 万豪酒店及度假村是全服务饭店，丽思·卡尔顿酒店是豪华型饭店，万怡酒店、Spring Suites by Marriott 是高中档饭店、Fairfield Inn & Suites by Marriott 是经济型饭店，万豪行政公寓是饭店式公寓，而 Marriott Vacation Club International、The Ritz-Carlton Destination Club 则是度假型饭店，形式多样。

在中国的发展：在万豪国际集团下属的 18 个饭店品牌中，有六大饭店品牌已经进入中国市场，分别是 JW 万豪酒店及度假村、万豪酒店及度假村、万丽酒店及度假村，丽思·卡尔顿酒店、万怡酒店和万豪行政公寓。分别位于北京、上海、香港、杭州等城市。

4. 法国雅高国际酒店集团 Accor

集团简介：总部设在巴黎的法国雅高集团成立于 1967 年，是全球最大的饭店、旅游及企业服务集团，主要从事两项国际业务：①饭店：分布于 90 个国家的 4000 家饭店(超过 455000 间客房)、旅行社、餐厅及赌场；②企业服务：服务于公司及公共机构：每天在 34 个国家有 1400 万人共享雅高设计及管理的广泛服务(餐券、看护、费用管理、社会服务、奖励活动等)。

旗下品牌：主要有 16 个饭店品牌，分别是索菲特酒店(Sofitel)、铂尔曼酒店(Pullman)、美憬阁酒店(MGallery)、Grand Mercure、美居酒店(Mercure)、诺富特(Novotel)、Suite Novotel、Adagio、宜必思酒店(Ibis)、All Seasons、Motel 6、Studio 6、Formule 1、Etap Hotel、Accor Thalassa sea &Spa 和 Lenotre。在这些品牌中，既有豪华型的索菲特酒店，又有经济型的宜必思即对岸，还有 Thalassa sea &Spa 这样的海洋会馆。

在中国的发展：法国雅高集团是最早进入中国饭店市场的国际饭店管理公司之一，在 1988 年便在中国开业了第一家诺富特酒店。目前雅高集团在中国拥有 128 家饭店。雅高在亚洲地区主要推广的品牌主要为索菲特、诺富特、美居、宜必思以及 Formule 1。

5. 希尔顿酒店集团公司 Hilton Hotels Corporation

集团简介：希尔顿集团旗下包括两个饭店管理集团，分别是希尔顿国际酒店集团(Hilton International)和希尔顿酒店集团公司(Hilton Hotels Corporation)。

希尔顿国际酒店集团作为总部设于英国的希尔顿集团公司旗下的分支，拥有除美国外全球范围内“希尔顿”商标的使用权。美国境内的希尔顿酒店则由希尔顿酒店管理公司(HHC)拥有并管理。希尔顿国际酒店集团经营管理着 403 间饭店，包括 261 间希尔顿酒店，142 间面向中端市场的斯堪迪克酒店，以及与总部设在北美的希尔顿酒店管理公司合资经营的、分布在 12 个国家中的 18 间康拉德(亦称港丽)酒店。

希尔顿酒店集团公司是总部设于英国的希尔顿集团公司旗下分支，拥有除北美洲外的全球“希尔顿”商标使用权，管理 405 家饭店，包括 263 家希尔顿酒店、142 家斯堪迪克酒店，在全球的 78 个国家拥有超过 7 万名雇员，有 10 多个不同层次的饭店品牌。希尔顿国际集团在全球的发展以谨慎著称。

旗下品牌：希尔顿集团旗下共拥有 12 个饭店品牌，分别是希尔顿酒店(Hilton Hotels)、港丽酒店(Conrad Hotels)、斯堪迪克(Scandic)、双树(Double Tree by Hilton)、大使套房酒店(Embassy Suites Hotels)、家木套房酒店(Homewood Suites by Hilton)、哈里逊回忆中心(Harrison Conference Center)、希尔顿花园酒店(Hilton Garden Inn)、汉普顿旅馆(Hampton Inn and Hampton Inns &Suites)、希尔顿度假俱乐部(Hilton Grand Vacation Club)、Home 2 Suites by Hilton 以及 Waldorf Astoria Hotels &Resorts 等品牌。

在中国的发展：希尔顿集团在 1988 年率先进入中国市场，在上海开设第一家希尔顿酒店至今，已经在中国市场发展了 25 年。在 20 世纪 20 年代，希尔顿的主要战略市场集中于北美和欧洲，在中国的发展明显落后，进入新世纪后，随着中国庞大的市场潜力得到投资者的重视，同时英国希尔顿国际被美国的希尔顿酒店集团公司收购后，亚洲市场逐渐成为重要的战略目标。至今，希尔顿集团已经在中国拥有 25 家饭店，分别坐落于北京、上海、西安、重庆等大中城市，品牌分别有港丽、希尔顿花园以及斯堪迪克等。希尔顿战略区域从沿海地区向内陆地区转移，这也意味着希尔顿集团在中国扩张的步伐在进一步加快。

6. 精选国际酒店管理公司 Choice Hotels International

集团简介：精选国际酒店管理公司(又译选择国际饭店公司)成立于 1939 年，总部位于美国的马里兰州，是世界排名第二的饭店特许经营公司，在世界上 48 个国家连锁经营 6000 多家饭店并发展了一系列国际知名饭店名牌。精选国际酒店公司是一个主要依靠品牌经营战略成长起来的饭店集团，在短时间内依靠品牌特许经营、多产品品牌组合、品牌营销等品牌经营策略实现了其在全球范围内市场规模的迅速扩大。

旗下品牌：主要有 Clarion Hotels、Econo Lodge、舒适客栈(Comfot Inn)、Sleep Inn、Rodeway Inn、品质客栈(Quality Inns. Hotels & Suites)、Mainstay Suites、Suburban 和 Cambria Suites。其中品质客栈、舒适客栈以及 Clarion Hotels 大多为三星级饭店，而 Econo Lodge 大多为二星级经济饭店，而 MainStay Suites 则是专门为长久入住者开发的品牌，多种产品也满足了各种社会阶层认识的需求。

在中国的发展:2011 年 11 月,中国精选国际酒店集团股份有限公司(China Topsun Hotels International Group Limited,简称:精选中国"Choice Hotels China")经 Choice Hotels International 授权,全面负责大中华地区 Choice Hotels International 旗下等级最佳的 Clarion(凯瑞)系列酒店 C Lucky、Clarion、Clarion Hotel、Clarion Resort、Clarion Suites、Clarion Collection、Clarion Inn 等七大饭店的品牌发展、饭店规划设计、旅游综合开发、国际品牌贸易、教育培训等综合业务。

7. 美国最佳西方国际集团 Best Western International

集团简介:美国最佳西方国际集团成立于 1946 年,在全球近 100 个国家和地区拥有成员饭店 4200 多家,总客房数超过 33 万间,是全球单一品牌下最大的饭店连锁集团,在美国、加拿大及欧洲具有广泛的影响。全球每天超过 25 万人下榻其旗下饭店。与其他排名前十的国际饭店管理集团不同,最佳西方酒店集团只拥有成员而不拥有特许竞争者。

在中国的发展:2002 年,最佳西方开始开拓中国市场,目前在大中华区已有 23 家加盟店即对岸,分别分布在北京、上海、西安、深圳、港澳等地。

8. 美国喜达屋集团 Starwood Hotels

集团简介:喜达屋饭店及度假村国际集团原名为喜达屋住宿设施投资公司、喜达屋膳宿公司(Starwood Loding Trust/Starwood Loding Corp.)。在 1996 年,它拥有 100 家饭店,26483 间客房,年收入为 3.853 亿美元。1998 年,喜达屋完成了更名、对 ITT 集团和 Westin 饭店的购并三件大事,这在其发展历程中具有相当大的影响。2005 年 8 月 25 日,喜达屋酒店集团宣布已签署最后协议,将艾美(Le Meridien)品牌及其旗下全部的管理饭店及特许权经营饭店收归旗下,共 130 多家饭店和度假村。

旗下品牌:喜达屋以其饭店高档豪华著称。品牌包括圣·瑞吉斯(St. Regis)、至尊金选(The Luxury Collection)、寰顶(Westin)、喜来登(Sheraton)、福朋(Four Points)、W 饭店(W Hotels)、艾美(Le Meridien)雅乐轩酒店(Aloft)和 Element(SM)酒店。其中圣·瑞吉斯酒店、艾美酒店属于高端的奢侈性消费饭店,而福朋酒店和威斯汀酒店则更倾向于为商务人士提供住所。

在中国的发展:目前,喜达屋集团在中国地区的发展速度十分迅速,喜来登酒店作为喜达屋旗下最大的品牌,是进入中国市场的第一家国际饭店品牌,在中国中高档饭店市场上拥有最多份额,喜达屋表示中国已经成为继美国之后喜达屋集团的第二大市场。

9. 卡尔森国际酒店集团 Carlson Hotels

集团简介:卡尔森酒店集团成立于 1938 年,是美国最大的私营公司之一。卡尔森集团在全球超过 82 个国家和地区拥有 1700 家饭店,并计划在 2015 年将全球拥有的饭店数量增加到 2200 家。

旗下品牌:该公司麾下拥有 Regent(丽晶)、Radisson(丽笙)、Park Plaza(丽亭)、Country Inns & Suites(丽怡)和 Park Inn(丽柏)品牌。Regent(丽晶)是卡尔森环球酒店公司的顶级品牌,但在 2010 年,丽晶被台湾本土饭店品牌丽华收购,故现在卡尔森集团其他的饭店品牌为四个。

在中国的发展:目前,卡尔森国际酒店集团在中国范围内拥有 18 家饭店,分别分布在上海、北京、成都等地，在丽晶品牌被台湾企业收购后，卡尔森集团积极扩展在中国的饭店数量。

10. **凯悦酒店集团** Hyatt Corporation

集团简介：美国凯悦酒店集团是世界知名的饭店管理集团，其首间饭店于1957年开业，在随后的发展过程中不断引入其他品牌，成就了如今位列世界前十大饭店管理集团的凯悦酒店集团。如今，凯悦酒店集团在全球44个国家拥有456间品牌产业，其中包括饭店度假村、住宅和度假型产业等。

旗下品牌：集团旗下饭店品牌包括：君悦（Grand Hyatt）、凯悦（Hyatt Regency）、柏悦（Park Hyatt）、凯悦度假村（Hyatt Resorts）、凯悦假日俱乐部（Hyatt Vacation Club）以及新推出的Andaz，Hyatt Place，Hyatt Summerfield Suite等8个品牌。其中凯悦酒店是典型的商务饭店，而君悦和柏悦酒店则侧重于精品和豪华的服务，凯悦度假村则有着令人心旷神怡的风景，适合度假旅游的客人。

在中国的发展：凯悦酒店集团在中国地区拥有20家饭店，除了上海、香港、北京及各大城市分布较为集中以外，其他饭店比较均匀地分布在广州、深圳、杭州、青岛等沿海城市和济南、贵阳、西安等内陆城市。目前，凯悦酒店集团相当重视区域化的特点，在中国的知名度较高。

第二节 饭店集团的经营模式

1. 直接拥有

饭店集团通过独资或者收购来拥有一家全资的子公司，从而达到扩大经营的战略目标。在大多数情况下，投资主体会直接控制子公司，这种投资的长处在于公司拥有全部产权和对子公司的控制权。饭店集团选择这一进入模式时的主要考虑是目标地市场环境的长期稳定，对这些因素的评估需要对市场环境评估的丰富经验，并有能力识别在不断变化的环境中可能带来产权风险的潜在因素。全球范围内，在早期的国际饭店集团多是通过购买不动产方式达到扩张的目的。如希尔顿、喜来登等。

2. 控股经营

选择带资管理合同，饭店集团参股饭店，成为联合投资者。一些饭店集团在和饭店业主签订管理合同的同时购买饭店的部分股权。这种方式的优点在于将饭店集团和饭店捆绑到一起，防止饭店集团做出不利于业主的决策。同时，饭店集团可以在饭店的战略计划制定过程中起关键作用，减少战略决策失误而给业主和管理方带来损失的可能性。虽然目前进入中国市场的国外饭店集团大都只是单纯提供管理服务，不介入饭店的产权投资，但是也有一些饭店集团在提供饭店管理合同的同时通过参与股权投资的方式加强对被托管饭店的控制能力。

3. 租赁合同

饭店集团从饭店所有者手中将饭店租赁过来，对饭店进行经营。饭店集团向饭店的所有者支付一定的租金即可取得经营权。但饭店集团在相当一个时期内要承担财务责任和对物业的控制。长期租赁在国际饭店业中通常被认为是全资拥有形式的变形。饭店集团通常利用这种方式在目标地的最佳地点选择饭店，租赁管理在大多数情况下要求做出长期的财务承诺，因此只有在仔细考虑选址、市场的长期营利能力以及当地稳定的市场环境之后才能做出的选择。

4. 管理合同

管理合同又称委托管理。它是非股权式安排的一种营运方式，指业主委托管理公司代理管理，饭店集团采用这种方式，可以用较少的资本投入及风险迅速扩张其规模，同时使在该领域没有管理经验和实力的业主分享该行业所带来的丰厚回报。管理合同广泛应用于饭店业，几乎所有饭店集团都无一例外地通过这种方式进行发展。

饭店管理公司一般可以分为两种形式：一种是隶属于饭店集团的饭店管理公司，另一种是独立饭店管理公司。饭店集团一般都拥有一家饭店管理公司，对下属的饭店进行管理。独立饭店管理公司则不属于任何一家饭店集团，主要为所有的独立饭店服务，在委托管理方面明确责、权、利的基础上，更容易发挥出技术专长和集约组合的影响力，更有助于追求和实现最优化的管理效益和经济效益。美国的里奇菲尔得饭店管理公司（Richfield Hotel Management，Inc.）是世界上最大的独立饭店管理公司，管理着希尔顿、喜来登、雷迪森等特许经营联号范围内的大量饭店。饭店管理合同的特点是通过输出管理，对属下饭店进行紧密的控制和直接的经营管理。饭店管理公司负有运营饭店并管理饭店业务的责任。

业主与管理公司通过签订合同来实现这一运作方式。采用管理合同进行运作的三个主要原则是：第一，饭店管理集团作为经营者有权不受业主干扰管理饭店；第二，业主支付所有的经营费用并承担可能的财务风险；第三，经营者的行为受到绝对的保护，除非具有欺诈或严重的失职行为。

管理合同保证饭店管理集团获得管理费，其余所得则由业主支付税收、保险、贷款等。业主将所有经营责任授权给经营者并不得干涉其日常业务运营。业主通常鼓励经营者获得收益贡献，提高经营者在管理饭店中的风险意识和营利意愿。由于在管理合同市场竞争越来越激烈，更多的饭店管理集团将收益贡献作为获得合同的重要筹码，或通过减少管理经费的方式获得。

饭店管理集团在采用管理合同经营时，既可以提供全面管理服务，也可以提供单项服务（技术服务协议）。管理合同服务通常包括下列内容：第一，可行性报告和市场分析；第二，提供在规划、设计、建筑和内部装潢方面的咨询和技术支持；第三，提供设备选择、布局和安装方面的建议；第四，合同、采办和建筑协作；第五，开业运行；第六，营销、广告、促销；第七、招聘和培训；第八，秘书、记录控制和汇报功能；第九，技术咨询；第十，采购；第十一，中央和国际预订服务；第十二，管理人员；第十三，总部办公室督导和控制。

在管理费方面，一般主要分为全面委托管理费用、系统使用费、技术服务费和开业管理费等四种。目前国内常见的是向被管理饭店收取一定比例的"基本管理费"和"奖励管理费"。

最近几年来，饭店管理公司受到了饭店所有者不断提高的对经营业绩要求的压力，业主要求尽快提高饭店的业绩，以期在激烈的市场竞争中立足，尽快收回投资并不再愿意和饭店管理公司签订长期管理合同。合同已从对管理集团有利转向有利于业主，造成这一转变的原因有三方面：第一，并购以及国际集团的大举进入使得管理合同市场竞争愈发激烈。第二，业主对该行业具有越来越多的知识，对合同更加了解。第三，业主方具有经验的人物在合同谈判中扮演越来越活跃的角色。这一结果导致饭店管理集团更多地分担经营风险，以及更多的共同决策。其他的趋势包括在合同中涉及业绩，更强调奖励费等。而对管理合同有利的且强有力的市场推动因素在于人们对品牌的认可和忠诚。

5. 特许经营权的转让

国际特许经营协会对特许经营的定义为："特许经营是指特许经营向受特许权人提供特许经营权利，以及在组织、经营和管理方面提供支持，并从受特许权人获得相应回报的一种连续的关系。"通俗地说，指的是以特定方式将所拥有的具有知识产权性质的名称、注册商标、成熟定型技术、客源开发预定系统和物资供应系统等无形资产的使用权转让给受让者，从而获得经济效益。特许经营是以特许经营权的转让为核心的一种经营方式。利用饭店集团自己的专有技术与品牌和饭店业主的资本相结合来扩张经营规模的一种商业发展模式。饭店经营者需一次性向特许权拥有者支付特许经营权转让费或初始费，以及每月根据营业收入而浮动的特许经营服务费(包括公关广告费、网络预订费、员工培训费、顾问咨询费等)。饭店投资者可以成为某一个饭店联号的特许经营受许方，使用其品牌，但由自己经营管理饭店。一些饭店在长期的发展过程中积累了丰富的管理经验，对客服务已经达到了很高的水平，但是由于品牌的知名度较低，限制了饭店客源的进一步扩大。这时加入某一个饭店联号，受许使用其品牌，可以利用这个饭店联号的品牌在整个市场上的广泛影响力提高自己的销售能力。一般来说，这种饭店由于没有将管理权让渡给外部管理公司，投资者对饭店仍可以实施严格的控制，让渡出去的仅仅是饭店的营销权，所给付的也仅仅是与饭店客房数量比例关系固定的特许经营费用，不会随饭店经营状况的变化而变化。对于管理水平很高的饭店来说，这种模式是迅速扩大自身影响的一种有效方式。但这种模式也可能导致管理层对质量失去控制，或者要承担特许权拥有者与经营者相互冲突的风险，这些冲突可能来自对势力范围、合同期限、质量保证、广告与酬金等的界定。特许经营模式与其他模式组合使用，在一定程度上可弥补这一缺陷。目前，世界著名饭店集团的很大一部分都是以特许经营或与其结合的经营模式进入并拥有或收到旗下的。代表集团有精品国际、胜腾等。

以上主要从概念上和特色方面对目前饭店集团常见的经营模式进行了说明，接下来将以表格形式直观表述(表 3-1，3-2)：

表 3-1 饭店集团模式比较

特点 管理形式	对饭店的控制	对服务质量和品牌声誉的控制	资本投入	财务风险	扩张速度	营利能力
直接拥有	高	高	高	高	慢	高
控股经营	高	高	高	高	慢	高
租赁管理	高	高	低	高	快	高
管理合同	资本比例而定	高	低	低	快	中
特许经营	低	低	低	低	快	低

资料来源:俞迎新,国际饭店进入中国市场的策略分析,经济论坛 2006.13.P50

表 3-2 国际著名饭店集团所属品牌及经营模式

饭店集团	饭店(座)	客房(间)	主要品牌	经营模式
洲际(英国)	4432	643787	洲际酒店及度假村 假日酒店及度假村 皇冠假日酒店及度假村 Indigo 酒店 快捷假日酒店等	特许经营约占 88.9% 委托管理约占 6% 控股经营约及其他 5.1% 在中国均以委托管理为主,投资极少
温德姆酒店集团(美)	7112	597674	豪生、戴斯、速 8、华美达、温德姆等	特许经营 100%,全球排名第一的特许酒店集团
希尔顿酒店集团(美)	3526	587813	康拉德、希尔顿、斯堪迪克、双树	特许经营 23.8% 委托管理 3% 带资管理及其他 73.2%
万豪国际集团(美)	3329	580876	万豪、JW 万豪、万丽/万怡、丽思·卡尔顿/丽嘉等	特许经营 53.1% 委托管理 42.3% 带资管理 4.6%
雅高集团(法)	4111	492675	索菲特、诺富特、美居、宜必思等	带资管理 46.5% 租赁管理 21.8% 委托管理 15.4% 特许经营 16.3% 其中索菲特和诺富特以委托管理为主
精品国际饭店公司(美)	6021	487410	凯富、优质、斯里普等	100%特许经营 世界排名第二的特许经营集团
最佳西方国际集团	4048	308477	最佳西方	以委托管理为主
喜达屋全球酒店与度假村集团	979	291638	喜来登、圣·瑞吉斯、至尊金选、威斯汀、福朋、W 饭店等	特许经营约 41.8% 委托管理约 28.5% 带资管理及其他 29.7%
卡尔森环球酒店集团	1059	159756	丽晶、丽笙等	以特许经营为主
全球凯悦公司	399	120031	凯悦、君悦、柏悦	以特许经营为主

资料来源:MKG 酒店数据库 2010 年 5 月

上述五种主要经营模式常常混合在一起,形式不一,很难将一种模式与另一种模式清楚地区分开来。在世界不同地区，饭店集团选择的模式也有所不同，北美的饭店集团倾向于依据合约（管理合同或特许经营权的转让）扩展业务，亚洲的饭店集团则寻求权益投资，欧洲公司更喜欢带资管理。Chkitan 分析了管理合同和特许经营的外部影响因素，认为饭店在缺乏优秀的管理人才的情况下，应倾向于采用管理合同的方式，以避免因特许经营造成的管理不善而产生的企业形象受损；如果有可知的信赖的合作伙伴提供必要的资金投资，则更可能采用管理合同；如果有良好的商业环境、较完备的知识产权保护法律，则更倾向于采用特许经营（尤其在发达国家）。

第三节　我国饭店集团的发展

一、我国饭店集团的发展特点

（一）中国饭店集团发展的历程

1. 第一阶段——认识阶段（1982—1987）

1982 年 4 月 28 日，北京建国饭店作为中国大陆首家中外合资饭店正式开业，并由香港半岛酒店管理集团来管理，香港半岛集团因此成为进入中国的第一家国际饭店集团。这成为一般意义上的中国饭店集团化的开端。

1984 年 3 月，以上海锦江饭店为骨干成立的上海锦江（集团）联营公司，这是我国第一家国际性的饭店管理公司。

成立于 1987 年 1 月的中国饭店联谊集团，是我国出现的第一个饭店联合体。此后还有 1987 年 12 月成立的华龙旅游饭店集团和友谊旅游饭店集团和 1988 年 5 月在北京成立的北京饭店集团。

2. 第二阶段——探索阶段（1988—1997）

90 年代中期以后，以行业性集团为主体向旅游业渗透而成立的饭店集团大量涌现。这其中比较有代表的是山东鲁能集团于 1996 年 6 月 2 日成立的以经营饭店和旅行社业为主的山东鲁能信谊有限公司。公司的核心层、管理层和合作层的主要饭店有贵都大酒店、贵友大酒店、海南三亚山海关大酒店、无锡太湖樱苑度假村（现更名为无锡鲁能大酒店）、泰安东尊山庄、青岛海情新苑等数十家旅游饭店。随后，成立于 1997 年的东方酒店管理公司（该公司是中国银行全资附属的非银行金融机构——中国东方信托投资公司的专业饭店管理公司）也是这一过程的产物。

3. 第三阶段——成长阶段（1998—至今）

进入 20 世纪 90 年代，国际饭店业发生了巨大变化——兼并和收购浪潮迭起。始于 1991 年喜达屋资本公司于 1998 年收购了威斯汀饭店度假村国际集团，从而在当年的饭店和娱乐休闲业中处于领先地位。几乎在同一时期，雅高集团、洲际集团、精品国际酒店等世界饭店业巨头也通过兼并和收购的方式在全球范围内扩张。

2001 年 10 月 29 日至 11 月 2 日在海口召开的“首届中外酒店论坛”也将把中国饭店业的集团化发展问题列为主要议题之一，中国的超级饭店集团正在呼之欲出。此后的几年时间里，在政府和市场双导向作用下，中国饭店集团开始了“二次集团化”。这其中有代表性的是北京首旅集团和上海锦江国际。1998 年初，本着政企分开的原则，北京市政府将北京市旅游局下属旅游企业和部分政府直属的旅游饭店从政府中分离出去，组建成立了北京旅游集团有限责任公司。1999 年，国家旅游局把所属的华龙集团的全部国有资产无偿移交给北京旅游集团有限责任公司。2004 年首旅集团、新燕莎集团、全聚德集团合并重组并保留原首都旅游集团的名号，成为中国最大的旅游企业集团之一，总资产达到 220 多亿，并逐步经过业务整合形成若干个专业公司。2003 年 6 月 9 日，锦江（集团）有限公司（之前已经合并了华亭集团）和上海新亚（集团）有限公司国有资产重组后，成立了新的锦江国际集团，注册资本人民币 20 亿元，直接控股新锦江，并通过新亚集团间接控股锦江酒店。在此过程中，通过连锁运作、资本多元化发展的经济型饭店成为中国饭店集团化的新亮点。1998 年成立的北京中江之旅、广东东方驿站是其中的典型代表。值得一提的是，组建于 2002 年 6 月如家酒店连锁公司（其前身是建国客站）是由首旅集团控股、两家境外投资基金参股的股份制经济型饭店公司，次年就被中国旅游饭店业协会评为“2002 中国饭店业集团 20 强”，表现出强劲的发展势头。

2011 年 5 月，如家集团以 4.7 亿美元收购莫泰 168 国际控股公司全部股份。这一强强联合举动给如家带来的既是机遇也是挑战。2013 年是中国饭店业的“大并购”时代，国有资本、民资、外资等轮番引领时代潮头。兼并重组浪潮不断推动饭店业的发展。其中包括 5 月份君澜酒店集团完成了对澳大利亚珀斯水边套房饭店的收购，重庆康德集团买下了西班牙大加那利群岛上的一座五星级饭店玛丽娜等一系列举动。

（二）中国饭店集团发展的现状

经过 30 多年的发展，中国饭店集团已经取得了显著的成就。在 2011 年中国旅游饭店业协会统计公布的中国饭店业集团 20 强的名单中，中国本土的饭店集团占据 10 席。令人可喜的是，我国入选的 10 家饭店管理公司经营规模均已达到国际饭店集团 300 强的标准，反映出中国饭店集团化进程取得实质性的进展。

（三）中国饭店集团发展的模式

从其产生的背景和推动力量来看，中国饭店集团化的发展模式有以下几种：

1. 饭店联合体

典型的是 1987 年成立的三家饭店联合体及 1989 年成立的北京饭店集团。前者包括中国联谊集团、中国华龙饭店集团和友谊饭店集团。这类集团没有形成紧密的以资产为纽带的联结，仅仅通过某种生产、销售方面的协议进行联结，不具有很强的稳定性和强大的实力。但是我们应当看到这类饭店联合体的产生是企业为了增强竞争力而自愿结合的，反映了饭店要求集团化的内在动力，也是饭店对感受到客源竞争的压力而作出的必然反应。但是从这些联合体的组织方式和运作方式来看，还算不上真正意义上的饭店集团。

2. 区域性饭店集团

在回顾饭店集团发展历程的时候，我们发现饭店集团的发展早于旅游集团的发展，但在20世纪90年中期之后，旅游集团的发展又推动了饭店集团的发展。

中国的区域性饭店集团分为两种：20世纪80年代中期的政府导向型饭店集团和20世纪90年代中后期市场和政府双导向型饭店集团。

第一种，政府导向型饭店集团。如1984年到1985年，上海相继成立华亭、锦江、新亚、东湖四家以饭店、服务业为主业的企业集团。这一时期成立的饭店集团同后来的通过国有资产划拨形成的集团有所不同，在这些饭店集团成立的时候，还处于计划经济时期，还没有条件开展资本运作及跨地区的经营，发展普遍较慢。

第二种，市场和政府双导向型饭店集团。例如，1998年初组建的北京旅游集团有限责任公司（首都旅游集团的前身），以及随后于2004年首旅集团、新燕莎集团、全聚德集团合并重组成新的首都旅游集团，其饭店板块是首旅建国饭店管理公司。2003年6月9日，锦江（集团）有限公司（之前已经合并了华亭集团）和上海新亚（集团）有限公司国有资产重组后成立的锦江国际集团，其饭店板块有锦江国际酒店发展有限公司（对内称“酒店事业部”）、“锦江国际酒店发展股份有限公司”、“锦江国际酒店管理公司”、“锦江之星旅馆投资公司”。这类集团属下的饭店集团是在市场和政府双导向的作用下成立的，表现出强烈的资本扩张的色彩。

以市场为导向，在政府行政力量的推动下，强化饭店集团的资本联结纽带，是第二种饭店集团的特征。在我国饭店集团发展的初级阶段（与国际比较成熟的饭店集团相比），政府的主导作用对促进我国饭店集团的发展有着重大意义。综观国际饭店集团的发展历史，我们应当看到以资本为纽带对于饭店集团发展的重要作用。在国际饭店业竞争国内化的冲击和国际饭店集团的示范作用下，政府推动是实现这一过程的现实途径。但是也应当清楚地认识到，随着市场化的深入和集团化的发展，政府应当从具体的市场交易过程中退出。否则，饭店集团无法通过产权的多元化实现生产要素的优化，不能真正作为独立自主的企业集团进行经营管理。

3. 行业系统向旅游业渗透而成立的饭店集团

在特定的历史条件下，一些行业系统的大型国有企业，如铁路、电力、民航、电信、石油等垄断企业，出于非市场的原因，纷纷投资兴办饭店。随着中国政治经济体制的改革，这些行业系统的非主业企业面临着自谋出路的市场选择。从现实的情况看，这些行业系统的饭店往往通过组建饭店集团、管理公司或行业协会来寻求在市场上的话语权。例如，1996年6月2日成立的以经营饭店和旅行社业务为主的山东鲁能信谊有限公司，1997年成立东方酒店管理公司。1997年12月25日成立的中国铁道旅游饭店协会和1998年11月18日由民航系统76家饭店成立的中国民航协会饭店委员会，也是其中的典型代表。

这些行业性企业资金雄厚，进入饭店业的规模大，往往以大集团的形式出现，而且大都以资产为纽带联结。但是，由于缺乏从事饭店业的经验，部分集团的发展没有很好地适应市场发展的需要，有些甚至在经营中出现了偏差。随着市场化的深入，这些饭店集团表现出在“主辅分离”和“产业重组”的战略框架中集团化发展的趋势。

(四)中国饭店集团发展的特点

1. 国有饭店集团是中国饭店集团的主导

由于历史的原因,国有饭店在中国饭店业中一直占有主导地位。国有饭店集团的发展在一定程度上代表着中国饭店集团的发展。中国饭店集团是随着市场化的深入而一步步发展起来的,而国有饭店集团(不包括改制后仍国家控股的饭店集团)则在这一过程中表现出市场需求和行政推动相结合的特点。在市场化之前,国有饭店的服务对象和内部管理都是非市场化的,随着改革的深入和市场化程度的进一步加深,原先定位于政府接待的国有饭店面临向市场转型的境地。在这一过程中,国际饭店集团的兼并和并购行为无疑给国有饭店集团的发展提供了示范作用。从这个意义上说,国有饭店集团的成立,其结果是市场化的,但过程则是政府推动的产物。无论从早期锦江、新亚、华亭、东湖四大饭店集团,还是山东鲁能信谊有限公司、东方酒店管理有限公司、建国国际酒店管理有限公司(首都旅游集团的二级集团)、锦江国际酒店管理公司(上海锦江国集团的二级集团),在集团成立的过程中都有着政府推动的"烙印"。值得一提的是,上海锦江国集团的成立是在原有的锦江集团和新亚集团的基础上重组而成的,如果早期四家饭店集团(锦江、新亚、华亭、东湖四家集团)的成立很难是市场需求的结果,那么 2003 年 6 月 9 日锦江国际的成立则充分体现了这一点。

在国有饭店成立的过程中,我们已经看到行政推动所起到的巨大作用,但这个问题也应当引起我们的思考:如何评价政府在国有饭店集团中的作用。目前,由于计划经济向市场经济体制转轨过程中的体制断裂,我们的单体饭店企业还无法突破既有体制通过市场竞争形成规模经济(饭店集团)。在面对国际饭店集团的大举进军,以及客源市场争夺激烈的现状的时候,政府推动成为一种现实的途径。因而我们应当肯定集团成立初期政府推动所起到的积极意义,但是随着这些集团逐步走向市场,开始市场化运作的时候,政府就应当适时退居幕后了。

2. 饭店集团的成长初期表现出区域导向性

与国际饭店集团成熟的集团化管理和市场运作相比,中国饭店集团整体上还处于初级发展阶段。无论从 1984 年前后在上海成立锦江、新亚、华亭、东湖四大饭店集团,还是 20 世纪 90 年代中期以及随后成立的北京的首都旅游集团、天津的天津旅游集团、陕西的陕西旅游集团、浙江的开元集团、上海的锦江国际集团,以及 2005 年初成立的广东岭南国际集团,中国饭店集团在成长的初期表现出明显的区域导向。

当了解国际饭店集团的发展历程时,会发现其成立之初也是在局部布局的,这是符合事物发展规律的。中国饭店从一开始就具有区域导向性,与国际饭店集团发展不同的是,由于具体国情的不同,我们的饭店集团一直没有健康发展。随着改革的深入,特别是 1998 年之后,地方政府国有资产管理的有关部门为适应旅游的发展和集团化发展的需要,纷纷组建旅游集团(当然也包括饭店集团)。因此,饭店集团成立初始,不可能超出特定地域的范围,具体表现为以省、自治区和直辖市为基本单位。但随着竞争的加剧和饭店集团的发展,跨地区发展必然成为中国饭店集团成长的途径,这也是符合饭店集团发展规律的。

3. 参与国际竞争，国际化冲动强烈

中国饭店集团的发展离不开国际饭店集团的介入，中国饭店集团的国际化冲动过多的表现为与国际饭店集团的合作过程。从20世纪80年初到90年初期，国际饭店集团纷纷通过投资管理或管理合同的方式进入中国，从一个侧面反映了中国饭店业发展的不成熟。进入20世纪90年代中期以后，随着中国饭店管理人才的成长和市场化运作经验的积累，中国饭店集团开始谋求与国际饭店集团的合作和公平竞争。1999年，北京首都旅游集团有限公司和雅高集团共同签署合作意向书，相互转让部分饭店的股份，并共同投资兴办旅行社。2001年12月，法国雅高集团与北京首都旅游集团签订协议，成立一家合资饭店管理公司，雅高麾下的“美居”品牌进入中国三星级饭店市场。2002年1月22日雅高与我国最大的饭店集团——上海锦江集团合作成立针对中国国内饭店市场的销售和分销合资公司，该公司下设3个分别位于上海、广州和北京的销售及分销中心，将全面负责锦江集团麾下15家饭店的销售，实现顾客分享。这标志着中国饭店集团的国际化冲动已十分强烈。

另外，这一阶段(20世纪90年代中期以后)部分饭店集团开始走出国门，积极参与海外竞争。1996年8月，大连丽景大酒店在美国西海岸买下了美国洛杉矶托伦斯广场饭店的所有权，并交由泰达饭店管理服务公司全权管理。2013年4月，开元旅业集团成功收购德国的原金郁金香饭店，这家位于莱茵河畔的饭店将更名为法兰克福开元大酒店，它是开元酒店品牌走出国门的第一家饭店。可以预见，随着中国人出境旅游的进一步发展，到海外布局，参与目的地国家的竞争将成为中国饭店集团国际化冲动的主流。

4. 经济型饭店异军突起

谈到中国饭店集团发展的历史不能忽视的是经济型饭店的在中国的发展。从中国第一家经济型饭店——锦江之星乐园店1997年在上海成立，在短短的8年时间里，经济型饭店连锁集团已经成为本土饭店集团发展的亮点。值得一提的是组建于2002年6月的如家酒店连锁公司，成立第二年就被中国旅游饭店业协会评为“2002中国饭店业集团20强”。进入2004年，中国国内经济型饭店的发展进入一个新的阶段。这主要表现在两个方面：一是国外品牌大举进军，二是国内品牌加快布局。前者表现为法国雅高集团(Accor Group)的“宜必思”(Ibis)，美国“速8”(Super 8)以及英国洲际饭店集团(Intercontinental Hotels Group PLC)旗下快捷假日纷纷进入中国市场。后者则表现为国内一些大型饭店集团在继续巩固原有品牌的基础上，进行全国布局。上海锦江饭店集团旗下经济型饭店品牌“锦江之星”自创立以来已发展到400家，计划在未来最终达到1000家，还计划以东南亚地区为突破口进行全球布局，以充分发挥品牌的网络优势。而由北京首都旅游国际饭店集团和携程旅行服务公司合力打造的“如家快捷”品牌，从成立以来共发展到400家(截至2012年1月)。

对于经济型饭店之所以在短短的时间里迅猛发展的原因，可以归结为两点：一是市场定位准确。当前，国内旅游需求日益增长，民营企业尤其是中小型企业的商务往来频繁，而国际旅游者中自助旅游者的比例也不断上升，对经济型饭店的需求不断增加。而从我

国现有饭店结构来看，豪华的高星级饭店和较低档次的社会旅馆数量大，价格与档次适中者少。二是采用市场化运作方式。锦江之星于1997年创立第一家锦江乐园店，经营管理形式从自营发展到委托管理、租赁、收购和特许加盟等。2003年锦江国际集团重组以来，锦江之星从当时的15家发展到400家，连锁店从长三角拓展到全国，遍布于上海、北京、天津、重庆、江苏等城市。先后对硬件进行了三次创新，形成14套连锁管理模式的标准文本，建成了质量管理、管理服务操作和运营支持保障三大系统。公司建立了自己的预订系统、网站、会员俱乐部和大客户系统。

5. 民营企业稳步发展

近年来民营资本投资旅游，其凭借灵活的机制获得了良好的收益。浙江开元旅游集团起步于1988年的一家县政府招待所。截至目前，下辖开元房地产集团公司、开元工业制造(集团)公司三大产业。拥有20余家公司，其中饭店8家，固定资产16.8亿元，为浙江省最大的旅游集团之一。开元国际酒店管理(集团)公司在2003年入选“2002年中国饭店业集团20强”(列第19位)。其发展战略为“以旅游饭店业为主导产业，实施连锁化经营，同时积极寻找高效的投资项目，以促进主导产业的发展”，致力于饭店连锁化建设。目前，在广东东莞、浙江温州、福建泉州活跃着一批投资并经营饭店的民营企业，连锁经营形成一定规模，如广东名冠集团成立的金凯悦酒店管理公司和福建金源集团。民营饭店集团之所以发展迅速，除了得益于体制方面的原因之外，正确的发展战略也是很重要的原因。

(五)中国饭店集团发展的面临的障碍

中国饭店集团的组建和发展，除了市场竞争的要求，还必须有一定的体制条件。中国传统的饭店多是非市场导向的产物，因而在此基础上组建的饭店集团还未建立起与市场经济相适应的产权制度、治理制度、运作方式和管理机制。下面就从三个方面来谈一下中国饭店集团发展面临的主要障碍：

1. 产权障碍

目前，国内饭店集团的出现多是依靠行政推动而成立的。尽管其最终目的是适应市场经济的发展，但不可否认的是，组建不规范带来的问题严重制约了饭店集团的发展。这些问题主要有两个：一是产权不清晰，很难采取市场化的运作方式；二是地方保护主义和行业系统保护主义严重阻碍了饭店集团跨地区、跨行业发展。

如何在经济体制转型的背景下，寻求解决产权不清晰所带来的问题成为饭店集团很长时间内思考的重点。从现实的情况看中国饭店集团发展的方式主要有三种：一是资本置换，二是重组上市，三是组建合资企业。从本质上看就是通过资本运作的方式来绕过现有经济体制的束缚。

近年来，锦江国际正在筹建西南、华中、西北、南方等分公司，形成六大地区性管理公司。从结果上来看首先是解决了产权单一的问题，其次实现了集团的跨地区发展。另外，锦江国际也把眼光放在了国际市场。2010年，锦江集团旗下锦江酒店宣布以3.07亿美元的交易总价值收购美国洲际酒店集团。此次收购可谓是中国饭店业最大的海外收购案。此外,2011 年,海航集团收购西班牙 NH Hotels,如家酒店集团收购莫泰 168,开元旅业和港中旅维景随后上市,饭店业发生的一系列并购和融资事件预示着中国饭店集团资本运营时代已经来临。

2. 市场障碍

中国饭店集团是在国际饭店集团的介入下发展起来的,但是从另一个角度来讲,这些已经进入中国并在国内饭店业市场取得优势的国际饭店集团在一定程度上造成了中国饭店集团发展受阻的局面。从地域上看,国外饭店集团已经完成了在沿海大型城市的布局,并开始向中型城市渗透;从饭店业市场的等级来看,国外饭店集团已经在高端商务市场牢牢占据领导地位。采取何种战略与这些成熟的国际饭店集团开展竞争,成为中国饭店集团成立初始就不得不面临的问题。

早在 2006 年中国旅游饭店业协会年会上,首都旅游集团就提出要做战略定位,确定首旅的饭店板块首先要做四星级建国品牌,其次可以批量生产三星级饭店。这么做的一个关键原因是实力上确实无法与历史悠久的国际品牌相比。相对而言,国外品牌对四星级、三星级市场进入程度不高,民族品牌只要做出些成果就有很大成绩。这是中国饭店集团在面临国际饭店集团在高星级商务饭店的市场垄断地位做出的正确战略选择。

另外还有中国的经济型饭店品牌,无论是锦江国际的锦江之星,首都旅游集团的如家快捷,还是北京中江之旅、广东东方驿站,在近几年都取得了令人称赞的成绩。究其成功的原因,除了我们经常谈到的比如优秀的品牌、市场化的运作之外,一个很重要的原因是市场定位准确。

3. 技术障碍

进入 20 世纪 90 年代以后,国际饭店集团出现了重组的趋势,其非常重要的一个支持层面是信息技术的广泛使用。假日集团有 Holidex,喜来登有 Reseration,希尔顿有 Hilhot,雅高有 Prologic,这些饭店集团广泛采用的计算机预订系统,已能帮助成员饭店销售 25%以上的客源。从这个角度来讲,没有强大的预订网络,中国饭店的集团扩张空间非常有限。就目前来说,我国饭店集团缺乏足以支撑起发展的预订系统。

商旅预订成为一种行业是在 1999 年,携程旅行网和 e 龙公司已经成为这一行业的龙头企业。目前,携程旅行网拥有国内外 5000 余家会员饭店可供预订,是中国领先的饭店预订服务中心,每月饭店预订量达到 50 余万间夜。这为饭店集团探讨建立预订系统的途径提供了一种模式,值得我们的思考。

二、我国饭店集团的发展趋势

我国饭店集团目前面临着机遇和挑战,未来发展有着无限可能。新型商业模式逐渐被引入、积极拓展新兴业态领域、国际品牌本土化、本土品牌国际化、资本运营时代来临、从相互竞争走向同盟共赢、高新技术得到更广泛的应用、倡导和创造共享价值等,将有望成为饭店集团未来发展的走向。

(一)新型商业模式逐渐被引入

随着资本、品牌和管理要素的日益分离,饭店企业发展的商业模式将不断创新,我国饭店集团的商业模式也必将走向多元化、品牌化。

目前饭店企业的运作模式较为单一，国际上一些成熟商业模式未来将被广泛引入。例如：以管理要素为核心形成的第三方（独立）饭店管理公司发展模式，这类饭店集团以锦江国际收购的美国洲际集团和美国的华人企业林氏集团旗下饭店集团为代表；以资本要素为核心所形成的饭店投资和资本运作公司模式，这以美国 HOST 饭店集团、Sunstone 饭店投资公司等采取的饭店不动产信托投资基金（REITs）模式为代表；以品牌要素为核心形成的品牌运营公司，这以温德姆和万豪国际等品牌输出为主的饭店集团为代表；出售品牌区域特许经营权的发展模式，这以 Calson 饭店集团、速 8 等经济型饭店为代表；以饭店产权和使用权进行时间分割、并以跨区域网络化布局为特征形成的分时度假模式，这以美国 RCI 等为代表，且部分国际饭店集团也普遍采用。

随着社会对这些新模式认知度的逐步提高，国内市场对其接受度、满意度的日益提升，它们必将为我国饭店业逐渐引入、应用，也必将为我国饭店产业的发展提供创新的动力。

（二）新兴饭店业态将得到积极拓展

对比国际和本土饭店集团的品牌谱便会发现，本土饭店集团普遍缺乏顶级奢华饭店、精品饭店、度假饭店、中档饭店、饭店式公寓等品牌类型。主题饭店、机场饭店、高铁饭店、汽车旅馆、廉价饭店对于本土饭店集团而言，同样具有很大的成长空间。这些业态领域在未来将越来越受到重视，并因此而得到积极发展。

目前，国内契合市场需求的中档饭店品牌数量并不多，但中档饭店在发达国家发展已经比较成熟，并且大多已经实现连锁化和品牌化，大型国际饭店集团旗下都有自己的中档饭店品牌。我国本土饭店集团也已开始意识到中档饭店市场巨大的发展潜力，星程联盟、锦江商悦、深圳维也纳、桔子酒店等已率先在全国实施战略布局。其他新兴饭店业态，本土少数饭店集团也已开始介入，例如，开元旅业介入度假村开发，华天开发酒店式公寓，维也纳主攻中档精品饭店市场，华侨城打造主题饭店群等。

奢华饭店作为一个细分市场也有着现实的需求，适度开发奢华品牌也有利于提升饭店集团的形象。中国人均收入虽然较低，但由于人口基数庞大，年收入千万以上的高收入家庭已接近百万，奢侈品消费量已位居世界前列。奢华饭店对政界、商界名流及影视明星而言，刚性需求强烈。但目前我国的奢华饭店基本都由国际品牌管理，相信随着我国本土饭店集团的逐渐强大，部分集团必将进入这一领域。

（三）国际品牌本土化

“国际化思考，本土化行动”将是未来几年国际品牌在中国的发展战略。

国际品牌的本土化要做的首先是品牌归位。前些年，少数国际品牌进入中国后，为迅速开拓业务，未能遵循其品牌定位和基本标准，出现了人为大幅拔高品牌标准的现象。例如，国外的经济型品牌在国内却按照豪华五星级标准建造。当然也存在降低标准的个别情况，例如，雅高集团旗下的索菲特，但目前大都在逐渐回归其基本定位。

其次是品牌改造。随着进入地域和客源结构的变化，国际品牌饭店集团对其饭店品牌要素会做适当的改造，以提供符合国内消费者需求的产品和服务。更多的国际品牌还会考虑如何处理好品牌标准与星级饭店标准之间的关系。从一些国际品牌所管理饭店的外立面设计和内部装修风格融入当地文化以及餐饮等服务项目的本土化改造，已基本能看到这一变化趋势。

再次是创建新品牌。鉴于我国市场潜力巨大、需求多样，国际品牌饭店集团将会为中国消费者量身打造新的品牌。如洲际已计划推出具有东方文化特色的品牌。此外，洲际将旗下的假日快捷品牌更名为智选假日也是考虑到中国消费者的思维习惯。

最后，国际品牌的本土化还体现在管理层的本土化。国际品牌饭店集团都加快在中国市场的扩张速度，但自身培养的人才显然供不应求，且他们也不太熟悉国内消费者的习惯和经营环境，因此，必然会大量启用本土高层管理人员。此外，随着政策环境的改善和优化，未来可能会有更多的国际饭店管理公司的亚洲总部迁移至上海、北京等城

市，或在这些城市设立分公司，以更接近成员饭店，这样的方式使管理更为高效，也更为贴近消费者，方便了解消费者需求。

(四)本土品牌国际化

我国本土饭店集团的国际化包含集团品牌国际化和旗下饭店品牌国际化。

饭店品牌国际化，一方面指品牌标准国际化，即按照国际通行的标准和模式来设计品牌的各个要素，并进行宣传推广和执行，保证饭店产品和服务品质的一致性、可复制性。另一方面指国内饭店品牌形成一定影响力后，通过输出管理、投资新建或并购等方式走出国门，让国际社会认知、熟悉并广泛接受，最终成为一个国际知名的品牌。锦江国际收购美国洲际的目的之一，就是借助洲际平台把锦江品牌输出到国际上。这是饭店品牌国际化最经典的案例之一。可以说，本土饭店集团发展经过了一个从最初模仿国际品牌到自主创新、再到超越的过程，未来几年，将会有更多的本土饭店集团到境外发展，并逐渐得到国际社会的认可。

(五)资本运营时代来临

资本运营对饭店集团的发展起着至关重要的作用，可以起到优化资本配置、激活存量资本、提升企业竞争实力、实现资本扩张及饭店集团的发展壮大。几大经济型饭店集团在境外上市以及本土饭店集团在境内外的几起大型并购实例表明，我国本土饭店集团的资本运营时代已经开启。

在继续运用银行贷款、发企业债、上市融资、寻求风险基金投资等多元化融资手段的同时，国内外饭店并购机会大量存在，并购重组将成为饭店集团资本运作的主要手段。一方面是国内饭店资产并购机会大量存在。国内房地产紧缩政策导致地产公司纷纷进入旅游地产避险，于是短短几年建造了一大批高端豪华饭店，但其中很多饭店只是其他项目的附属物，并不是或不能满足市场需求，再加上历史遗留的大规模国有饭店资产需要剥离重组或改制，使未来若干年饭店业充满了并购机会。另一方面，随着人民币大幅升值，本土

饭店集团实力日益增强，部分资金实力雄厚的企业将寻求进入饭店的投资机会。再加上中国公民出境旅游如火如荼，以及国家从政策上鼓励国内企业“走出去”，在欧美等国家尚未走出金融危机阴影、不动产和饭店资产大幅贬值的背景下，存在着大量的境外饭店资产并购机会。此外，境外很多风险基金以及房地产信托基金对中国饭店业的并购机会也是虎视眈眈，他们已开始并将继续在国内搜寻并购目标。随着政策的完善，国内饭店 REITs（房地产投资信托基金）也将会获得长远发展。

（六）从相互竞争到同盟共赢

目前我们更多看到的是集团之间、集团与单体饭店之间以及单体饭店之间的竞争，未来这三对竞争关系将会出现不同程度的合作，以达到双赢甚至多赢的目的。

一是集团之间的合作，这一类的合作关系不涉及合作方的核心价值，不影响其作为企业的独立经营与战略决策，多数也没有资本性的合作关系，并不形成新的饭店集团。这类合作将更多体现在品牌开发、管理、营销和销售等方面。二是集团与单体饭店合作。部分饭店集团已开始通过发挥集团优势，与单体饭店合作达成共赢。例如万豪、喜达屋等国际饭店集团正尝试性地与美国境内一些单体饭店达成合作，主要合作方式为：连锁饭店品牌向单体饭店敞开它们的会员预订系统的大门，与此同时向加盟进来的单体饭店索取一定的平台费，但加盟进来的单体饭店不需要向它们所加盟的那些大品牌旗下的新饭店那样进行标准化改造，依然可以丝毫不改地保留自身的独立经营和风格。7 天连锁酒店集团所组建的星月联盟就兼具这方面的合作特征。三是单体饭店之间的合作。国内大量单体饭店势单力薄，面临巨大竞争压力，有着强烈的合作需求。携程组建的星程联盟为大量散落在各地的中档饭店搭建了一个合作平台。一些区域性饭店联合体以及商务饭店等专业细分市场饭店联合体也应运而生。未来，饭店联合体的区域范围会更广，参与成员将会更加多样，合作程度更为紧密，合作内容更为深入。

（七）高新技术得到更广泛应用

未来云计算、物联网、移动互联网、新能源、新材料等高新技术，将在饭店企业和饭店集团得到广泛应用，主要体现在以下四个方面：一是新的信息技术和各类系统管理软件得到大量应用，以提升饭店集团运营效率。二是新技术和新设备用于饭店服务，提高客人的方便程度和舒适度。三是各种智能技术和设施的使用部分替代劳动力，既缓解劳动力紧缺，又能提高饭店服务效率。四是新材料新能源技术的大量应用，有助于饭店的节能减排。目前政府对饭店应用办公自动化、智能化、网络化、节能环保等高新技术持鼓励态度，且对低碳饭店的发展给予一定的倾斜与扶持。

（八）倡导和创造共享价值

企业竞争力与社会环境息息相关，为社会创造共享价值既是企业应尽的义务，也是企业的核心活动，可有效提升企业品牌形象和竞争力。饭店集团未来将从关注企业社会责任向为社会创造共享价值过渡。未来饭店集团创造共享价值将在以下方面得到体现：一是关注和促进社区发展，为社区提供更多工作岗位，与社区发展融为一体；二是关注绿色环保，积极实施节能减排，这既是我国星级饭店标准的要求，也是企业社会责任的体现；三是关注消费者的消费需求和消费体验，重视饭店供应商的利益，保障员工权益并提供发展空间，积极参与各类社会公益活动。

思考题

1. 现代饭店集团发展历经了哪些阶段？
2. 了解国际饭店集团在我国发展的进程。
3. 了解我国饭店集团的发展历程。
4. 了解洲际集团的发展史。
5. 了解如家酒店集团的发展史。

第四章 饭店等级划分与评定

引言：实行饭店等级评定可以克服信息不对称、帮助消费者做出正确的选择，降低交易成本、促进饭店业的公平竞争，是各国普遍采用的行业管理办法。我国从 1988 年开始推行饭店星级制度，已经历了五个版本。良好地把握星级评定的标准，有助于星级饭店以标准化建设为抓手，推动饭店品质提升，推进旅游饭店业转型升级和持续健康发展。

教学目标

1. 了解中国饭店的星级评定发展史。
2. 了解各国饭店星级评定的基本概况。
3. 熟悉我国旅游饭店星级评定方法。

核心概念

星级饭店

第一节 饭店等级评定

一、等级评定的意义与目的

1. 保护客人利益，克服信息不对称

对国际饭店分级，使顾客在预定或使用之前，对饭店有一定的了解，以便根据自己的要求、经济条件进行选择，饭店等级标志的本身也就是对饭店设施与服务质量的一种鉴定与保证。

2. 便于行业管理与监督

国家机构或其他行业组织，把颁布与实施饭店分级制度作为行业管理与规范行业的一种手段。利用分级可对定级的饭店进行监督，使之正常运转，把公众与饭店业的利益结合在一起。同时不断扩大星级评定的范围和规模，例如 2010 年版《星级评定》标准中就力图把经济型饭店纳入到标准中来，进一步规范低端市场的运作。

3. 有利于促进饭店业的发展

有利于同行之间的平等、公平竞争。促进产品质量的改善，维护饭店业的信誉。对以

接待海外旅游者与其他来访者为主的国际性饭店来说，也便于境外消费者进行国际比较。

4. 有利于增强员工的责任感、荣誉感和自豪感

通过分级定级动员饭店全体员工积极参与，促使员工认识到“摘星不易、保星更难”，要在各自的工作岗位上兢兢业业、扎实工作，为保持已获得的等级和争取更高等级而努力。

5. 增强饭店业与相关行业的联系

其他行业对饭店分级的参与或了解，增强了饭店业与相关行业的联系，得以相互促进，共同发展。

6. 有利于投资决策

投资者能够了解各级别饭店的基本建筑、设施、设备和服务项目的要求，以及相应的饭店服务价格等问题，这样有利于理性投资。

二、饭店等级评定模式

实行饭店等级评定可以克服信息不对称、帮助消费者做出正确的选择、降低交易成本、促进饭店业的公平竞争，是世界各国普遍采用的行业管理办法。其形式多种多样，从评定主体、核心标准入手，可以划分为以下四种模式。

1. 以发展为导向：政府部门为评定主体的模式

日本、希腊、印度、埃及等是典型的由政府部门，特别是政府主管饭店业的职能部门，如国家旅游主管部门来执行饭店等级评定的国家。在该模式下，各种资讯和数据的获得准确、充分而又全面，时间、人力和财力的投入十分节省，评级工作的效率极高，且具有很强的权威性。

在具体操作上，该模式具有以下特点：第一，评级工作本身是政府干预饭店业发展的一项措施，其微观绩效必须服从于政府的宏观发展规划，是战略式的。第二，其基础是一整套由“项目—基本指标—修正指标”组成的多维指标模型，它是评级工作的核心环节。第三，基本方法是对项目内容进行精确赋值，最终以数量等级的形式反映饭店等级。第四，科技含量高，通过政府行政力动员国内外的行业专家，在充分调研和论证的基础上制定和修正指标体系；不断引入新型检测工具。不断扩大评审专家的选拔范围，多角度掌握信息。

以政府部门为主体的饭店等级评定，是政府干预理论在饭店行业管理中的体现，对饭店业的指导和促进作用实实在在。然而，由于受到政府发展规划的强烈影响，其评定标准会随政府目标的变动而出现较为频繁的变化，评定结果有时会和公众或业界的感受存在一定的差距。

2. 以能力为中心：行业协会为评定主体的模式

瑞士、奥地利、荷兰、比利时、卢森堡、中国等是典型的由行业协会即饭店协会或旅游业协会来进行饭店等级评定的国家。这是一种以企业能力为中心的内部评价模式。由于评审人员也是行业协会的成员，他们对评定对象了解深刻，对相关信息掌握充分，在评定过程中，高度重视饭店的企业声誉、竞争优势和经营绩效，鼓励饭店因地制宜，发挥特色。

因而,其评定结果往往特别能体现饭店在区域内的比较优势。

在具体操作上,行业协会为主体的饭店等级评定模式具有以下特点:第一,在目标上,以全行业的整体利益作为最高标准,将饭店创造业绩的愿望和自觉实现好、维护好、发展好全行业的根本利益结合起来。第二,在制度上,建立开放式的"同行评议—督导检查—考绩定级"模式,做到声誉、优势、绩效、诚信的"四位一体"和软、硬件相互"嵌入"的整体评价。第三,在方法上,重视对饭店的长期营运进行整体性的定性评价,不重视突击性的访查。第四,在方式上,等级评定工作具有很强的引导功能,评定过程和评定结果对饭店具有很强的训导、培训和激励作用。

行业协会为主体的饭店等级评定,实现了制度经济学公共选择理论关于信息透明的要求。然而,由于行业协会内部可能存在着保守、惰性与路径依赖,有时会对经营方式创新的饭店产生歧视甚至排挤。

3. 以满意为原则:消费者组织为评定主体的模式

部分市场经济发达、消费者组织完备的国家中还存在着以消费者组织为评定主体的饭店等级评定模式。这种模式往往和以政府或行业协会为主体的模式并存,作为一种补充、比较或竞争存在。比如,美国既有饭店协会的评级体系,又有美孚汽车协会和美国汽车协会的评级体系,英国和荷兰既有国家旅游局的评级体系,又有英国皇家汽车俱乐部、荷兰皇家旅游俱乐部与皇家汽车俱乐部的评级体系。

消费者组织进行饭店等级评定的主要目的,是为自己的会员提供消费指导,其评级标准高度遵循"顾客满意原则"。在具体操作上,大量采用民意测验、问卷调查等方法,把顾客的"切身感受"当做核心指标。由于消费者组织倾向于在会员内部进行调查,问卷设计中也隐含着特定消费者群落在情感与价值上的偏好,其评级结果具有很强的倾向性。由于这种倾向性可以大大方便饭店向特定消费者群落进行推销,因此,大量汽车旅馆和中小型特色饭店钟情于这类评级体系。

这种模式,满足了市场学关于顾客导向和市场细分的理论要求,追求在差异化市场上的有效性。然而,由于评级组织和具体消费者的专业性不足,其评级结果常常显得不够完整和全面。

4. 以公信力为基础:中介组织为评定主体的模式

在英美国家,一些商业杂志和饭店专业杂志每年都会制作饭店排行榜,主持饭店排行榜的一般是专业性很强、社会公信度很高的权威媒体。制作榜单的目的,是为其核心读者群提供服务产品。在具体操作时,往往把评价权交给外聘的评审员,评价的指标体系公开,评价过程透明,评价结果向社会公布,是一种典型的外部评价模式。

目前,最有国际影响的是美国《公共机构投资人》(*Institutional Investor*)杂志每年评出的50家"世界最佳饭店"。杂志社每年从世界各地挑选100位著名的银行界人士为评委,这些人每年在世界各著名饭店停留的时间不少于80天。另一个最成功的是英国的《公务旅行》(*Ex-ecutive Travel*)杂志的榜单。该杂志不仅评选世界最佳饭店,欧洲、北美和世界其他各地最佳饭店,还评选最佳经济型饭店、最佳会议饭店、最佳机场饭店、最佳饭店集团以及获得"年度饭店奖"的饭店。由于公信度很高,刊登榜单的当期杂志往往销量大增，各上榜饭店也大量采购用作促销工具。

中介组织为主体的饭店等级评定，提供了利益相关者之外的另一种视野，其强烈的效率意识促进了饭店评价技术与评价理论的快速发展。由于中介组织只关注极少数最优秀的饭店，加之获得重要数据资料的能力有限，评级结果往往只反映服务质量，不反映经营质量。

用一个标准去衡量地点不同、服务对象不同、功能不同的饭店难免偏颇。这或许是饭店业高度发达的德国至今尚未制定出一个统一的评级标准，也未进行普遍的饭店等级评定的原因之一。然而，饭店生产与消费同一性的特点，又使得管理者、经营者和消费者都迫切需要某种具有可比性的标准，所以，大多数国家又建立了饭店评级体系。从对上述评定模式的分析来看，任何一种模式都有利又有弊。

三、世界饭店等级划分

饭店分级制度在世界上已经广泛使用，在欧洲普遍被采用。不同的国家和地区采用的分级制度各不相同，用以表示级别的标志与名称也不一样。有的国家为五等划分，有的为七等划分，有的用星级表示，有的则用字母或数字表示。目前常见的方法有如下几种：

1. 星级制

是指把饭店根据一定标准分成的等级用星号“★”表示出来，以区别其等级的制度。比较流行的是五星级级别，星级越高，表示旅游饭店的档次等级越高。这种星级制在世界上，尤其在欧洲采用最为广泛。我国也采用这种方法进行饭店星级的评定。

2. 字母表示法

将饭店的等级用英文字母表示，即A、B、C、D、E五级，A为最高级，E为最低级。或有的是五级却用A、B、C、D四个字母表示，最高级用A1或特别豪华级来表示。

3. 数字表示法

指用数字表示饭店等级的方法，一般采用最高级用豪华表示，继豪华之后由高到低依次为1、2、3、4，数字越大，档次越低。

4. 钻石表示法

用钻石的颗数来表示，从一颗到五颗或七颗不等，颗数越多表示星级越高。

表4-1 部分国家饭店星级评定机构

序号	国家	饭店等级名称(由高到低)	评定机构
1	中国	白金五星、五星、四星、三星、二星、一星(经济型饭店)	中国旅游饭店协会
2	美国	五星、四星、三星、二星、一星	美孚汽车协会
		五钻石、四钻石、三钻石、二钻石、一钻石	美国汽车协会
		超豪华、豪华、一般豪华、超一级、一级、一般一级、豪华旅游级、旅游级、一般旅游级、二级	美国饭店协会

续表

序号	国家	饭店等级名称(由高到低)	评定机构
3	英国	五星、四星、三星、二星、一星	
		五皇冠、四皇冠、三皇冠、二皇冠、一皇冠	
4	法国	五星、四星、三星、二星、一星、〇星	政府与饭店协会
5	意大利	豪华、第一、第二、第三、第四	政府与饭店协会
6	西班牙	豪华、1A、2B、2、3	政府
7	日本	豪华、A、B、C、D	政府
8	澳大利亚	五星、四星半、四星、三星半、三星、二星半、二星、一星半、一星	全国饭店与旅游者协会
9	挪威	旅游、城镇、乡村、山区	饭店业协会
10	斯里兰卡	一星、二星、三星、四星、五星	政府
11	菲律宾	豪华、一级、标准级、经济级	政府
12	加蓬	豪华、舒适、现代化	饭店业协会
13	葡萄牙	旅游、商业	饭店业协会

四、我国饭店等级划分

(一)我国旅游饭店星级评定的发展概况

随着全社会经济发展水平和对外开放程度的提高，旅游饭店业所面临的外部环境和市场结构发生了较大变化，其自身按不同客源类型和消费层次所做的市场定位和分工也益趋细化。

为促进旅游饭店业的管理和服务更加规范化和专业化，使之既符合本国实际又与国际发展趋势保持一致，我国饭店星级评定标准不时进行修订，从 1993 年以后基本上形成了 5～6 年修订一次的惯例。

我国旅游饭店的星级评定共经历了五个发展阶段。

1. 1988 年第一版标准

我国从 1988 年开始推行饭店星级制度。20 世纪 80 年代以来，随着“对外开放，对内搞活”方针政策的贯彻实施，旅游业包括饭店业有了较快的发展。为了促进旅游业尽快与国际接轨，适应大力发展国际旅游业的需要，旅游局在世界旅游组织专家的指导和协助下，于 1988 年 8 月 22 日颁布了《中华人民共和国评定旅游涉外饭店星级的规定和标准》，该标准于 1988 年 9 月 1 日开始执行。该标准主要包括旅游涉外饭店星级评定的规定和旅游涉外饭店星级标准两大部分内容。此阶段还只是行业标准。

2. 1993 年第二版标准

1992 年以后，中国饭店业进入了一轮饭店建设的高峰期，为了更好地引导饭店业的发展，有必要对星级标准进行修改，以进一步规范饭店的建设和管理。1993 年 9 月 1 日，国家技术监督局正式发布了编号为GB/T14308—93《旅游涉外饭店星级的划分与评定》的国家标准，于1993年10月1日起执行。第二版星评标准开始施行。该标准对指导与规范旅游饭店的建设与经营管理，促进中国旅游饭店业与国际接轨，发挥了巨大的作用。

3. 1997年第三版标准

随着中国旅游业及饭店业的发展，GB/T14308—93标准开始显得与现实不相适应。各地饭店在长期经营中已逐渐形成了各自不同的客源对象和消费层次，同时社会上可替代服务项目不断出现，这就要求饭店应当根据自身客源需求和功能类别，更加自主地选择设置服务项目。所以，国家旅游局于1997年10月16日首次对GB/T14308—93标准进行修订，此次修订的总体思路是：一、二星级饭店的标准基本保持不变，三、四、五星级饭店在总体档次、客人便利程度和舒适程度不降低的前提下，扩大饭店对自身设备和服务项目的选择空间，饭店可根据自己的客源市场和其他客观条件，在一个相对大的选择范围内自行决定投资哪些设施设备，设立哪些服务项目。

4. 2003年第四版标准

2002年以后，旅游局再次组织修订星级标准。这次修订的指导思想是：通过修订使中国的饭店星级制度更加贴近饭店业实际，促进星级饭店管理和服务更加规范化和专业化，使之既符合中国实际又与国际发展趋势保持一致。修订重点是强调饭店管理的专业性、饭店氛围的整体性和饭店产品的舒适性，推动饭店品质提升。2003年6月2日正式颁布新标准，从2003年12月1日起实施，2004年7月1日起全面推广，并对星级饭店进行全面复核、更换星级标牌。

5. 2010年第五版标准

饭店业经过近十年的发展后，业态和各种内涵、服务、管理等都有了很大的变化，新的形势要求对中国饭店的星级评定进行修改。以下进行详述。

(二)2010版饭店星级标准的修订背景

近年来，旅游饭店市场需求不断变化，行业多元化发展及转型升级的进一步深入，对星级标准提出了新的修订要求。

1. 作为旅游产业的核心要素，旅游饭店业需要转型升级，提升产业素质

旅游饭店业是我国旅游产业的核心要素。2009年的统计数据显示：星级饭店占全国旅游企业总数的28%、总固定资产的53%，创造了营业总收入的40%，吸纳了旅游就业的61%，贡献了72%的营业税。旅游饭店业的素质提升关乎旅游产业整体竞争力，关乎旅游行业整体满意度。

2009年底，《国务院关于加快发展旅游业的意见》(国发〔2009〕41号)正式发布，标志着包括旅游饭店业在内的旅游业开始进入了国家战略体系。全国人大财经委已启动《旅游法》的立法工作，饭店业的相关内容将纳入立法范畴，我国旅游饭店业即将迎来新的一轮黄金发展期。为实现“把旅游业培育为国民经济战略性支柱产业和人民群众更加满意的现代服务业”的战略目标，旅游饭店业必须以标准化建设为抓手，推进转型升级，星级标准的修订工作则是其中非常重要的环节。

2. 产业规模不断壮大，业态发展日益多元

“十一五”期间，星级饭店数量稳步增长，年均增长率为5.5%；星级饭店客房数量年均增长率为6.3%。截至2010年年底，全国共有13991家星级饭店，其中五星级饭店595家，四星级饭店2219家，三星级饭店6268家，二星级饭店4612家，一星级饭店297家。此外，中国目前还拥有超过30万家，包括商务型饭店、乡村饭店、接待中心、公寓饭店、社会旅馆等在内的服务于旅游市场的其他住宿设施。

随着我国旅游市场的多元化发展，旅游饭店也呈现出多种业态并存发展的趋势。城市商务型饭店继续保持良好的发展势头。随着会展经济的蓬勃发展，专业的会议型饭店开始在大中城市快速发展；随着居民消费结构的升级和国民休闲计划的提出，度假型饭店逐渐增多，青年旅馆、乡村饭店、汽车旅馆等饭店新业态不断出现。面对庞大的产业规模和多种业态，要求星级标准具有更强的适应性和引领性。

3. 星级饭店质量呈现一定的地区差异性，影响社会及消费者对饭店星级的认知

星级标准是全国统一的国家标准，但由于标准执行机构广泛，个别条款操作性不够强等因素，导致标准在执行过程中存在不一致的情况，同一星级的饭店在不同区域、不同城市之间，其设施设备与服务质量有较大差距。这既影响了消费者对星级饭店的认知度，也降低了星级标准的严肃性，并影响了星级标准的美誉度。这种差距如果不采取措施加以缩小，对星级标准的进一步推广以及星级饭店的发展都将是严峻的挑战。因此，增强星级标准的操作性和一致性，势在必行。

4. 星级饭店总体结构不合理，中低星级饭店面临重新定位

近年来，我国旅游星级饭店数量增长很快，但是不同星级的发展不平衡，即高星级饭店增长快，低星级饭店增长慢。大多数中低星级饭店缺乏投入，陷入低质量、低价格的恶性循环，最后导致在消费者当中的认知度持续下降，市场表现欠佳，全国统计结果显示已连续多年处于亏损状态。

中低星级饭店作为大众旅游住宿市场的主体，其数量和质量关乎我国旅游饭店业的整体素质。中低星级饭店持续健康有序的发展，也是适应我国旅游大众化发展的必然要求。因此，有必要调整星级标准，引导中低星级饭店根据市场需求重新定位，走差异化发展道路，提高核心产品竞争力。

5. 建设“环境友好型、资源节约型社会”对旅游饭店节能减排、绿色环保工作提出更高要求

《国务院关于加快发展旅游业的意见》明确提出：五年内将星级饭店用水用电量降低20%。饭店业是一个与环境密切相关的行业，不少星级饭店作为大型公共建筑，是各地能源消耗的重点领域之一。据测算，全国1.4万家星级饭店全年用电174亿度，相当于浙江新安江水电站（中型水电站）9年的发电量；全年用水9.2亿吨，相当于国内42个小城市（20万人口）一年的综合生活用水量。五星级饭店每平方米建筑面积综合能耗平均值为60.87千克标准煤。2003版星级标准对绿色环保方面有一定的要求，但距离国务院节能减排的总体目标尚有差距。星级标准修订响应了时代要求，重点体现了可持续发展的理

念，将节能减排、绿色环保的要求落到相关条款。

6. 各类突发事件的增多对星级饭店应急管理提出更高要求

没有安全就没有旅游，星级饭店是旅游者和本地居民密集流动的公众场所，突发事件的发生将对宾客的人身财产、健康等构成重大威胁。随着国际国内形势的变化，人为的或自然的突发事件有逐渐增多的趋势，旅游饭店在正常提供服务的情况下，如何加强应急管理，应对突发事件成为全行业需要共同面对的重大课题。这也对星级饭店提出了新的要求。

从以上背景可以看出我国旅游饭店业在即将进入新一轮黄金发展期的同时，也将进入各种新旧矛盾的凸显期。因此修订星级标准，推动饭店品质提升工作，丰富与完善“星级饭店”这一国家品牌的内涵，确保星级饭店持续健康发展，势在必行。

(三)2010 版星级标准六个导向

2010 版星级标准根据旅游业发展实际及饭店业发展趋势，在继承 2003 版标准提出的“三性”，即“管理专业性，氛围整体性，产品舒适性”原则的基础上，突出了六个“强调”导向。

1. 强调必备项目

必备项目对饭店硬件设施和服务项目提出的要求，是各星级所必须达到的基础条件，也是判断饭店各星级的根本依据。必备项目可以形容为各星级饭店的“DNA”。生物学上，“DNA”携带着一个种群的根本特征，在复制过程中绝不允许出错。同理，相应星级的各个必备项目在评星时必须逐项达到，缺一不可。

为克服 2003 版标准过于强调“硬件”打分，忽视必备项目重要性的倾向，新标准突出强调必备项目的严肃性和不可缺失性，标准将必备项目制作成检查表的形式，逐项打“√”，检查全部达标后，再进入后续评分程序。任意一条必备项目在星级评定中均具有“一条否决”的效力。

2. 强调核心产品

星级标准是旅游住宿设施的评价标准，评价的中心和重点均应是住宿设施。按照饭店提供服务产品种类的多少，2010 版标准在前言中明确将一、二、三星级饭店定位为有限服务(limited service)饭店，强调住宿核心产品，适当减少配套设施要求。同时，继续坚持四、五星级各项饭店产品的完整性，强调饭店全面价值的实现，评定星级时注重饭店“硬件”与“软件”的全面评价，保证高星级饭店产品的高品质。

同时，2010 版标准将客房作为饭店的核心产品，而舒适度又是客房的核心。在硬件表的分值设置上，客房部分有 191 分，占总分 600 分的 31.8%。客房舒适度的分值为 35 分，占舒适度总分值的 71.4%，而 2003 版标准客房舒适度仅占舒适度总分值的 38.5%。客房舒适度涵盖了布草规格、床垫枕头、温度湿度、隔音遮光、照明效果、方便使用、和谐匹配、音画良好等 8 个方面，全面保证了宾客在客房内的触觉、听觉、视觉等多种感官的舒适度要求。

3. 强调绿色环保

节能减排是国家战略，星级饭店责无旁贷。2010 版星级标准强调节能减排、绿色环保和可持续发展，主要体现在三个方面：

一是在必备项目中原则提出："一至五星级饭店均要求制定与本星级相适应的节能减排方案并付诸实施。"二是在硬件表中增设一节 2.7"节能措施与环境管理"。包括建筑节能设计、新能源的设计与运用、采用环保设备和用品、采用节能产品、采取节能及环境保护的有效措施、中水处理系统、污水、废气处理设施、垃圾房等项目，并赋予较高分值，为 14 分。在客房必备品中取消了对牙膏、牙刷、拖鞋、沐浴液等"六小件"的硬性要求，各星级饭店可根据客源实际，灵活选择是否在客房放置"六小件"。三是在软件表中要求"饭店建立能源管理与考核制度，并有档案可查"。

4. 强调应急管理

为增强星级饭店突发事件应急处置能力，2010 版标准突出强化了饭店应急管理方面的要求。

在必备项目中对一至五星级饭店均要求制定火灾等 6 类突发事件处置的应急预案，三星级（含）以上饭店还要求有年度实施计划，并定期演练。在运营质量评价中也有相关要求。评定检查时，检查员将详细翻阅各类预案文本和定期演练报告及影像等原始记录。

"食品安全"是新版标准新增的一项内容。四星级的必备项目中要求：应有食品留样送检机制。五星级的必备项目中要求：应有食品化验室或留样送检机制。硬件表里也设置了相应的分值。

5. 强调软件可量

2010 版标准吸取行业标准《星级饭店访查规范》中对饭店服务产品进行程序化、流程化要求的理念，对"软件"评价做了较大调整，并将服务质量、清洁卫生、维护保养等内容统一到运营质量评价表中，增强了"软件"评价的客观性和可操作性。

2010 版标准的软件表将前厅、客房、餐饮等主要的饭店服务项目分为若干道流程，进而对每个流程中又细分为若干个动作。按项目→流程→动作来设计评价过程，将检查人员的注意力集中到服务人员的具体动作上，而不是最终服务效果的评价上，从而比较直观，便于操作，减少了主观性。

同时，饭店企业可以直接对照检查表，建立完善饭店日常服务质量检查体系，这样也更有利于标准的理解和实施。

6. 强调特色经营

为适应旅游饭店行业多业态发展的趋势，2010 版标准在保证饭店基本条件达标的基础上，着力引导星级饭店特色化、差异化经营。

比如，在设施设备评分表中将分属商务会议和休闲度假这两类饭店的主要硬件设施进行了集中"打包"，引导企业集中选项、突出经营定位。商务会议类设施包括行政楼层、大宴会厅或多功能厅、会议厅、展览厅、商务中心等；度假饭店设施包括温泉浴场、海滨浴场、滑雪场、高尔夫球场、风味餐厅、游泳池、各类休闲运动设施等。并对在商务会议、度假特色类别中集中选项，得分率超过70%的饭店，给予一定的分值优惠。

对于少数极具特色，但配套设施未达到星级标准要求的精品饭店，为鼓励其市场引领作用，新标准设置“例外条款”，规定：对于以住宿为主营业务，建筑与装修风格独特，拥有独特客户群体，管理和服务特色鲜明，且业内知名度较高饭店的星级评定，可参照五星级的要求。特别需要说明的是：新标准实施后，这一例外条款的掌握将是极其严格的。只有极少数的饭店由其直接向全国星评委申评五星级。具体的评价标准和检查办法将由全国星评委另行制定。

知识拓展

《旅游饭店星级的划分与评定》(GB/T14308—2010)(节选)

前言

本标准代替GB/T14308—2003旅游饭店星级的划分与评定。

本标准与GB/T14308—2003相比，主要技术内容变化如下：

a)增加了对国家标准GB/T16766、GB/T15566.8的引用

b)更加注重饭店核心产品，弱化配套设施

c)将一二三星级饭店定位为有限服务饭店

d)突出绿色环保的要求

e)强化安全管理要求，将应急预案列入各星级的必备条件

f)提高饭店服务质量评价的操作性

g)增加例外条款，引导特色经营

h)保留白金五星级的概念，其具体标准与评定办法将另行制定。

本标准的附录A、附录B、附录C均为规范性附录。

本标准由国家旅游局提出。

本标准由全国旅游标准化技术委员会归口。

本标准起草单位：国家旅游局监督管理司。

本标准主要起草人：李任芷、刘士军、余昌国、贺静、鲁凯麟、刘锦宏、徐锦祉、辛涛、张润钢、王建平。

本标准所代替标准的历次版本发布情况为：

——GB/T14308—1993

——GB/T14308—1997

——GB/T14308—2003

旅游饭店星级的划分与评定

1 范围

本标准规定了旅游饭店星级的划分条件、服务质量和运营规范要求。

本标准适用于正式营业的各种旅游饭店。

2 规范性引用文件

下列文件对于本文件的应用是必不可少的。凡是注日期的引用文件，仅注日期的版本适用于本文件，凡是不注日期的引用文件，其最新版本(包括所有的修改单)适用于本文件。

GB/T 16766 旅游业基础术语

GB/T 10001.1 标志用公共信息图形符号 第1部分:通用符号

GB/T 10001.2 标志用公共信息图形符号 第2部分:旅游设施与服务符号

GB/T 10001.4 标志用公共信息图形符号 第4部分:运动健身符号

GB/T 10001.9 标志用公共信息图形符号 第9部分:无障碍设施符号

GB/T 15566.8 公共信息导向系统 设置原则与要求 第8部分:宾馆和饭店

3 术语和定义

下列术语和定义适用于本标准。

3.1 旅游饭店 tourist hotel

以间(套)夜为单位出租客房，以住宿服务为主，并提供商务、会议、休闲、度假等相应服务的住宿设施，按不同习惯可能也被称为宾馆、酒店、旅馆、旅社、宾舍、度假村、俱乐部、大厦、中心等。

4 星级划分及标志

4.1 用星的数量和颜色表示旅游饭店的星级。旅游饭店星级分为五个级别，即一星级、二星级、三星级、四星级、五星级(含白金五星级)。最低为一星级，最高为五星级。星级越高，表示饭店的等级越高。(为方便行文，“星级旅游饭店”简称为“星级饭店”。)

4.2 星级标志由长城与五角星图案构成，用一颗五角星表示一星级，两颗五角星表示二星级，三颗五角星表示三星级，四颗五角星表示四星级，五颗五角星表示五星级，五颗白金五角星表示白金五星级。

5 总则

5.1 星级饭店的建筑、附属设施设备、服务项目和运行管理应符合国家现行的安全、消防、卫生、环境保护、劳动合同等有关法律、法规和标准的规定与要求。

5.2 各星级划分的基本条件见附录A，各星级饭店应逐项达标。

5.3 星级饭店设备设施的位置、结构、数量、面积、功能、材质、设计、装饰等评价标准见附录B。

5.4 星级饭店的服务质量、清洁卫生、维护保养等评价标准见附录C。

5.5 一星级、二星级、三星级饭店是有限服务饭店，评定星级时应对饭店住宿产品进行重点评价；四星级和五星级(含白金五星级)饭店是完全服务饭店，评定星级时应对饭店产品进行全面评价。

5.6 倡导绿色设计、清洁生产、节能减排、绿色消费的理念。

5.7 星级饭店应增强突发事件应急处置能力，突发事件处置的应急预案应作为各星级饭店的必备条件。评定星级后，如饭店营运中发生重大安全责任事故，所属星级将被立即取消，相应星级标识不能继续使用。

5.8 评定星级时不应因为某一区域所有权或经营权的分离，或因为建筑物的分隔而区别对待，饭店内所有区域应达到同一星级的质量标准和管理要求。

5.9 饭店开业一年后可申请评定星级，经相应星级评定机构评定后，星级标识使用有效期为三年。三年期满后应进行重新评定。

6.各星级划分条件

6.1 必备条件

6.1.1 必备项目检查表规定了各星级应具备的硬件设施和服务项目。评定检查时，逐项打“√”确认达标后，再进入后续打分程序。

6.1.2 一星级必备项目见表 A.1；二星级必备项目见表 A.2；三星级必备项目见表 A.3；四星级必备项目见表 A.4；五星级必备项目见表 A.5。

6.2 设施设备

6.2.1 设施设备的要求见附录 B。总分 600 分。

6.2.2 一星级、二星级饭店不作要求，三星级、四星级、五星级饭店规定最低得分线：三星级 220 分，四星级 320 分，五星级 420 分。

6.3 饭店运营质量

6.3.1 饭店运营质量的要求见附录 C。总分 600 分。

6.3.2 饭店运营质量的评价内容分为总体要求、前厅、客房、餐饮、其他、公共及后台区域等 6 个大项。评分时按“优”、“良”、“中”、“差”打分并计算得分率。公式为：得分率=该项实际得分/该项标准总分×100%。

6.3.3 一星级、二星级饭店不作要求。三星级、四星级、五星级饭店规定最低得分率：三星级 70%，四星级 80%，五星级 85%。

6.3.4 如饭店不具备表 C.1 中带“*”的项目，统计得分率时应在分母中去掉该项分值。

7.服务质量总体要求

7.1 服务基本原则

7.1.1 对宾客礼貌、热情、亲切、友好，一视同仁。

7.1.2 密切关注并尽量满足宾客的需求，高效率地完成对客服务。

7.1.3 遵守国家法律法规，保护宾客的合法权益。

7.1.4 尊重宾客的信仰与风俗习惯，不损害民族尊严。

7.2 服务基本要求

7.2.1 员工仪容仪表应达到：

a)遵守饭店的仪容仪表规范，端庄、大方、整洁；

b)着工装、佩工牌上岗；

c)服务过程中表情自然、亲切、热情适度，提倡微笑服务。

7.2.2 员工言行举止应达到：

a)语言文明、简洁、清晰，符合礼仪规范；

b)站、坐、行姿符合各岗位的规范与要求，主动服务，有职业风范；

c)以协调适宜的自然语言和身体语言对客服务，使宾客感到尊重舒适；

d)对宾客提出的问题应予耐心解释,不推诿和应付。

7.2.3 员工业务能力与技能应达到掌握相应的业务知识和服务技能,并能熟练运用。

8 管理要求

8.1 应有员工手册。

8.2 应有饭店组织机构图和部门组织机构图。

8.3 应有完善的规章制度、服务标准、管理规范和操作程序。一项完整的饭店管理规范包括规范的名称、目的、管理职责、项目运作规程(具体包括执行层级、管理对象、方式与频率、管理工作内容)、管理分工、管理程序与考核指标等项目。各项管理规范应适时更新,并保留更新记录。

8.4 应有完善的部门化运作规范。包括管理人员岗位工作说明书、管理人员工作关系表、管理人员工作项目核检表、专门的质量管理文件、工作用表和质量管理记录等内容。

8.5 应有服务和专业技术人员岗位工作说明书,对服务和专业技术人员的岗位要求、任职条件、班次、接受指令与协调渠道、主要工作职责等内容进行书面说明。

8.6 应有服务项目、程序与标准说明书,对每一个服务项目完成的目标、为完成该目标所需要经过的程序,以及各个程序的质量标准进行说明。

8.7 对国家和地方主管部门和强制性标准所要求的特定岗位的技术工作如锅炉、强弱电、消防、食品加工与制作等,应有相应的工作技术标准的书面说明,相应岗位的从业人员应知晓并熟练操作。

8.8 应有其他可以证明饭店质量管理水平的证书或文件

9 安全管理要求

9.1 星级饭店应取得消防等方面的安全许可,确保消防设施的完好和有效运行。

9.2 水、电、气、油、压力容器、管线等设施设备应安全有效运行。

9.3 应严格执行安全管理防控制度,确保安全监控设备的有效运行及人员的责任到位。

9.4 应注重食品加工流程的卫生管理,保证食品安全。

9.5 应制订和完善地震、火灾、食品卫生、公共卫生、治安事件、设施设备突发故障等各项突发事件应急预案。

10 其他

对于以住宿为主营业务,建筑与装修风格独特,拥有独特客户群体,管理和服务特色鲜明,且业内知名度较高旅游饭店的星级评定,可参照五星级的要求。

第二节　我国星级饭店

一、我国旅游饭店星级评定的程序

（一）星级评定的组织机构和责任

国家旅游局设全国旅游星级饭店评定委员会（以下简称为“全国星评委”）。全国星评委是负责全国星评工作的最高机构。

1. 职能

统筹负责全国旅游饭店星评工作；聘任与管理国家级星评员；组织五星级饭店的评定和复核工作；授权并监管地方旅游饭店星级评定机构开展工作。

2. 组成人员

全国星评委由中国旅游协会领导、中国旅游饭店业协会领导、国家旅游局监督管理司领导、政策法规司领导、监察局领导、中国旅游协会和中国旅游饭店业协会秘书处相关负责人及各省、自治区、直辖市旅游星级饭店评定委员会主任组成。

3. 办事机构

全国星评委下设办公室，作为全国星评委的办事机构，设在中国旅游饭店业协会秘书处。

4. 饭店星级评定职责和权限

（1）执行饭店星级评定工作的实施办法。

（2）授权和督导地方旅游饭店星级评定机构的星级评定和复核工作。

（3）对地方旅游饭店星级评定机构违反规定所评定和复核的结果拥有否决权。

（4）实施或组织实施对五星级饭店的星级评定和复核工作。

（5）统一制作和核发星级饭店的证书、标志牌。

（6）按照《饭店星评员章程》要求聘任国家级星评员，监管其工作。

（7）负责国家级星评员的培训工作。

5. 省级旅游星级饭店评定委员会（简称“省级星评委”）

各省、自治区、直辖市旅游局设省级星评委报全国星评委备案后，根据全国星评委的授权开展星评和复核工作。

（1）组成人员　省级星评委的组建，根据本地实际情况确定，由地方旅游行业管理部门负责人和旅游饭店协会负责人等组成。

（2）办事机构　省级星评委下设办公室为办事机构，可设在当地旅游局行业管理处或旅游饭店协会。

（3）评定职责和权限　省级星评委依照全国星评委的授权开展以下工作：

1）贯彻执行并保证质量完成全国星评委部署的各项工作任务。

2)负责并督导本省内各级旅游饭店星级评定机构的工作。

3)对本省副省级城市、地级市(地区、州、盟)及下一级星级评定机构违反规定所评定的结果拥有否决权。

4)实施或组织实施本省四星级饭店的星级评定和复核工作。

5)向全国星评委推荐五星级饭店并严格把关。

6)按照《饭店星评员章程》要求聘任省级星评员。

7)负责副省级城市、地级市(地区、州、盟)星评员的培训工作。

6. 地区旅游星级饭店评定委员会(简称"地区星评委")

副省级城市、地级市(地区、州、盟)旅游局设地区星评委,在省级星评委的指导下,参照省级星评委的模式组建。

(1)组成人员:地区星评委可由地方旅游行业管理部门负责人和旅游饭店协会负责人等组成。

(2)办事机构:地区星评委的办事机构可设在当地旅游局行业管理处(科)或旅游饭店协会。

(3)地区星评委依照省级星评委的授权开展以下工作:贯彻执行并保证质量完成全国星评委和省级星评委布置的各项工作任务;负责本地区星级评定机构的工作;按照《饭店星评员章程》要求聘任地市级星评员,实施或组织实施本地区三星级及以下饭店的星级评定和复核工作;向省级星评委推荐四、五星级饭店。

(二)星级评定的标准和基本要求

饭店星级评定依据《旅游饭店星级的划分及评定》(GB/T14308—2010)进行,具体要求如下:

(1)《旅游饭店星级的划分及评定》附录A"必备项目检查表"。该表规定了各星级必须具备的硬件设施和服务项目。要求相应星级的每个项目都必须达标,缺一不可。

(2)《旅游饭店星级的划分及评定》附录B"设施设备评分表"(硬件表,共600分)。该表主要是对饭店硬件设施的档次进行评价打分。三、四、五星级规定最低得分线:三星220分、四星320分、五星420分,一、二星级不作要求。

(3)《旅游饭店星级的划分及评定》附录C"饭店运营质量评价表"(软件表,共600分)。该表主要是评价饭店的"软件",包括对饭店各项服务的基本流程、设施维护保养和清洁卫生方面的评价。三、四、五星级规定最低得分率:三星70%、四星80%、五星85%,一、二星级不作要求。

申请星级评定的饭店,如达不到本办法第十二条要求及最低分数或得分率,则不能取得所申请的星级。星级饭店强调整体性,评定星级时不能因为某一区域所有权或经营权的分离,或因为建筑物的分隔而区别对待。饭店内所有区域应达到同一星级的质量标准和管理要求。否则,星评委对饭店所申请星级不予批准。

饭店取得星级后,因改造发生建筑规格、设施设备和服务项目的变化,关闭或取消原有设施设备、服务功能或项目,导致达不到原星级标准的,必须向相应级别星评委申报,接受复核或重新评定。否则,相应级别星评委应收回该饭店的星级证书和标志牌。

(三)星级评定程序和执行

五星级按照以下程序评定:

1. 申请

申请评定五星级的饭店应在对照《旅游饭店星级的划分及评定》(GB/T14308—2010)充分准备的基础上,按属地原则向地区星评委和省级星评委逐级递交星级申请材料。申请材料包括:饭店星级申请报告、自查打分表、消防验收合格证(复印件)、卫生许可证(复印件)、工商营业执照(复印件)、饭店装修设计说明等。

2. 推荐

省级星评委收到饭店申请材料后,应严格按照《旅游饭店星级的划分及评定》(GB/T14308—2010)的要求,于一个月内对申报饭店进行星评工作指导。对符合申报要求的饭店,以省级星评委名义向全国星评委递交推荐报告。

3. 审查与公示

全国星评委在接到省级星评委推荐报告和饭店星级申请材料后,应在一个月内完成审定申请资格、核实申请报告等工作,并对通过资格审查的饭店,在中国旅游网和中国旅游饭店业协会网站上同时公示。对未通过资格审查的饭店,全国星评委应下发正式文件通知省级星评委。

4. 宾客满意度调查

对通过五星级资格审查的饭店,全国星评委可根据工作需要安排宾客满意度调查,并形成专业调查报告,作为星评工作的参考意见。

5. 国家级星评员检查

全国星评委发出《星级评定检查通知书》,委派二到三名国家级星评员,以明查或暗访的形式对申请五星级的饭店进行评定检查。评定检查工作应在36～48小时内完成。检查未予通过的饭店,应根据全国星评委反馈的有关意见进行整改。全国星评委待接到饭店整改完成并申请重新检查的报告后,于一个月内再次安排评定检查。

6. 审核

检查结束后一个月内,全国星评委应根据检查结果对申请五星级的饭店进行审核。审核的主要内容及材料有:国家级星评员检查报告(须有国家级星评员签名)、星级评定检查反馈会原始记录材料(须有国家级星评员及饭店负责人签名)、依据《旅游饭店星级的划分及评定》(GB/T14308—2010)打分情况(打分总表须有国家级星评员签名)等。

7. 批复

对于经审核认定达到标准的饭店,全国星评委应做出批准其为五星级旅游饭店的批复,并授予五星级证书和标志牌。对于经审核认定达不到标准的饭店,全国星评委应做出不批准其为五星级饭店的批复。批复结果在中国旅游网和中国旅游饭店业协会网站上同时公示,公示内容包括饭店名称、全国星评委受理时间、国家级星评员评定检查时间、国家级星评员姓名、批复时间。

8. 申诉

申请星级评定的饭店对星评过程及其结果如有异议，可直接向国家旅游局申诉。国家旅游局根据调查结果予以答复，并保留最终裁定权。

9. 抽查

国家旅游局根据《国家级星评监督员管理规则》(附件 2)，派出国家级星评监督员随机抽查星级评定情况，对星评工作进行监督。一旦发现星评过程中存在不符合程序的现象或检查结果不符合标准要求的情况，国家旅游局可对星级评定结果予以否决，并对执行该任务的国家级星评员进行处理。

一星级到四星级饭店的评定程序，各级星评委应严格按照相应职责和权限，参照五星级饭店评定程序执行。一、二、三星级饭店的评定检查工作应在 24 小时内完成，四星级饭店的评定检查工作应在 36 小时内完成。全国星评委保留对一星级到四星级饭店评定结果的否决权。

对于以住宿为主营业务，建筑与装修风格独特，拥有独特客户群体，管理和服务特色鲜明，且业内知名度较高旅游饭店的星级评定，可按照本办法第十六条要求的程序申请评定五星级饭店。

白金五星级饭店的评定标准和检查办法另行制订。

(四)星级复核及处理制度

星级复核是星级评定工作的重要组成部分，其目的是督促已取得星级的饭店持续达标，其组织和责任划分完全依照星级评定的责任分工。星级复核分为年度复核和三年期满的评定性复核。

年度复核工作由饭店对照星级标准自查自纠、并将自查结果报告相应级别星评委，相应级别星评委根据自查结果进行抽查。评定性复核工作由各级星评委委派星评员以明查或暗访的方式进行。各级星评委应于本地区复核工作结束后进行认真总结，并逐级上报复核结果。

全国星评委委派二至三名国家级星评员同行，以明查或暗访的方式对饭店进行评定性复核检查。全国星评委可根据工作需要，对满三期的五星级饭店进行宾客满意度调查，并形成专业调查报告，作为评定性复核的参考意见。

对复核结果达不到相应标准的星级饭店，相应级别星评委根据情节轻重给予限期整改、取消星级的处理，并公布处理结果。对于取消星级的饭店，应将其星级证书和星级标志牌收回。

对星级饭店的复核结果进行处理的具体依据：

(1)凡被复核饭店出现以下情况，相应级别星评委应做出“限期整改”的处理意见：

五星级：“必备项目检查表”达标，但附录 B“设施设备评分表”得分低于 420 分但高于 380 分，或附录 C“饭店运营质量评价表”得分率低于 85%但高于 75%。

四星级：“必备项目检查表”达标，但附录 B“设施设备评分表”得分低于 320 分但高于 280 分，或附录 C“饭店运营质量评价表”得分率低于 80%但高于 70%。

三星级："必备项目检查表"达标，但附录B"设施设备评分表"得分低于220分但高于180分，或附录C"饭店运营质量评价表"得分率低于70%但高于60%。

(2)凡被复核饭店出现以下任何一种情况，相应级别星评委应做出"取消星级"的处理意见：

五星级：①"必备项目检查表"不达标；②"必备项目检查表"达标，但附录B"设施设备评分表"得分低于380分；③"必备项目检查表"达标，但附录C"饭店运营质量评价表"得分率低于75%；④发生重大事故，或遭遇重大投诉事件并被查实，造成恶劣影响；⑤停止饭店经营业务或停业装修改造一年以上。

四星级：①"必备项目检查表"不达标；②"必备项目检查表"达标，但附录B"设施设备评分表"得分低于280分；③"必备项目检查表"达标，但附录C"饭店运营质量评价表"得分率低于70%；④发生重大事故，或遭遇重大投诉事件并被查实，造成恶劣影响；⑤停止饭店经营业务或停业装修改造一年以上。

三星级：①"必备项目检查表"不达标；②"必备项目检查表"达标，但附录B"设施设备评分表"得分低于180分；③"必备项目检查表"达标，但附录C"饭店运营质量评价表"得分率低于60%；④发生重大事故，或遭遇重大投诉事件并被查实，造成恶劣影响；⑤停止饭店经营业务或停业装修改造一年以上。

二星级：①"必备项目检查表"不达标；②发生重大事故，或遭遇重大投诉事件并被查实，造成恶劣影响；③停止饭店经营业务或停业装修改造一年以上。

一星级：①"必备项目检查表"不达标；②发生重大事故，或遭遇重大投诉事件并被查实，造成恶劣影响；③停止饭店经营业务或停业装修改造一年以上。

(3)整改期限原则上不能超过一年。被取消星级的饭店，自取消星级之日起一年后，方可重新申请星级评定。

(4)各级星评委对星级饭店做出处理的责任划分依照星级评定的责任分工执行。全国星评委保留对各星级饭店复核结果的最终处理权。

(5)接受评定性复核的星级饭店，如其正在进行大规模装修改造，或者其他适当原因而致使暂停营业，可以在评定性复核当年年前提出延期申请。经查属实后，相应级别星评委可以酌情批准其延期一次。延期复核的最长时限不应超过一年，如延期超过一年，须重新申请星级评定。

二、我国星级饭店现状

截至2010年年底，全国共有饭店13991家，客房数1709966间，床位数2981277张；其中五星级饭店595家，客房数218064间，床位数330068张；四星级饭店2219家，客房数449207间，床位数751216张；三星级饭店6268家，客房数714850间，床位数1284670张；二星级饭店4612家，客房数313871间，床位数588516张；一星级饭店297家，客房数13974间，床位数26757张(图4-1)。

按注册登记类型划分，在全国13991家星级饭店中，国有饭店4713家，占全国星级总数的33.69%；集体饭店为590家，占4.22%；港澳台投资饭店为298家，占2.13%；外商

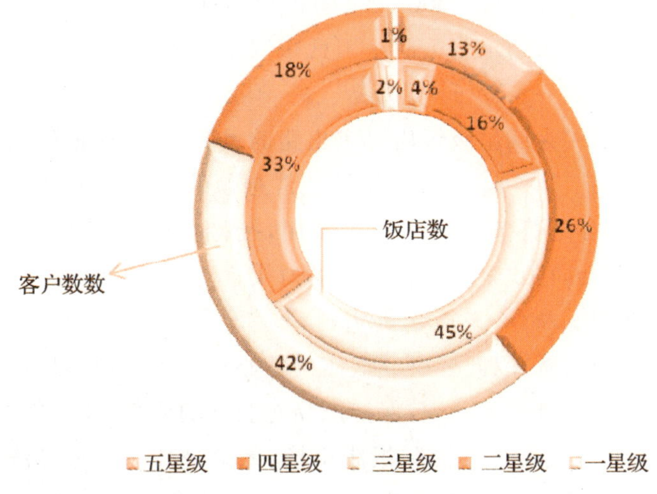

图 4-1 各星级饭店数量配比情况

投资饭店为 274 家，占 1.96%；联营、股份、私营等其他注册登记类型的饭店共有 8116 家，占全部星级饭店总数的 58.01%。

2010 年全国星级饭店平均房价为 295.10 元/间夜，平均出租率 60.27%，每间可供出租客房收入 177.87 元/间夜，每间客房平摊营业收入 143,792.55 元/间，经营毛利率 46.33%。全员劳动生产率 132.34 千元/人，人均实现利润 3.01 千元/人，人均实现税收 10.29 千元/人，人均年薪酬 23.67 千元/人，人均占用固定资产原值 286.34 元/人，百元固定资产创营业收入 44.53 元。

三、我国星级饭店发展思路

(一)中低星级饭店发展思路

2010 年起，全国星级饭店数量增速放缓，其中高星级饭店增长放缓，一、二星级饭店明显减少，与 2009 年底各星级饭店数量比较，五星级饭店增加了 95 家，四星级增加了 235 家，三星级增加了 451 家，二星级减少了 763 家，一星级减少了 138 家。低星级饭店在经营中由于品牌影响力不强、服务标准化程度不足、网络营销渠道不便等原因，在竞争中处于劣势，其客户群又与经济型饭店高度一致，经济型饭店迅速扩张也严重冲击了传统低星级饭店。面对不断升级的激烈竞争，处于夹缝中中低星级饭店的生存环境势必更为艰难，饭店发展两头热中间冷的局面也将会进一步扩大。面对这种生存危机，中低星级饭店更应该认清形势，把握契机，发挥自身优势，实现技术与管理上的创新，为中低星级饭店重新崛起创造条件。中低星级饭店经营管理发展可采取的措施有：

1. 提供个性化服务，培养忠诚客户

产品的同质化是目前低星级饭店的致命缺陷，经济型饭店也同样面临差异化经营与服务的挑战，2007 年已出现出租率下滑的趋势，同时 2007 年经济型饭店物业成本相比上年上升 40%。但出租率下降并不意味着中低档需求衰减，旅游业的迅速发展使游客人数

还有很大的增长空间。另外 100～300 元之间价位的住宿需求占到总需求的 74%以上，这一价位恰好是低星级饭店的定价区间。因此采取差异化与多样化经营可有效增加低星级饭店的竞争力。

忠诚客户的培养也成为低星级饭店寻求出路的重要手段，根据研究，顾客回头率每上升 5%，利润相应可提高 5%～12.5%。并且经常惠顾的顾客对价格敏感度较低，消费力更强，同时增加忠诚顾客还可节约饭店营销费用，接待一个新客人与老客人的成本比为 6∶1，忠诚顾客平均还会向 10 个人进行有利的口头宣传。

2. 树立品牌意识，提升核心竞争力

饭店业是人的流动场所，因此要研究饭店的核心竞争力，客户对饭店的忠诚度就成为关键。只有在质量和品牌上多下功夫，保持产品与服务的质量，让品牌在客户群中耳熟能详，饭店才能获得长期的发展。在国际饭店市场，无论是高档还是经济型饭店，都是由一些知名饭店品牌主导市场，并凭借其遍布各地的营业网络来获取超额利润。因此未来饭店行业通过规模化、网络化来降低成本、提升竞争力将是大势所趋。

3. 建立饭店联盟，提高营利能力

饭店发展应当从管理创新转变到战略创新，具体表现就是市场上一系列联盟的产生。从长远发展来说，单体饭店、中小饭店要全面发展，就需要联合起来，大幅提升服务意识和服务质量，增强综合管理能力，实现硬件差异化基础上的软件标准化，让客人在所有加盟饭店都享受到相同的优质服务，加强客人的归属感和认同感，形成独具特色的市场竞争力和品牌形象的口碑传播，做出低星级饭店的特色。

4. 细化目标客源，填补市场空白

经济型饭店的成功秘诀在于“有所为有所不为”，如锦江之星旅馆管理公司已开始对经济型饭店市场进行细分经营，在定位家庭型住客的“锦江之星”品牌外，还将发展定位商务客源的“锦江白玉兰”和定位旅游客源的“新锦江商旅”两大新经济型饭店连锁品牌。经济型饭店行业逐渐从“粗犷”走向“精细”，必将进一步给低星级饭店带来生存压力。在不久的将来，中国中低端饭店市场必将有一次“大洗牌”。因此低星级饭店一定要认清自己的优势，主攻某一细分市场，以实现饭店的特色化经营。

(二)高星级饭店发展思路

高星级饭店一般是指四星、五星级饭店。从 2006 年开始评比白金五星等级，至 2012 年底共有北京中国大饭店、上海波特曼丽嘉酒店、广州花园酒店 3 家饭店获得此殊荣。

近年来，从企业到各级政府，都对投资高星级饭店项目表现出浓厚的兴趣，高星级饭店的数量快速增长。2012 年年底，全国五星级饭店已超过 500 家，各地待建、在建及刚建完的按照五星级标准设计的饭店项目也有约 500 家。据国家旅游局统计，仅 2006—2008 年三年间全国星级饭店数量整体年均增长率为 6%，而五星级饭店数量的年均增长率超过 15%。在区域分布上，高星级饭店项目已经从沿海一线城市向二线、三线城市拓展，从东部发达地区向西部欠发达地区延伸，甚至广东、浙江等发达地区的县级城市也已开始投资运营五星级饭店项目。但是，随着五星级饭店数量的增多，北京、上海等一线城市的高

星级饭店在出租率、平均房价、GOP方面已显现颓势,整体经营状况不容乐观。

我国高星级饭店的提升途径有:

1. 特色化经营

在高星级饭店市场总体供过于求的形势下,培育特色饭店的时机日渐成熟。一方面,消费者有了更多的选择,需求开始出现多样化,随着顾客消费经历日益丰富,消费能力日渐增强,他们不想再忍受"千店一面"的雷同感,市场需要有特色、提供高度个人关注的高星级饭店的出现;另一方面,饭店企业为了应对市场竞争日趋激烈的现状,开始摒弃价格竞争,转而采取差异化竞争战略,运用企业流程再造的方法,结合设计师理念、重新设计产品和服务流程,这样脱离传统批量生产理念的特色饭店就应运而生了。未来高星级饭店的特色化可能集中在以下几个概念:

(1)自然概念　以自然资源为特色的饭店通常依附于著名的风景旅游目的地,拥有优美清静的环境与较为独特的自然资源,如热带海滨、温泉、雪山等。此类饭店的设计和运营特别注意保护当地的自然生态环境,建筑形态上完全融入自然环境,而不拘泥于"大堂不设空调且四面通风是否影响客人舒适度"此类话题。服务流程设计使得客人充分享受自然,如沙滩餐厅、露天SPA等创意。

(2)文化概念　以文化为特色的饭店通常比邻著名的人文旅游目的地,如历史遗迹、人文景点、主题公园等。此类饭店的设计和运营适当地还原和再现历史积淀和当地的民风民俗,增强住店客人对饭店营造文化氛围的认同感,进而提高顾客的忠诚度。

(3)低碳概念　"低碳"是建设资源节约型、环境友好型社会对饭店行业提出的必然要求,也是可持续发展理念在饭店行业的具体实践。低碳饭店是将低碳消耗贯穿于整个生产过程,且以低能耗、低污染、低排放为主要生产方式和消费模式运营的饭店。此类饭店项目的投资运营不光要在建筑材料、设备设施、管理方式上注意节能减排,还要在消费方式上引导消费者树立低碳意识,如推行与顾客忠诚计划相类似的"碳积分"计划(宾客节约下来的一次性用品、布草洗涤量等可以换购其他饭店产品等),以"低碳"为卖点,树立饭店企业的低碳形象。

2. 加强集团化进程,提升品牌价值

饭店业集团化可以有效提供资源的利用率,推广管理知识、运作标准,拓展市场营销网络,提升品牌认可度,并有利于在服务质量、管理水平、战略方针等方面达到国际水平。

3. 饭店营销网络化

营销网络化指饭店企业在开展营销活动时,要综合利用"关系网络"和"互联网络",通过"人工网络"和"电子网络"的互补,全方位构建饭店企业的营销网络。"关系网络"营销区别于原先的营销方式,较好地考虑了我国国情。传统的营销活动突出的是顾客和饭店双方交易行为的金钱色彩而忽略了双方之间的感情色彩,而关系营销注重巩固饭店和宾客的关系,以建立长期的交易关系为营销目标。"网络关系"营销,是指饭店企业借助联机网络、电脑通信和数字交互式媒体的威力来实现营销目标。它是一种以消费者为导向、强调个性化的营销方式,适应了定制化时代的要求,具有极强的互动性,是实现企业全程营销的理想工具。

4. 发展物流促进饭店业多渠道合作

饭店物流的产生源于现代人的生活需要，随着国际生活与工作的融合度加强，中外旅游消费需求的规模不断的扩大和延伸，饭店物流的运营质量如何就成为了饭店能否真正长大的重要环节。饭店业需要的物流应是能帮助饭店最终实现减少吊滞物料及仓库面积，降低库存资金及库存周期，从而降低供应链成本。

5. 狠抓人力资源开发与管理，完善人才储备、使用与激励机制

饭店管理层应做好人力资源规划、人员配备、考核与报酬设计、培训与发展，并建立与维持有效的工作关系。为尽快与国际接轨，高星级饭店还可以通过引进外籍员工，担任相应职能管理工作，以带动本土高星级饭店员工和管理人员尽快熟悉国际饭店经营管理规则。

知识拓展

超豪华饭店中的璀璨之星

2006 年 6 月，应阿拉伯联合酋长国 Jumeirah 饭店集团的邀请，赴迪拜进行了访问考察。阿联酋是由 7 个酋长部落组成的国家，首都为阿布扎比，国土面积 8 万多平方公里，人口 400 多万，外国人和本国人的比例是 4∶1，是一个外国人口占多数的国家。

对于这个遥远的中东国家我们知道的并不多：只是隐约知道这是一个极度奢侈的国家，这里所有的淡水都是用海水淡化的；种植每一棵树都采用滴灌的方式，种一棵树费用在 3000 美元以上；这里石油蕴藏量居世界第三位，石油比水还便宜；所有高速公路全都架设了路灯；有世界上最大的室内滑雪场；有世界最昂贵的饭店；正在建设着 900 多米的世界最高大楼和世界最大的人工岛——棕榈岛等。

来到迪拜之后才感到以前听到的传闻都是真实的，而且，这个国家不仅富裕，还有和谐安定的社会氛围、高度法制化的国家制度、与国际接轨的市场体系等等。但印象最深的还是堪称世界一流的位于迪拜的 Jumeirah 饭店集团。

Jumeirah 是迪拜的一个地名，直译为“久美拉”。一年前 Jumeirah 成为该饭店集团统一的名称。该饭店集团由 Al-Maktoum 家族投资，现在拥有 9 家饭店和一个饭店管理学院。阿拉伯塔是它的旗舰店，被称做世界上最昂贵的饭店。该集团高层管理人员——从总裁到各个饭店的总监，几乎全部是来自欧美的饭店管理专家，员工中 99% 是外国人。由于饭店优异的业绩和在全球日益扩大的声誉，集团最高层决定在 3 年内把规模扩大到 50 家，包括在中国的上海、北京、广州要各建一家。

笔者在 Jumeirah 集团下榻的第一个饭店是 Emirates Tower。这个饭店是一个双塔建筑，远处望去像两把利剑刺向天空，是迪拜的标志性建筑。尽管门前挂着五星级饭店的标牌，但五星级并不能证明它真实的档次。400 间（套）客房最小的面积也在 50 平方米以上，最低房价 600 美元。所以，人们也称它为六星级饭店。该饭店完全以现代风格进行设计装修，处处体现了直线型的简洁明快的艺术形式。4 部客用电梯位于塔楼的中心位置，电梯井全部用玻璃建造。

笔者在Jumeirah集团下榻的第二个饭店是Madinat Jumeirah，翻译成中文的意思是Jumeirah之家。该饭店和Emirates Tower形成了鲜明的对照，是仿照中世纪阿拉伯城堡的样式建造的，到处洋溢着伊斯兰风情。更让人意想不到的是整个饭店是建在一个人造的水城中，客人可以在蜿蜒的小河中坐船游览两岸的风光。河岸上棕榈树婆娑迷离，古色古香的古城堡时隐时现，像置身于天方夜谭的神话世界中。饭店的家具也全部采用仿古风格，甚至连房门磁卡钥匙也做成了古钱币的样子。50多平方米的房间宽敞舒适，卫生间里的双洗手盆更让人感到品位不凡，它的最低房价也是600美元。

笔者还参观了闻名于世的Jumeirah Beac hotel（Jumeirah海滩酒店）和阿拉伯塔。Jumeirah海滩酒店从正面望去像是一尊巨大的银色狮身人面像。该酒店是一个典型的海滨度假酒店，也是豪华五星级。拥有598套客房，19套别墅，4个游泳池和33800平方米的专用海滩，还拥有儿童乐园和家庭探险乐园等名目繁多的游乐设施。据接待我们的一位经理介绍，来这里的主要是欧洲度假客人，平均每位客人的逗留时间是10天。该酒店每天的餐饮收入大约为300万元人民币。

与Jumeirah海滩酒店隔海相望的就是世界上最豪华的酒店阿拉伯塔。该酒店建设花了整整5年的时间，两年半用来在阿拉伯海填海造岛，两年半用来建造酒店。建设中使用了9000吨钢铁，并把250根基建桩柱打在了40米深的海底。酒店由英国设计师W. S. Atkins设计，这个远远望去像是一艘扬帆远航的船形建筑一共有56层，321米高，装修时仅黄金就用了40吨，其豪华程度令人叹为观止。客房全部由复式套房组成，最小的房间是170平方米的总统套房，总计有202套。最豪华的套房为780平方米的皇家套房，设在第25层，家具是镀金的，设有一个电影院，两间卧室，两间起居室，一个餐厅，出入有专用电梯。房价最低1600美元，最高18000美元。200米高的可以俯瞰迪拜全城的餐厅、世界上最高的中空式大堂和海底餐厅堪称世界第一。笔者看到，客人直接到各个楼层check-in，每个楼层都设有服务台并有客房管家。该酒店的高科技在服务中的应用也使人耳目一新。它的每间客房不仅放置了数码相机和U盘，而且还为客人提供一个掌上电脑。客人可以利用掌上电脑开启和关闭窗帘，控制音响、电视、灯光等。很多来迪拜的游客都希望到阿拉伯塔参观，但该酒店谢绝免费参观。只有到该酒店消费才可以入内参观。喝下午茶是每人50美元，吃自助餐每人400美元。尽管如此，各国游客还是络绎不绝。听酒店房务总监介绍，今年春节，中国客人占了入住客人的30%。入住Madinat Jumeirah酒店和Jumeirah海滩酒店的客人是可以随便进入阿拉伯塔参观的，而且有专用的电瓶车搭载客人在3个酒店之间穿梭行驶。为了保护住店客人的私密及防止竞争对手窃取酒店的知识产权，该酒店几乎所有的公共场所都不允许拍照。Jumeirah集团在经营方面取得了优异的业绩，去年平均开房率达到了85%。

Jumeirah集团不仅注重设施设备的超一流，而且更注重企业文化建设和员工素质的提高。在该集团的后台工作区和员工生活区到处都悬挂着有关企业愿景、店训、员工行为准则的标语。Jumeirah在它的愿景中指出：Jumeirah正在努力开发一个全球化的超级品牌，独具慧眼的、特点鲜明的、令人难忘的名字。集团所有饭店的名称都会体现Jumeirah这个品牌的特点，但同时每个饭店都会保留其独特性。我们会坚定不移地保持世界最豪华饭店的这个品牌;同样提供与此相匹配的最优质的服务。我们的目标很明确:待人诚恳,大胆创新;并通过建立世界范围的饭店投资集团,而使其跃居为饭店业的首位。

Jumeirah 饭店集团的店训也十分富有哲理:我会第一时间微笑着问候宾客;宾客的请求对我来说永远是正确的;尊重他人,待人诚恳。

该集团所有员工上岗前都要进行企业愿景、团队精神、服务意识等多方面的培训。在岗职工也都有严格的培训制度,每周都安排有员工培训的课程。集团还为每个员工的成长晋升创造条件,集团岗位如有空缺,就及时公布,鼓励员工参加竞聘。对所有晋升或换岗的员工都要进行集中培训。集团的一位培训经理告诉我们,一个员工在同一岗位上两年没有变化,管理人员就会和其沟通。如果这位员工是因为特别喜欢这个岗位,就会鼓励他(她)继续干下去。如果不是这样,就帮助其查找原因,进行教育和培训,使其有更大的进步。

Jumeirah 饭店集团员工的待遇非常优裕,普通服务员 3 人住一间房,领班和迎宾员以上职位人员全都住标准间。在该集团迪拜 6500 人的员工村里青草茵茵,绿树枝繁叶茂,鲜花盛开,真正是沙漠中的绿洲。健身房、乒乓球室、网吧、咖啡厅、超市、网球场、篮球场、足球场等应有尽有。所有室内场所全部安装了空调。免费供应的员工餐,餐餐都有两种以上水果和 4 种以上饮料。员工宿舍楼里还设有免费自助洗衣房、公用厨房等生活设施。

阿联酋的 Jumeirah 集团之行使我们受益匪浅,对超豪华五星级饭店的服务水准和先进的企业文化有了深刻的感受。Jumeirah 集团的经营理念、管理和服务经验对中国的饭店业特别是白金五星级饭店的建设,有着重要的借鉴意义。

思考题

1. 阿拉伯塔饭店被称为“七星级”饭店,此说法可有饭店评定依据?
2. 我国现阶段有无必要建类似于 Jumeirah 饭店集团的超豪华五星级饭店,为什么?

闯关测试

北京 131 家饭店被取消星级

根据国家旅游局 2010 年新颁布的《旅游饭店星级的划分与评定》标准,北京市自 2011 年 1 月起对全市 729 家星级饭店进行重新评定。经过近一年的星级饭店复核,北京市旅游委 2011 年 12 月 6 日正式公布对全市 729 家星级饭店的重新评定结果。经过学习培训、饭店自查整改、重新评定和公示总结等 4 个阶段的工作,北京市共有 598 家星级饭店通过重新评定,达标率为 82%,131 家星级饭店因未达到相应星级标准被取消星级。

北京市旅游发展委员会副主任孙维佳说,这是北京市历年来开展的规模最大、标准最高、检查最细、取消星级饭店数量最多的一次旅游星级饭店评定。在 131 家被取消星级的饭店中,有五星级 1 家,四星级 12 家,三星级 55 家,二星级 56 家,一星级 7 家。

北京市旅游委行政许可与标准化处处长周树琦介绍说,被取消星级的饭店主要存在四大问题:一是饭店管理不到位;二是服务质量差,服务人员素质低;三是安全存在隐患;

四是卫生质量差和饭店设施设备维护保养不及时。还有部分饭店因改变经营性质、停业装修等原因被取消星级。据了解，被取消星级的饭店如完成整改达到相应标准，可在明年重新向北京市旅游委申请星级复核。

“星级饭店是北京旅游业的窗口，没有终身制。”周树琦说。他表示，今后北京市星级饭店将从 5 年一次复核改为 3 年一次复核，星级饭店如在管理、卫生、服务等方面达不到相应星级饭店标准，造成中外游客重大投诉，发生重大安全事故，将一律取消星级饭店资格。此外，北京市将严格查处冒用星级饭店名称的饭店，任何饭店未经批准不得使用星级饭店名称，否则将追究饭店的法律责任。

思考题

1. 我国星级饭店的划分与评定有何目的？
2. 是否所有的饭店都要加入星级饭店的评定？要考虑哪些因素？

第五章　绿色饭店

引言：目前，随着节约型社会建设的进一步深入，倡导绿色消费、保护生态和合理使用资源的绿色饭店成了未来饭店业发展的一大趋势。与传统饭店相比，绿色饭店提倡减量化、再使用、再循环、替代性的生产与消费原则，在某种意义上来说节约了饭店的运营成本和提升了饭店的社会形象，并在生产经营过程中加强对环境的保护和资源的合理利用。

教学目标

1. 掌握绿色饭店的概念、特点及发展背景。
2. 掌握发展绿色饭店的必然性。
3. 了解绿色饭店的建设思路。

核心概念

绿色饭店

第一节　绿色饭店概述

一、绿色饭店的含义

绿色饭店在国际上被称为 green hotel，是一种约定成俗的说法，也称为“生态效益型饭店”(eco-efficient hotel)或“环境友好型饭店”(environmental-friendly hotel)。2002 年 4 月，中国饭店协会在北京举办的“中国绿色饭店发展论坛”上，许多专家、学者进行了热烈的讨论。基本达成一致意见：绿色饭店是指运用安全、健康、环保理念，坚持绿色管理，倡导绿色消费、保护生态和合理使用资源的饭店。绿色饭店的核心是在为顾客提供符合安全、健康、环保要求的绿色客房和绿色餐饮的基础上，在生产运营过程中加强对环境的保护和资源的合理使用。

绿色饭店的“绿色”，其含义有三层：

第一，提供的服务本身是绿色的。即要为顾客提供舒适、安全、符合人体健康要求的绿色客房和绿色餐饮等。

第二，服务过程中使用的物品是绿色的。要求用于服务的所有物品是安全、环保的。

第三，经营管理过程中注重生态保护和资源的合理利用。

总之，要在确保服务品质的前提下，做到尽量节省能源、降低物质消耗，减少污染物和废弃物的排放。

二、绿色饭店的特征

(1)建设　饭店的建设经过科学的论证、合理的规划设计，充分利用自然资源，减少人为的影响和破坏，将周围环境质量损失降到最低点。

(2)营运　减少对能源的使用，采用自动化控制技术，提高设备的运作效率，减少对外界环境的排放。节约用水、能源管理、减少排污以及垃圾分类等。

(3)物资　一次性用品按顾客意思更换，减少洗涤次数。不使用一次性发泡塑料餐具、一次性木质筷子。

(4)服务与产品　首要条件是符合安全卫生标准，同时，开发各种环保型产品、绿色产品满足人们的需要。例如饭店开设绿色客房、无烟餐厅、提供绿色食品、开展保健服务项目等。饭店还需要通过室内外的环境绿化为客人创造一个良好的自然空间。

(5)社会意识　饭店积极参与社会环保活动。

三、绿色饭店的由来

人类社会已经在经济增长与环境保护相背离的道路上走过了数百年。一方面，经济飞速增长，生活不断改善；另一方面，资源极大消耗，环境遭受严重破坏。人类认识到不能再以牺牲环境和挥霍资源的代价去获取经济的一时增长，让经济、生态、社会共同实现可持续发展已成为有识之士的愿望，而绿色浪潮正是此种愿望的生动体现。

目前我国正处于经济高速增长时期，人们的环保意识却依然薄弱和欠缺，环境污染和生态破坏依然严重，“线性”的经济发展依然大量存在。在十六届五中全会制定的“十一五”规划中提出了“环境友好型社会”的概念，强调了把节约资源作为基本国策，发展循环经济，保护生态环境，加快建设资源节约型、环境友好型社会。这就告诉我们，循环经济是今后我国经济发展的基本模式，绿色理念将越来越成为各行各业的基本经营理念。

1. 外在压力因素：全球环境恶化

从产业革命开始到二战之后 20 年的时期内，生产力得到了飞速的发展。然而，伴随着城市化、产业化发展的进程，能源和各种资源的消耗成倍增长，城市污染与工业污染同时爆发。人们向自然环境过度无节制地索取了大量的有限资源，同时向环境排放过多的有害物质，超过生态环境所能承受的限度，导致各国都出现不同程度的资源短缺和环境污染问题，并引起了一系列的环境灾难，如震惊世界的“八大公害”事件。这种对人类自身的惩罚，通过量变到质变的转换，终于引起人们对自然、生态、环境和资源的高度关注。80 年代中期，欧洲发动了一系列追求人与自然和谐相处的“绿色行动”，并向社会生活和经济领域的各个方面渗透，如绿色食品、绿色服装、绿色住宅、绿色汽车等等，绿色饭店是在这样的“绿色浪潮”下产生的。

2. 强制引导因素：国际社会与各国政府的努力

国际社会为促进环保事业的发展付出了极大的努力，并取得了显著的成效。1992 年联合国环境与发展委员会在里约热内卢确定了实现可持续发展的《21 世纪议程》。1995 年 1 月，世界贸易组织正式成立后，召开了许多环保方面的国际会议，签订了许多环保方面的国际公约与协定，在一定程度上为绿色运动的发展铺平了道路。可以看出，环境行为不仅受到国内力量的制约，也受到了国际力量的制约。绿色饭店就是适应国内外形势而全面发展的。

3. 物质保障因素：经济和技术进步

企业实施绿色行动，不论是开发绿色产品，实行清洁生产，还是节能节源，整治污染，都需要两个必不可少的条件：资金和技术。二战后，世界经济的持续发展和科技进步为绿色浪潮运动的开展提供了必要的资金与技术。一些国际著名饭店集团如内陆饭店集团，SSKK 酒店以及香格里拉集团凭借自身雄厚的实力设立专门的绿色基金和技术顾问用于改善企业的绿色表现，实施绿色战略。绿色科技在国外得到了高速发展，其研发费用(R&D)每年递增 10%以上。产品领域涉及能源利用、污染防治、废物回收、产品开发、材料更新等等各个方面，客观上为绿色饭店的发展提供了必要的物质技术保障。

4. 内在动力因素：绿色市场需求

首先，随着人们生活水平的普遍提高，消费者物质需求得到了满足之后，便产生了提高生活综合质量的需求，其消费目标不再只是生存，而是健康、安全、舒适地和谐发展。同时，信息化的竞争，契约化的人际关系，高速度的生活节奏，环境污染和生存危机等因素激发了消费者怀旧的情绪和返璞归真的愿望和要求。其次，消费者还从社会道德和社会责任感的角度出发，自觉或不自觉地承担起保护生存环境的责任。而一旦消费者需求演化成现实的需求时，就形成了巨大的市场动力，构成了一种能带来巨大利益的潜在市场，于是，广大投资者和生产者一方面为了自身的长远发展和利益，不能不重视企业战略中的环境与资源因素；另一方面，为了能早日进入这个市场以获得先期利益和竞争优势，又不得不去开发这个市场。于是，生态旅游、绿色饭店应运而生。

四、绿色饭店的发展历程

(一)国外绿色饭店发展

20 世纪 80 年代中后期，欧洲的一些饭店开始意识到饭店对环境保护的作用，随之逐渐开展有关环境管理方面的工作，并初步建立符合自己的环境管理标准，取得了显著的成效。如 1987—1989 年，欧洲国家特别以德国、北欧为主，率先提出“绿色酒店”的概念，并将其作为一个课题进行研究，通过开展绿色活动，有效地减少能源成本达 27%。丹麦饭店在确保服务质量不降低的情况下，同样采取相应措施开展绿色活动，每年节约近四分之一的电能和热能消耗，并且随着管理的进一步完善，能源消耗还进一步下降。雅高集团则专门制定了《雅高酒店管理环保指南》，将该指南传达至其经营管理的家饭店，并据此开展全面的环境管理工作。

1991年,“威尔士王子商业领导论坛”创建了“国际旅馆环境倡议”机构,该机构是由世界11个著名饭店管理集团组成的一个委员会,由查尔斯王子任主席。1993年,英国查尔斯王子倡议召开了旅馆环境保护国际会议,通过了由世界11个著名的饭店管理集团签署的倡议。目的是为了指导饭店业实施环保计划,改善生态环境,加强国际合作,促进政府、社区、行业及从业人员对饭店的可持续发展达成共识,并付诸实践。随后,来自十大国际饭店连锁组织的资深人士共同倡议并成立了国际饭店环境管理协会(International Hotels Environment Initiative, IHEI)。由此,饭店业的环境管理不再是一家饭店、一个集团的行为,而是全球饭店行业的行为。创建绿色饭店不仅是企业效益和形象的需要,更是全球旅游业可持续发展的需要。

1992年,联合国环境与发展大会发表了《里约热内卢宣言》,各国根据这一宣言纷纷制定自己的环境管理标准,从而引发了世界性的“绿色生产”和“绿色产品”的热潮。

1995年,世界经济合作发展组织定义绿色生产为一种一体化的预防性环境战略不断运用于工艺和产品,以期减少对人体和环境的风险的一种综合措施,它也被称为“低废和无废技术、废物最少化和废物削减”。可以看出,当时并没有包括旅游景点、饭店、教育等服务业,但第三产业对环境的影响及第三产业的环境管理在国际上已经较早受到重视,如联合国环境规划署提供了可供旅馆利用的非正式材料“旅馆行动软件包”,指导旅馆业的环境管理。

1995年,加拿大全国酒店协会授权加拿大泰勒乔斯环境服务公司制定了世界上第一部饭店业的“绿色”分级评定标准,当时已有近200家饭店2000多种饭店用品通过绿色饭店专用品标志认定,在美国运通公司设立的专项基金资助下,这项评定标准已经推广到全美国,越来越多的北美饭店和汽车旅馆加入了申请队伍。

(二)我国绿色饭店发展

20世纪90年代中期,“绿色饭店”的理念传入我国,北京、上海、广州等一些大城市的外资、合资饭店和一些由国外管理集团管理的饭店开始实施“绿色行动”。这一阶段的行动大部分局限于降低物资消耗和减少固体废弃物上。

1999年,“中国生态旅游年”正式拉开序幕,保护环境、改善环境成为当年中国旅游行业的主旋律。为更好地配合这一主旋律,浙江省旅游局、浙江省计划以及浙江省经济委员会、浙江省环境保护局共同发起在浙江省范围内倡导创建“绿色酒店”的活动,这是国内首次在全省行业内开展的创建“绿色酒店”活动。这一“绿色”活动的倡导得到了非常广泛的响应,全省范围内共有多100多家饭店提出了申请。经过一年多的努力,于2000年6月5日,浙江省评出了第一批“绿色酒店”。此后,地区性的、以环保为主要内容的绿色饭店标准也在深圳、广西、四川、河北、山东等一些省市出台。

2003年2月20日,经贸委颁布了《绿色饭店等级评定规定》国家行业标准,并于2003年3月1日起正式实施,在国内饭店行业中展开了广泛推广。这一规定用安全、健康、环保项指标对饭店进行分级与评价,符合相应标准的星级饭店将被授予绿叶标志,自此以后“绿叶”与“金星”一样,将成为入住客人第一时间确定所要入住的饭店服务水平的重要依据。

2006 年 3 月，国家旅游局正式发布并实施《绿色旅游饭店》新标准；2006 年 10 月，由中国旅游酒店业协会和《酒店现代化》杂志社共同发起的“创建绿色旅游饭店万里行”活动拉开序幕。这次活动有数千家饭店参与，这样的规模引起了社会各界广泛关注并取得了良好的社会效益。此活动共历时一个半月，总行程近万里，途径 22 座城市，最终圆满结束。

2006 年，“十一五”(2006—2010 年)规划纲要中第六篇提到了为建设资源节约型、环境友好型社会，落实节约资源和保护环境基本国策，建设低投入、高产出，低消耗、少排放，能循环、可持续的国民经济体系和资源节约型、环境友好型社会。国务院在《关于做好建设节约型社会近期重点工作的通知》中也明确谈到，在“宾馆酒店业要积极争创绿色酒店”。

自国家行业标准发布以来，中国饭店协会相继制定了一系列实施细则，从安全、健康、环保三个主要领域为企业提供了具有实际操作性的框架性指导意见，并不断根据实践进行补充和完善。

知识拓展

浙江省地方标准：绿色饭店

1　范围

本标准为创建绿色饭店、实施和改进环境管理提供指导。

本标准适用于任何要求创建绿色饭店、实施和改进环境管理的饭店，无论其性质、规模、类型或成熟度如何。

2　规范性引用文件

下列文件中的条款通过本标准的引用而成为本标准的条款。凡是注日期的引用文件，其随后所有的修改单(不包括勘误的内容)或修订版均不适用于本标准，然而，鼓励根据本标准达成协议的各方研究是否可使用这些文件的最新版本。凡是不注日期的引用文件，其最新版本适用于本标准。

GB 12941　景观娱乐用水水质标准

GB 3095　环境空气质量标准

GB 3096　城市区域环境噪声标准

GB 8928　污水综合排放标准

GB 5749　生活饮用水卫生标准

GB/T 12455 宾馆饭店合理用电

GB 13271　锅炉大气污染物排放标准

GB/T 24004 环境管理体系原则、体系和支持技术通用指南

3　定义

本标准采用下列定义。

3.1 绿色饭店

以可持续发展为理念，坚持清洁生产（见 3.2）、倡导绿色消费（见 3.3），保护生态环境和合理使用资源的饭店。

3.2 清洁生产

是指使用更清洁的原料、采用更清洁的生产过程、生产更清洁的产品或提供更清洁的服务的一个动态向前、不断改进的过程。

注："清洁"是指对环境有益。

3.3 绿色消费

指人们在购买物品和消费时，关注商品在生产、使用和废弃后对环境的影响问题，并在消费过程中关注环境保护的问题。

3.4 绿色客房

指无建筑、装修、噪音污染，室内环境符合人体健康要求的客房；客房内所有物品、用具及对它们的使用都符合环保要求。

3.5 绿色食品

指遵循可持续发展原则，按照特定的要求进行生产，经专业机构认定、许可使用绿色食品标志的无污染、安全、优质、营养的食品。

3.6 环境标准

环境标准又称为绿色标准或生态标准。环境标准是所在或贴在产品或其包装上宣传环境品质或特征的用语或象征符合。环境标准标明产品从生产，使用以及回收处置的整个过程符合环保要求，对生态环境无害或损害极小，有利于资源再生和回收利用。

3.7 绿色照明

以安全、高效、紧凑型的节电、保护环境为原则而设计的科学、有益健康的照明器具。

3.8 绿色服务

是指在服务过程中使用环保型的设备、设施、用具，并倡导绿色消费（见 3.3）的服务。

3.9 环境方针

一个组织对其全部环境表现的意图与原则的陈述，它为组织行为及环境目标和指标的建立提供了一个框架。

3.10 环境绩效

组织基于其环境方针、目标和指标，对其环境问题进行控制所取得的可测量的管理结果。

4 基本原则

4.1 减量化原则

饭店在不影响产品及服务质量的前提下，尽量用较少的原料和能源投入。通过减小产品体积、减轻产品重量、简化产品包装，以达到降低成本、减少垃圾的目的，从而实现既定的经济效益和环境效益目标。

4.2 再使用原则

在确保不降低饭店的设施和服务标准的前提下，物品要尽可能地变一次性使用为多次使用或调剂使用,不要轻易丢弃,减少一次性用品的使用范围和用量。

4.3 再循环原则

物品在使用后,将其回收,把它变成可利用的再生资源。

4.4 替代原则

为了节约资源、减少污染,饭店使用无污染的物品或再生物品,作为某些物品的替代。

5 基本要求

5.1 饭店最高管理者承诺持续改进环境绩效和污染预防,并遵守有关环保、节能、卫生、防疫、规划等法律法规和其他要求。

5.2 最高管理者指定一名管理者分管绿色饭店的创建、实施与运行,各部门设有负责环境管理的分管人员,形成管理网络,创造能使员工充分参与创建绿色饭店的内部环境。

5.3 饭店应制定环境方针,明确"创绿"目标和指标,建立并实施有关节能、环保和倡导绿色消费的规章制度。

5.4 各级管理者要定期检查饭店各部门的运行情况,有记录、有整改的措施,并有成效。

5.5 饭店主要公共场所和部门应有体现保护环境、注重生态的装饰,有倡导绿色消费的告示和文字说明,有相关的报刊展示。

5.6 应对饭店全体员工进行全面的环境意识的培训和教育,使培训与实施办法同步进行。特别是对环境可能发生重大影响的工作岗位的员工要进行相应的技术培训。

6 能源管理

6.1 基础管理

6.1.1 建立耗能设备分类与计量仪表台账。

6.1.2 按部门或系统安装水、电、汽计量仪表,并设立计量仪表的数量、分布台账。

6.1.3 建立能源统计工作制度,有比较、建议、分析报告。

6.1.4 建立能耗定额、考核制度及奖惩办法。

6.1.5 管理者掌握饭店用能详细情况,问题清楚,目标明确,节能措施可行有效。

6.2 主要用能设备运行效率应遵照附录B的规定。

6.3 积极应用节能新技术。

6.4 积极采用多种节水措施。

7 环境保护

7.1 污染控制

7.1.1 污水处理设施完备。

7.1.2 污水排放符合GB 8928的要求。

7.1.3 锅炉烟尘排放符合GB 13271或使用集中供热。

7.1.4 废热、废气排放符合《大气污染物综合排放标准》。

7.1.5 厨房大气污染物排放符合《大气污染物综合排放标准》。

7.1.6 噪音排放符合GB 3096要求。

7.1.7　固体废弃物处理符合国家有关法律法规的规定。

7.1.8　自备车辆使用无铅汽油，尾气排放符合相关标准。

7.2　积极采用环保型设备、用品和材料

7.2.1　使用溴化锂吸收式冷水机组。

7.2.2　使用环保型空调。

7.2.3　使用环保型冰箱。

7.2.4　不使用哈龙(F1211)灭火器。

7.3　室内环境

7.3.1　室内空气质量符合 GB3095 标准。

7.3.2　采用有环境标志的装修材料。

7.4　绿化

7.4.1　搞好室外绿化工作。

7.4.2　搞好室内绿化工作。

8　降低物资消耗

8.1　物资的使用总要求

饭店有降低及控制各类物品使用的措施，尽量做到减量使用，多次使用和替代使用。

8.2　降低客房物资消耗

8.2.1　减少客房各类棉织品洗涤次数。

8.2.2　一次性用品多次使用。

8.2.3　取消、改变或简化客房生活、卫生用品的包装。

8.3　降低餐饮物资用品消耗

8.3.1　不使用一次性餐具、清洁用品。

8.3.2　尽量利用食品加工中的边角料。

8.4　节约各类消耗品

8.4.1　节约用纸。

8.4.2　按规定量使用清洁剂。

8.4.3　节约其他各类物资。

9　提供绿色产品

9.1　提供绿色客房

9.1.1　设有无烟客房楼层或无烟小楼。

9.1.2　客房楼层有新风系统。

9.1.3　积极采取措施降低客房物资用品耗量。

9.1.4　服务指南中有相关说明，服务程序或岗位职责中有具体规范要求。

9.1.5　配备空气清洁设备。

9.1.6　供应洁净饮用水。

9.1.7　放置对人体有益的绿色植物。

9.2　餐厅提供绿色服务

9.2.1 有绿色服务规范

9.2.2 积极提供绿色食品。

9.2.3 设有无烟区。

9.2.4 提供安全食品。

9.2.5 不以野生保护动物为食品原料。

10 社会环境经济效益

10.1 社会环境效益

10.1.1 有系统的宣传措施。

10.1.2 得到社会的良好反映(有各种报道)。

10.1.3 得到客人的支持和赞同(有反馈信函)。

10.1.4 客人对饭店环境的满意程度达到80%以上(根据征求意见表统计)。

10.1.5 绿色客房出租率呈上升趋势,或绿色客房平均出租率超过饭店平均出租率。

10.2 经济效益

10.2.1 年能耗(电、水、燃料的数量)比上年下降或达到先进指标。

10.2.2 消耗品费用比上年下降或达到先进指标。

11 绿色饭店的评定

11.1 参加评定资格

浙江省范围内,正式开业一年以上。

11.2 评定机构和权限

11.2.1 浙江省绿色饭店认定委员会全面负责全省绿色饭店认定的组织、领导、认定工作,认定委员会应吸收有关部门代表参加,并接受省旅游局、省质量技术监督局监督。

11.2.2 各市旅游饭店协会(组织)或相应机构,在省绿色饭店认定委员会的指导下,负责本地区绿色饭店的初评和推荐工作。

11.3 程序

11.3.1 宾馆、饭店提交绿色饭店评定申请报告及有关表单。

11.3.2 所在地区相应机构(见11.2.2)进行初评。

11.3.3 初评合格后,由所在市相应机构向省旅游饭店协会推荐。

11.3.4 由省绿色饭店认定委员会组织认定。

11.3.5 认定后,予以公告。

11.4 人员素质

11.4.1 熟悉旅游、质量技术监督和相关行业的法律、法规和政策,精通环境管理基本知识。

11.4.2 思想品德好,能做到严格要求,认真负责,秉公办事,不谋私利。

11.4.3 熟悉业务,具有较丰富的工作或行业管理经验。

11.4.4 具有较强的分析、研究能力,有一定的协调组织能力和口头、文字表达能力。

11.5 标志管理

11.5.1 标志实行自愿申请,强制管理制度。

11.5.2 经认定的绿色饭店授予相应等级的标志，并颁发证书。

11.5.3 绿色饭店标志标牌由省绿色饭店认定委员会统一制作、核发，任何单位或个人未经省授权或认可，不得擅用。

11.5.4 经认定的绿色饭店，由绿色饭店认定委员会及相应机构每年进行一次复核。

11.5.5 标志的有效期为三年（自颁发证书之日起计算）。到期必须重新申请、认定。

11.5.6 企业在使用标志期间，一经发现与标准不符或给消费者带来直接的、间接的利益损害的行为即予以取消标志的使用权，并且在有关媒体予以曝光。

11.5.7 凡标志使用有效期满而不继续申请，视为自然淘汰，不得继续使用标志。

第二节 绿色饭店的创建

一、创建绿色饭店的必要性

一直以来，饭店的管理者非常重视为旅客提供的舒适居住环境和客房，注重饭店的经济效益，这本无可厚非，但是却在很大程度上疏于对能源消耗问题的管理，导致饭店在经营过程中能源消耗大、利用率低，另一方面，消费者的消费观念及消费意识逐渐理性，越来越注意环境保护问题，饭店单纯依靠高档次、奢华来吸引消费者的做法已难以奏效。所以，我国的饭店要寻求新的发展契机，与世界水平同步，参与国际竞争，就要重视环境保护，积极创建绿色饭店创建绿色饭店的实践意义主要体现在以下几个方面：

1. 可持续发展的需要

旅游业是全球最大的第三产业之一，它强力地推动着全球经济的发展，同时也推动了饭店业的发展。但是很多饭店的管理者为了眼前的经济利益忽视了饭店能对环境造成的伤害，如资源浪费、环境破坏等。饭店是一个高消费的地方，不仅要耗费大量的物资、能源，而且要产生大量的垃圾、排放大量的污染物。如饭店的空调器要排放大量的浊气，厨房要排放大量的油烟，洗涤要产生大量的污水。据有关部门统计，一家四星级饭店的一间客房，一次性用品的年费用约 1 万元。由此可见，饭店的能耗、污染、浪费程度是不可轻视的。饭店绿色化可以有效地减少资源浪费，降低对环境的破坏程度，更好地体现可持续发展的理念和需要。

2. 能吸引更多的客源，增加市场份额，实现跨国经营的竞争战略目标

随着人们环境保护意识的日益增强，绿色消费深入人心，绿色产品越来越受世人青睐。通过绿色运营，饭店将向社会提供有益于人体健康和保护环境的产品和服务，这符合新的消费趋势，有利于饭店扩大市场份额。各国为保护环境，并不单单衡量企业的经济效益，开始关注企业对环境的污染度，设置了很多的绿色贸易壁垒。饭店绿色化，可以使饭店轻松地通过这些绿色法案和壁垒，在条件允许的情况下，实现跨国经营。

3. 树立企业形象，获得公众好感，营造与当地社会融洽的氛围，增加核心竞争力

在全球生态环境严重恶化的情况下创建绿色饭店，不仅能够降低自身运营成本，同时还能减少对自然和社会的侵害，从而使饭店赢得消费者的尊敬与信赖，提升饭店的知名度和公众形象，提高企业的无形资产和品牌效益，使饭店拥有良好的口碑，吸引更多客人入住。如香港香格里拉酒店实施绿色管理，各种媒体争相报道，树立了很好的形象。浙江世贸君澜大酒店在寸土寸金的市区投入 200 万元建设了 15200 平方米的世贸广场大草坪，虽然每年还要投入 20 万元维护费用，但此举为美化城市环境做出了贡献，得到了社会各界的充分肯定，取得了良好的社会效益和环境效益。

4. 具有明显的环境效益和环保教育意义

饭店运行绿色化，既节约了能源，又减少了“三废”的排放量。不仅如此，通过绿化改善了环境，使周围自然环境得到改观，还能起到吸引客人来入住的作用。如位于三亚亚龙湾的凯莱酒店，用几年的不懈努力，将数万平方米的荒凉海滩改造成一座具有一定规模的热带植物园——南国风情园，园内铺垫了 30 厘米厚营养土，种植了优质的台湾草皮，各种热带奇树名花一年四季争奇斗艳，给昔日的盐碱沙滩披上了绿装，吸引了大批的客人前往入住。此外，一些饭店还通过捐款、组织员工外出植树造林来改善环境，也取得良好的环境效益。对饭店而言，通过绿色管理，提倡全体员工参与，可提高员工的环保意识、对企业的认知感和社会的责任感。不仅如此，饭店作为一个物质文明和精神文明的窗口，对提高整个社会的文明程度具有很大的辐射作用，绿色宣传将在一定程度上提高社会的环保意识。如杭州之江度假村通过在客房放置介绍环保知识的宣传材料，积极倡导绿色消费，不少客人深受感动。

二、绿色饭店的基本原则

绿色饭店需要一些基本的原则来指导实际工作以支持它的持续改进和发展。

1. 再思考（rethinking）——转变观念

环境问题的产生并不是人们故意破坏的结果，而是人们在追求经济发展、提高生产力、提高生活水平过程中的一个副产品。尤其是 20 世纪 90 年代以来变得日益严重的环境问题，如固体废弃物的增加，与产品生产者的生产理念、人们的生活理念有密切的关系。所以，饭店要重新思考现行的生产方式、经营方式和服务方式，把环境因素作为一个重要内容来考察现有行为的合理性，然后提出进一步的改进措施。长期以来在旅游界流行的“旅游业是无烟产业，不会造成对环境的污染”的观念需要改变。事实上，我国许多地方为了开发旅游业大兴土木，已经造成了对环境的严重破坏，而且许多破坏是不可弥补的。

2. 再循环（recycling）——节约资源

地球上绝大多数资源都是有限的，所以要提高对它们的利用效率，一个较好的方法是对资源进行再利用。再利用可分为微观再利用和宏观再利用两个层次。微观再利用是一种企业内部的行为，而宏观再利用是在全社会范围内，由政府干预或其他方式而实现。饭店内部首先要努力实现微观再利用，例如中水、冷凝水的回用等。但是纸张的宏观再利

用，即纸的再利用，在饭店内部是无法实现的，此时，饭店的任务是要为宏观再利用创造条件，即把废弃的纸张从其他的废弃物中分离出来，集中由废品处理站送到造纸厂进行再利用。

3. 再减少（reducing）——降低成本

简化、减少的根本目的是减少浪费、减少废弃物的产生，从而降低经营成本，提高资源效益。在大部分人的观念中，现代饭店就是豪华生活的代名词，所以饭店非常注重“包装”，包括对服务过程、对提供物品的包装，正是这种包装使得饭店产生大量浪费，并产生大量废弃物。典型的例子就是饭店提供的生活用品、卫生用品包装精美，但被客人打开后就成了废弃物，饭店完全可以实施简化包装，既能节约资金，又可达到环境保护的目的。

4. 恢复、补偿（recovering）——改善环境

饭店存在大量对环境不利的因素，因此需要对这些因素进行改进，减少对环境的破坏；同时饭店要在可能的情况下投入资金，对已经造成破坏的环境进行治理，使环境得到恢复和补偿。虽然环境在遭受到破坏后很难再恢复原貌，但是对它进行恢复和补偿是必要的，例如饭店通过种植花草树木来净化空气，补偿绿地的减少。

三、我国绿色饭店的建设思路

（一）绿色设计“以人为本”

绿色饭店设计应遵循“以人为本”的设计原则。在饭店建设时，首先对场地进行周密研究，除应尽力保护原有植被，减少铺地面积，增加绿化面积外，应组织好高效的进出车行流线，这既可以提高饭店的形象和使用性能，又可以减少场地内的能源消耗和尾气排放。在饭店公共空间和私密空间设计上，把握人体工程学的尺度，设计客人流线和服务流线，优化饭店整体公共区和后勤区的流线，公共空间要与大堂方便连接，客房与电梯厅应接近等等，从而避免不必要的空间能耗。在客人的动线安排上，着重考虑如何最大限度地方便客人，节省客人时间，避免大量人流滞留大堂，相互干扰。在员工服务流程安排上，尽量避免与顾客服务流线交叉，并且要为员工服务提供方便。在绿色饭店设计中，还要考虑饭店内部采暖、通风、温度、湿度、照明、噪音、采光等方面的设计，做令人体感到健康、安全和舒适的设计。此外，饭店设计还应考虑无障碍设计，充分考虑残疾人士及老年人等行动不便者的需要。总之，绿色饭店设计的整个过程要充分考虑饭店内部环境的节能、节材、防污染和空间有效利用等，体现出人与自然的和谐，以达到饭店的可持续发展，为饭店带来长效的经济效益和社会效益。

（二）营造绿色环境

绿色环境的含义主要包括：饭店选址不破坏周围的生态环境；通过绿地、假山、喷水池、人工湖、树木等营造饭店的外部环境；通过绿色植被、观赏花卉、人工瀑布等增强内部环境的绿色空间。绿色环境设计是创建绿色饭店的重要一环，饭店通过环境绿化，覆盖了裸露的地面，美化了环境，净化了空气，营造了一种人与自然和谐相处的氛围。在绿色饭

店设计中,可以从以下方面营造绿色环境:

(1)用本地植物对周边进行美化,这既是对本地植物的保护,也可保证整体环境系统的协调。因为移植异地物种除了较高的转化成本外,其生存和成长能力具有较大不确定性。

(2)所有建筑物的外观应该与环境相和谐,如采用符合当地文化传统特色的建筑风格、木质材料、敞开式阳台、体现周边环境的色彩等。

(3)建筑物层高的控制,最好能够将层高限制于 2 层或低于周边树木高度。

(4)所有使用的木料应该来自本地树木种类,而且该树种可以较快再生。

(5)无害化设计。主要是考虑建筑物一定要安全,对人体无害。

(三)打造绿色客房

客房设计是饭店中最主要也是最易流于形式的部分。绿色客房是指符合环保要求的对人体无害的客房。绿色客房应尽量使用不含化学物质的材料,采用节能环保性的能耗低、噪音小和有害物质少的客房设施。客房各种日常用品、家具、电器等,坚持减量、再利用、再循环及替代原则。客房的温度、湿度和空气清洁度应符合人体的舒适标准。针对饭店客房的美国迈阿密达特蓝饭店(Miami Dadeland Marriott Hotel)开展"绿色客房运动",就是吸引绿色消费者的一个成功实例。该饭店共有客房 330 间,在其中 19 个客房安装了高效防微粒装置和水过滤系统。虽说绿色客房比普通客房每晚增加 5 美元的费用,但客人完全可以接受,而且对此反响积极,绿色客房供不应求,第二年绿色客房增加到 38 间。

绿色客房的设计具体可以从以下方面入手:

(1)饭店应设置无烟楼层和无烟客房。无烟楼层应有规范、清晰、醒目的禁烟图形符号。无烟客房内不放置烟缸,调整烟感报警灵敏度,使不吸烟的客人能够在清新的环境中住宿。

(2)布置客房中的绿色环境,在客房中增加有利于净化空气和美化环境的对人体有益的盆栽植物,如芦荟、龟背竹等植物。

(3)客房光线充足,封闭状态下无噪音、无异味,客房内空气质量经检测达到或超过国家标准。

(4)在客房设计中,通过低窗、落地玻璃门等来增加景观眺望的价值。

(5)客房里尽量减少不可降解材料包装,简化纸制包装。用绿色物品替换客房原有的有害物品,用棉制洗衣袋替换塑料洗衣袋,用棉布等自然纤维制品替换化纤制品。此外,客房用品应尽量用绿色物品。

(6)客房装修设计中,在满足标准星级饭店应有的硬件配备外,在装修材料的选用、家具设计风格、色彩处理上力求个性化、地域化、风格化。地面、家具用料、饰面多采用当地材料。造型设计力求简约中带有地方文化特色,为客人营造舒适自然、有浓郁地域文化的室内环境。房屋建筑物必须使用不含污染物质和放射性物质的原材料,房屋装修不使用大量散发挥发性有机化合物(VOC)的化学合成材料,如客房地面用取材当地的天然石料或其他材料,避免使用采自热带雨林严重破坏生态环境的木材。

(7)在客房中放置绿色告示卡,使饭店创建绿色客房的行动取得宾客的理解和支持。

(8)积极采用节能、节水设施,节约客房消耗。例如绿色小冰箱、节能灯等。在保证水压情况下,减少抽水马桶的每次用水量和水龙头的出水量;在满足客人要求和保持清洁卫生的前提下,减少床单等的洗涤次数。

(9)在一次性用品减量方面,当顾客连续多天使用客房时,可以提供给顾客两种选择:如果不要求更换床上用品和拖鞋、洗漱等一次性用品时,给予顾客积分奖励,积分可以用在下次购买产品时用来抵扣,也可用来交换礼品;通过免费提供类似服务来进行补偿,顾客可以要求一些替代服务如免费洗衣,从而顾客觉得公平合理,也从这种选择中获得更大的价值。此外,牙刷、拖鞋等尽可能分色放置。沐浴露、洗发液等用品有条件的可以用大包装容器替代小瓶装。

(10)完善的消防设施,积极的防护、逃生措施。设立必要的安全设施和控制办法,确保住客及访客的人身和财产安全。

(四)提供绿色餐饮

设置绿色餐厅,首先要营造绿色的就餐环境。如选择环保无害的材料装修、装饰;在餐厅周围放置绿色植物,如果条件允许在餐桌和餐桌之间设置相应的隔间或包间,满足客人舒适和私密性的要求;根据饭店的客源和市场定位,合理确定餐座数量和餐桌设置;餐饮部开设无烟餐桌,以满足不吸烟消费者的需要;通风良好,营业高峰期无油烟味;严格控制食品、烟酒的进货渠道,设立外购原料告示牌;餐厅内男女分用卫生间,洁净无异味,卫生间各项用品齐全;厨房的燃气、电气灶具,锅炉安全合格,制定并实施严格的消防措施;不使用一次性发泡餐具、一次性木制筷子,减少一次性毛巾使用量。

设立绿色餐厅的核心是推广绿色食品(是指无公害、无污染、安全、新鲜、优质的食品,包括蔬菜、肉类和其他食品)。绿色餐厅慎重选购绿色食品,供应的食品应遵循人体最佳营养结构,并在加工中达到清洁卫生,符合食品标准的要求。在烹调时使用天然色素,不用化学合成添加剂;不用珍稀动物和野生动物制作菜肴;尽量多使用具有"绿色标志"的原材料。

创建绿色餐厅还要做好绿色服务:在客人点菜就餐时,餐厅服务员在推荐、介绍菜肴时不能只考虑推销产品,还应考虑到客人利益,力求做到经济实惠,营养配置合理,资源不浪费;向客人推荐绿色程度高的菜肴、饮料。就餐后,必须根据环保要求对容器等作消毒等有效处理,使之不污染环境。若客人有剩菜还须主动提供周到的"打包"服务。有些饭店还可提供代管剩酒服务,供客人下次消费,并专门设一张精致的橱柜存放客人的剩酒,在剩酒的酒瓶上挂上一张标签,标注酒名、客人姓名、地址、电话以及存放日期。这些绿色饭店产品的设计都极大地满足了顾客对健康的需求,提升了饭店产品的价值。

(五)实施绿色管理

1. 建立健全饭店内的绿色管理体制

饭店的绿色管理活动是一项涉及饭店所有部门、全体员工的综合性管理活动,因此建立健全绿色管理体制对饭店绿色管理活动的实施来说极为关键。饭店为了使“创绿”更有效率和效果，应建立实施绿色管理措施的专门职能部门，此部门的负责人可由饭店的主要领导人担任，并配有专门的管理人员。同时，为了有效实施绿色管理措施，饭店还应做好以下两点：①责权分明，饭店为建立健全内部绿色管理机制，一项重要工作就是要明确各部门管理机构管理者和员工的权利和责任，做好有权可用，有责可循；②提供必要的支持，饭店为了更好推行绿色管理措施，高层管理者就要在这方面提供必要的支持，这种支持包括必要的人力资源支持、物力财力资源支持和专项技术、技能支持，这样才能有效地调动饭店全体人员参与的积极性和主动性，更好地推行绿色管理。

2. 制定饭店内的绿色管理战略

饭店的绿色管理战略是饭店为节约能源、保护生态环境所采取措施的总体纲领，也是饭店实现差异化取得竞争优势的基础，同时它也是饭店长期、稳定、持续贯彻绿色管理制度，避免朝令夕改等短期行为的保证。饭店绿色管理战略应建立在以下几个要素的基础上：

(1)饭店的长期战略规划目标。

(2)行业内部的有关规定。

(3)法律法规等相关政策。

(4)饭店本身能源使用情况的分析及饭店对生态环境影响因素的调研结论。

在综合以上因素制定战略目标之前，还要对国内外走绿色化道路有显著效果的饭店开展认真细致的调研，将调研得到的资料、学到的经验自上而下地传达到饭店的各个职能部门，饭店各职能部门依据这些先进的经验再提出本部门的绿色管理目标和具体实施措施以及期望达到的效果，以此为基础，制定饭店总的绿色管理战略。

3. 加强饭店内部的评估与审核

绿色饭店内部评估、审核工作是推行绿色饭店管理活动的重要保障。它的目的就是考量饭店走“绿色”化道路的层次与深度，掌握饭店对能源的消耗程度和对生态环境的友好度，及时发现问题的根源，采取相应的管理措施和技术，引导绿色饭店朝一个良性的方向发展，不断提高绿色饭店的核心竞争力。饭店产有两大产品服务项目：客房服务、餐饮服务。这两大项产品服务是绿色饭店的经济来源支柱，其他形式的产品服务项目都是辅助服务项目。目前饭店两大服务产品系统的物资采购、产品生产和最终服务过程的运作方式都是相对独立、直线型的，两大服务系统之间在中间生产过程和最终服务过程没有形成互动互补的循环方式，导致各自在加工生产产品的过程中的剩余物全部弃为垃圾，这不单单仅是对物资资源的浪费，还包含采购、运输、贮藏等一系列过程中各种能源资源和人力资源的浪费。面对饭店行业这样落后的方式，绿色饭店内部评估、审核工作的展开要建立在循环经济和清洁生产的理论上，由饭店的最高管理者适时进行，评审范围应当针对绿色饭店这两大主要服务项目，在饭店循环经济理念下使物质形成一个闭环的流动，在饭店内部实现“小循环”，以便提高物质的使用程度，从而减少此过程中产生的废弃物，以降低饭店自身的成本和社会总成本。

四、全球最绿色的八大饭店

1. 海湾：灌木丛中的帐篷饭店（Paperbark Camp）

澳大利亚悉尼南海岸的Jevis海湾，以白色沙滩和明澈剔透的海水成为深潜和浮潜爱好者的圣地，其实在这些高耸挺拔的桉树林中隐匿着一座五星级帐篷饭店。饭店由12个巨型帐篷组成，建立之初，充分考虑到对自然环境、花草植被和鸟类生物的完善保护。所有的帐篷悬挂于树木之间，既最小化了土木工程对地貌的影响，又充分利用了海风来进行通风。饭店对所在地灌木的保护完全顺其自然，旱灾时任其枯萎，雨季时又任其重生。汽车必须停放在周边指定的停车点内，客人经由标识出的专门路径绕过原始的灌木丛进入驻地。驻地内部的移动全部由环保电瓶车代劳，排泄的污物和废水则通过压缩泵抽入专门的渠道进行统一处理。除了传统的海上运动之外，逗留在Paperbark Camp的游客可以在初夏和深秋季节看到北游的鲸鱼，可以俯瞰着风光旖旎的海湾美景打一场高尔夫，好酒的人可以去品啜一下邻近酒庄声誉日隆的新世界葡萄酒。而豪华帐篷中的住客则可以在绿色环抱的私密阳台上享受露天的浴缸，浸泡在温暖的热水中，倾听海风吹过灌木的瑟瑟声，你可以揽书阅读，或是做个按摩。

2. 野生动物园：未开采宝藏之营（Campi ya Kanzi）

Campi ya Kanzi意为“未开采宝藏之营”，位于南肯尼亚乞力马扎罗山脚马赛人占地400平方英里的聚居地牧场上。这是一对意大利夫妇于1996年创意，并作为马赛部族扶助计划开始的，目前由夫妇两人打理，但是所有权归马赛人所有。营地房屋全部采用当地的熔岩石和枯草建造而成，利用太阳能进行发电和烧水，并用环保煤炭进行供热。为了减少游客对当地环境的污染，每次接待的游客人数控制在16人以下，而且每位游客每天必须支付70美元环境维护费，作为马赛部落的收益。它所取得的杰出业绩为Campi ya Kanzi赢得了各种荣誉，与它相关的马赛人基金会还经常得到好莱坞名流的慷慨解囊。

3. 森林：将绿色进行到底（Jungle Bay Resort & Spa）

多米尼加的Jungle Bay Resort & Spa酒店是由依傍在树下的35间悬空“吊脚楼”组成的，所有建筑的原料选用二次利用的木材和采石场的废弃石料，家具由当地工人采用当地百分百的天然材料打制。建筑设计的阶段，已考虑到对自然风能和光线最大程度的利用，目前饭店正在实施安装现代风车，利用风力进行发电的能量转换计划。餐厅提供的有机食物中95%由本地出产，以避免进口或远途运输引起的不必要的包装浪费，也保证了食物无农药和无化学品的污染。流经饭店的温泉水由饭店蓄积起来，然后通过重力作用分布到饭店不同的单位。此外，Jungle Bay Resort & Spa还资助当地多米尼加东南部的居民学习掌握一些职业技能，以备当地的香蕉产业一旦出现危机，他们可以拥有其他的谋生技能。2006年1月，饭店还创立了东南部私营者贷款基金，鼓励私营者投资有机食品生产、本土艺术及手工艺业、本土文化导游等领域。

4. 山峦：绿色乌托邦（The Black Sheep Inn）

两位和平主义者 Andres Hammerman 和 Michelle Kirby 怀着“成为环境保护和生态旅游先锋，永远超越预想”的信念，在厄瓜多尔安第斯山脉中创建了自己心目中的“理想乌托邦”。他们通过自己的研究和探索建立起来的“肥料厕所”和“零浪费”模式如今已声名远播，并广受赞誉。化肥厕所不用水，而是用煤炭。煤炭与排泄物一起发酵后成为滋养自留地鲜花和蔬菜的有机肥料，使旅店各处绿树如荫、鲜花如织。旅店基本只使用散装和可再利用包装的用品，并对纸张、纸板、玻璃瓶、塑料桶、厨房垃圾、水和排泄物等采取就地回收利用，每人每天制造的不可就地回收垃圾仅为 28.35 克。这 28.35 克垃圾也会交由旅店资助的回收中心进行进一步的利用。除了骑马和自行车越野以外，旅店附近的多条远足线路都曾被众多旅游杂志强力推荐，历时从半小时到一整天不等。路线跨越 2500～3800 米海拔，因此可领略到山中多种不同微观气候的瞬息变化。路线的主题或是参观当地奶酪工厂，或是欣赏 Rio Toachi 峡谷的美景，或是赞叹前印加文化废墟的奇观，或是漫步雨雾森林。

5. 乡村：把有机食品进行到底（Penrhos）

建于 1280 年爱德华一世时期的 Penrhos，700 多年来一直作为一家农场屹立于赫里福郡与威尔士的交界线上。今天这家农场旅店以提供全方位的有机食物而闻名于世，这里产肉的牛、羊、猪和鸡、鸭等都是用天然饲料喂养的，而蔬菜也绝对不用化学肥料来施肥，就连每天供应的面包也是面包师按照传统工艺，使用有机面粉和野生酵母经过慢速发酵过程烘焙出来的有机面包，比起一般超市中以廉价面粉和人工酵母为原料，通过快速发酵和快速烘焙烤制出来的品种，多含了 50％的镁和 46％的锌。Penrhos 于 2002 年获得了英国首屈一指的有机食物推广及认证机构 Soil Association 的认可。这并非偶然，旅店的主厨 Daphne Lambert 是一位有机食物拥护者和经验丰富的营养师，她在旅店开设了“绿色烹饪”的课程，在倡导有机食物理念的同时，教授如何用有机食物烹饪出美味可口的菜肴，颠覆了人们一般所认为的有机食物营养却不好吃的观念。Penrhos 还拥有附属的有机及环保产品商店，除了出售有机食物以外，游客还可以在这里购买到旅店自家所使用的一切环保用品，如床单、床罩、杯碟、家具、洗浴产品、花种草种、木制工艺品等，还提供邮寄服务。

6. 丛林：天空中的城堡（Orion B & B）

相信每个人的童年都曾梦想有一间悬挂在树上的小屋，聆听虫鸟燕雀婉转的啾鸣，仰望夜空璀璨星辰。Orion 旅店隐于法国南部蓝色海岸丛林中的树屋群，是建筑师们根据每棵树不同的形状和造型，在树上搭建起来的小屋。小屋全部使用木材建成，有冬暖夏凉的功效。树屋毗邻着一座自然保护区，被杉树、柏树、橄榄树和棕榈树所环绕。树屋下的仿自然生态建造的人工湖泊，通过石头、水草和菌类对水进行过滤净化，完全不含氯盐等化学原料。闲时不妨到徒步可达的 Saint-Paul de Vence 信步一游。这座独具南法风情的历史古城，保存有 14 世纪风貌的建筑遗迹，玻璃、珠宝、制陶等世家的手工艺流传至今，同时它又吸引了众多法国当代艺术的艺术家们聚居于此，因此被誉为“法国当代艺术的摇篮”。当你不经意地进入一间街角的画廊或工作室，或许就邂逅了抽象派大师或是能工巧匠，就此展开了一段愉快的对话。

7. 沙漠：与野生动物同居（Al Maha Desert Resort and Spa）

迪拜，这座在沙漠中不可思议拔地而起的都市，突然以奢华的姿态成为了炙手可热的时尚目的地。AlMaha Desert Resort and Spa 距离迪拜 45 分钟的车程，作为世界领先的绿色饭店之一，建造于方圆 225 平方公里原始沙漠的绿洲之上，它是世界上唯一一家建造于沙漠野生保护区内的饭店。1999 年，它在所属的 AlMaha 保护区施行了广泛的育种和保护动物计划，因此获得了 2004 年世界环境保护奖项。它所提供给游客的奇特地貌和自然景观是无与伦比的，同时它所开发的生态旅游项目也是令人叹为观止的。游客可以参加包括逐鹰、骑马、赛骆驼和射箭在内的沙漠传统竞技，在向导的导引下一边欣赏阿拉伯沙漠无人地带的美景，一边追逐着当年劳伦斯王子统率千军、英勇骁战的背影。沙地滑雪和四轮自行车越野也是不容错过的特别项目。好静的朋友可以远足到 Hajar 山的山巅，俯瞰干涸的河床，或拜访 200 年历史之久的 Hatta 古镇，参观传统的灌溉系统和古老的防御工事，也可以瞻仰一下古代统治者的陵墓。晚上在一望无际的苍穹下，身处浩瀚的红色沙丘之中享用一顿烛光晚餐，披着星光，遥望升腾的雾气中跃过的一只只轻盈的羚羊，或是一匹憨厚的斑马，或者一头矫捷的黑豹，不要怀疑，那绝对不是海市蜃楼！

8. 沙滩：像海豚一样生活（Jean-Michel Cousteau Fiji Islands Resort）

斐济 Jean-Michel Cousteau Fiji Islands Resort 酒店在 2007 年被 Trip Advisor 评为世界十大环境友好饭店之首。创始人 Jean-Michel Cousteau 继承了父亲——著名船长 Jacques Cousteau 对海洋的挚爱，作为知名海洋探险家和环境保护者享誉世界。所有建筑全部使用当地的天然材料，用椰子和回收瓶构建的废水系统将水净化后注入海湾，它是世界上唯一一家雇用海洋动植物专家常驻的饭店，担纲海洋生态事务的咨询，并通过组织体育娱乐活动向游客传授海洋生态保护方面的知识。在这家五星级饭店，可以享受到一切海洋运动的休闲，更被誉为潜水的最佳水域。为了使游客能够像海豚一样生活，饭店甚至取缔了电话和电视机，当然在海洋运动之余，你也可以到邻近的村庄向当地人讨教如何为自己编织一双斐济风格的凉鞋，或是学习药草的配方。

知识拓展

宁波开元名都大酒店节能减排经验

为了进一步降低饭店的营业成本，宁波开元名都大酒店从筹建开始就将节能环保作为施工的一项基础要求，自从2007年12月12日正式开业以来更在抓好经营的同时，把节能降耗和绿色环保作为饭店的一项重要工作。同时，宁波开元名都大酒店将节能降耗工作与创建绿色环保饭店紧密结合起来，使得节能降耗工作的开展更加深入、更加具有意义。从制度硬性约束，到引导员工自觉参与；从饭店内部推广，到引导宾客参与；从改造饭店设备，到加强细节控制，饭店采取了一系列的节能措施，目前已经取得了一定的成效。

一、选用环保建材，安装智能控制

饭店从筹建开始就一直非常关注节能环保问题，在建造时就考虑到优先选用环保建材。饭店主体施工使用钢结构，内部隔墙全部使用环保型蒸汽砖，外墙玻璃都采用双层中空玻璃，既达到环保要求，又保证了大楼的隔热效果，减少空调能耗费用。不仅在饭店装修中采用环保材料，而且在选用管理系统时都考虑到节能，如灯光可按营业时间变化调整，客房采用智能控制系统来实现客房内设备的控制，另选用BA系统进行楼宇智能控制。

二、出台节能制度，全面推广节能

为了进一步从饭店制度层面来推广节能工作，加快节能工作开展的进度，饭店出台了一系列的节能制度。首先是对空调的开启进行了明确的规定，各区域空调温度设定在26度，并安排人员进行检查，对违反规定的部门进行处罚。其次是对饭店外围灯光、水景、热水器、室内灯光开启时间按需要进行钟控控制及开启时间规定，仅此项调整每月节电近20000度。另外对员工乘电梯也做了规定，对未携带重物的员工，提倡上一层、下二层改走楼梯，以减少不必要的能耗浪费。

三、改造用电设备，降低饭店电耗

饭店对进行整体巡检后发现，许多使用日光灯的后台区域完全可以更换为节能灯且不影响正常照明，从而节约能源。各部门确定整改目标，就可整改设备进行可行性分析报告，计算出整改所需费用和整改后月节省经费比例，并预期五个月内收回更换节能灯的成本并持续节能。在饭店领导的大力支持下，工程部立马将饭店地下室的原热交室、空调机房、蒸汽房、水泵房和地下车库内共446盏40W日光灯改造成60盏25W节能灯，将客房中庭吊灯的40W蘑菇灯泡更换成5W节能灯泡。虽然饭店为此多花费了将近2万元，但每月至少可以为饭店节约用电8000度，3个月不到就可以收回成本，而且改造所带来的经济效益将随着时间的延长而不断增大。

此外，饭店投入13万元对至乐轩中餐厅的落地玻璃进行贴膜，以降低室内温度，节约空调能耗。接下来饭店将逐步对金爵会所、会议室、客房区域进行玻璃贴膜工作。

四、培养节能意识，落实节能措施

“再好的设备只是节能的基础，员工养成良好节能意识，才是设备发挥最佳效益的保证。”为了进一步推广饭店节能环保工作，饭店开展了一系列的员工节能活动，以此来提高员工的节能意识，确保节能措施的有效落实。首先是组织“节能金点子”活动，动员全体员工参与节能思考，积极为饭店节能降耗献策略，其次是通过和宁波市节水办合作，播放相关宣传影片，开展“节能电影宣传周”活动，调动员工的节能积极性。同时在饭店的文化长廊、电梯和走道等处，随处可以看到许多节能减排的宣传标语，以此来营造浓厚的节能环保氛围。

除了在节电方面采取了大量的措施外，在节约水资源、降低一次性消耗品等方面也开展了大量活动。比如在节约水资源方面，首先是在员工浴室采用智能水控系统，防止员工洗澡时间过长，水源浪费；其次是回收利用蒸汽冷凝水，预计每月将可回收600多吨水；又比如在降低一次性消耗品方面，首先要求办公室用纸时需双面使用，降低纸张的消耗；其次是推行环保奖励计划，在客房里放置温馨提示，引导宾客绿色消费，降低一次性消耗品的使用和减少棉织品的洗涤。节能环保工作是一项长期的工作，饭店将结合创建绿色饭店的契机持续开展节能环保工作，争取获得社会效益和经济效益的双赢。

思考题

1. 宁波开元名都大酒店的绿色经营理念对你有何启发？
2. 谈谈你对“绿色饭店”构建管理以及“清洁生产”、“可持续发展”等理念的理解。

闯关测试

2010年怡莱连锁酒店全面开展一项与“低碳生活”有关的活动。此项活动命名为“怡莱低碳积分计划”，鼓励宾客在入住过程中通过点滴的行动，降低碳排放，饭店将给以丰厚的积分奖励。低碳积分可以兑换为怡莱房费优惠金。怡莱低碳活动吸引了广大的住店宾客共同参与，产生了良好的社会效应。同时，通过这项活动，怡莱各个饭店的节能降耗也产生了一定的效果。

怡莱“低碳积分”计划非常简单易行，住店客人通过改变一些生活细节，就可以做到。怡莱低碳行动主要分为三个类别：A类建议宾客在住宿期间尽量减少卧具的更换和洗涤次数，减少客房消耗品的使用量(续住之日起每天可获得50分奖励)；B类建议宾客节约水电，冬季空调设定在20摄氏度以下，淋浴时间不超过15分钟，睡觉前关闭所有的光源和电源，多走楼梯少用电梯，手提电脑结束充电后及时拔去插头，正确点餐不浪费食物等(住宿期间每天可获得30分奖励)；C类建议宾客离开饭店后也能继续低碳生活，将怡莱低碳积分计划告诉亲朋好友，出行时多使用公交车或自行车，不用一次性塑料袋，不使用一次性木筷，减少购买过度包装的商品等(住宿期间每天可获得20分奖励)。

同时客人的低碳积分可以转为相应积分，从而获得房费优惠金，鼓励宾客积极参与。

表5-1 积分兑换参照表

怡莱碳积分 (1碳积分=3房费积分)	怡莱会员积分 (房费积分+碳积分)	房费优惠金 (单位:元)
200	600	20
500	1500	50
1000	3000	100
1500	4500	150

通过半年多的时间的宣传和推广，参与该活动的宾客逐月在增加。有50%的客人响应该计划，仅六小件客用消耗品每年就节省近20万，洗涤费可以节省40万元，如果每人每天缩短5分钟洗澡时间，那么饭店全年仅洗澡一项就可节省近万度电，5000方水。空调方面节约的能耗就更大了：如果冬季低于正常设定温度4度，夏季高于正常设定温度4度，大约全年节电30万度，全年光空调一项减少二氧化碳排放量24万千克。因此，怡莱酒店在低碳积分行动中已充分显现出实际效果。

怡莱"低碳积分"活动的开展得到了宾客的广泛认可和赞誉。怡莱连锁酒店·黄龙店一位住店宾客王先生说："怡莱连锁酒店这个计划非常有意义，我感觉通过这个活动，从小的方面来说，我成为了这个饭店的一分子，从大的方面来说，我成为了地球的一分子，怡莱的活动提醒着我应该为保护地球做点什么。我非常愿意参加。"入住怡莱连锁酒店·西湖店一对夫妇说：我在怡莱连锁酒店的海报上看到这样一句宣传语，"点滴之间我们拥有改变未来的力量……"非常感动，怡莱不仅给在饭店内的低碳行为积分奖励，同时也给离开饭店后继续低碳的行为给予积分奖励，我感觉你们更多的是在向人们推广环保的概念，是一项公益性的活动。

思考题

1. 借鉴案例，思考饭店如何有效和全面展开绿色管理？
2. 小组讨论：减少"碳"足迹，怎样从身边做起？

第六章　主题饭店

引言：主题饭店建设，从饭店本身而言，是为了改变饭店产品模仿有余、豪华有余，文化内涵与个性明显不足、同质化现象严重的状况，使饭店从形式到内容、从产品到经营、从员工服务到顾客体验体现出个性和品位。从行业的角度来说，是饭店品质已经达到一定水平的前提下再提升的新要求，也是饭店业品质提升的新突破。

教学目标

1. 掌握主题饭店的概念、特点及与特色饭店的区别。
2. 掌握发展主题饭店的必然性。
3. 了解国内外知名主题饭店。

核心概念

主题饭店

第一节　主题饭店概述

一、主题饭店的概念

1. 主题饭店的定义

主题饭店的概念来源于主题餐厅，最早在美国出现。什么是主题饭店？主题饭店的定义很多，秦汗、孟清超认为主题饭店是指建筑风格、装饰艺术、文化品位、市场定位和服务特色等方面围绕某个特定主题的饭店。欧荔说主题饭店是指建筑风格、装饰艺术以致服务项目突出表现某一特定主题的饭店。综观国内文献发现，对主题饭店的概念研究已成熟并有趋于一致的看法——即主题饭店是特色饭店，以某一特定的主题来体现饭店的建筑风格和装饰艺术，体现特定的文化氛围，让顾客获得富有个性化的文化享受。同时也将服务项目融入主题，以个性化的服务取代刻板化的服务，让顾客获得快乐、知识、刺激。主题饭店有别于一般饭店，它不再是单纯的餐饮住宿设施，而是顾客寻求快乐知识刺激的天堂。著名旅游专家魏小安用三句话来概括："以文化为主题，以饭店为载体，以客人的体验为本质。"

主题饭店是特色饭店，但特色饭店不一定是主题饭店，中国旅游报的李原认为，所谓特色饭店是指通过引入独特的自然、文化资源以及现代科技成果赋予饭店外型、氛围或者服务产品某种与传统饭店相区别，能够给消费者带来独特感受的饭店。而主题饭店则是指以饭店所在地最有影响力的地域特征、文化特质为素材，设计、建造、装饰、生产和提供服务的饭店，其最大特点是赋予饭店某种主题，并围绕这种主题建设具有全方位差异性的饭店氛围和经营体系，从而营造出一种无法模仿和复制的独特魅力与个性特征，实现提升饭店产品质量和品位的目的。

2. 饭店主题的内涵

所谓主题，是以文化为主题，以饭店为载体，以客人的体验为本质，这三句话加在一起，大体上可以构成主题饭店的基本定义。但主题饭店绝不是简单的文化包装。

比如，很多饭店都有温泉资源，便提出温泉主题。其实温泉并不能作为主题。温泉是一个资源，在温泉的基础上建了一个温泉度假村，形成一个产品，主题是温泉文化，才可称为温泉主题。但温泉文化又是什么呢？温泉文化实际上要包含一个形式的文化，即采取什么样的形式。比如，广东的御温泉采取综合性的方式，温泉谷采用盛唐文化的方式。实际上温泉文化作为主题，其本质是健康，所以应该是一个健康的主题；在健康的主题之下，采用某种文化表现形式，作为主题的包装。再比如，很多地方提出以生态为主题。严格的说，生态很难构成主题。同样道理，生态首先是一个资源，要把它转化成产品，在这个产品的基础上转化成生态文化，才可能成为主题。

实际上我们所讲的主题饭店文化和一般意义上的饭店文化是两个不同的概念。饭店文化的核心是如何把饭店经营得最到位，如何培育饭店更强的竞争力。在这个基点上，和主题饭店的概念是相通的，但其中有不同的内涵。

3. 主题饭店与特色饭店的区别

目前，许多人将主题饭店和特色饭店的概念混淆，甚至习惯使用“主题特色饭店”表达。然而主题饭店与特色饭店有各自的内涵，只有搞清楚两者的区别与联系，主题饭店和特色饭店的建设才会健康发展。

主题饭店和特色饭店的概念既相互联系又相互区别，主要表现在以下几点：

(1)主题饭店一定是特色饭店　独特、新颖是主题饭店和特色饭店生存和发展的基础。两者具有同质性。第一，都有鲜明的个性特征。与其他饭店相比，主题饭店和特色饭店都与它们有差异性，形成错位竞争。无论从饭店建设、产品设计、服务品质上都力求有个性，力求让客人能够过目不忘。第二，高端优质的消费团体。主题饭店和特色饭店的客户群除了少数猎奇者以外，大部分是对生活品质有较高要求的高端人群，享受舒适、自然、与众不同的产品和服务是他们来店消费的动力。除了满足功能需要，更多的是满足心理和精神需求。

(2)特色饭店不一定是主题饭店　特色饭店不能称为主题饭店。主要表现于：第一，浓郁的区域性。特色饭店取材于古今中外、流行符号等，凡事能被人好奇能称为智慧或者文化结晶的都是它猎取的目标。主题饭店则取材于当地文化，具有鲜明的地方文化气质。第二，系统性。特色饭店一步一景，一景一主题，整个饭店系统可以包括各种各样的文化特征。主题饭店顾名思义强调整体的主体化，所有的产品和服务、硬件建设和软件设计都围绕一个主题进行，整体体现一个核心，把饭店全部空间和服务全部体现出所选主题的文化氛围。第三，周期性。特色饭店凭借新颖、独到能创造一种新鲜感，形成一时轰动，但是与主题饭店相比，具有一定的周期性。与饭店所在城市的文化氛围不能有机融合。由于系统化的不足，特色体系缺乏强有力的支撑，价值的影响力受到限制。因此，特色极易被模仿和复制。随着同质竞争者的出现和客人的审美疲劳，特色成为一种共性，设计产品便走到了它的生命周期。

二、主题饭店的文化内涵

主题饭店要以饭店文化为基础，这就需要弄清楚，什么叫饭店的文化。归纳起来是三句话。

1. 以人文主义精神为核心

饭店应该“以人为本”，这句话已经讲了多年。但是很多饭店在设计、装修、经营、管理、服务等很多方面并不是“以人为本”，而往往以管理者、以服务者为本。在中国这样一个缺乏服务传统的国家，“以人文主义精神为核心”更应该突出。

2. 以特色经营为基础

这要求饭店研究自己的特色。

3. 以超越性的品味为形式

这里提出一个问题，大家为什么住饭店？因为出差的需要，因为旅游的需要，因为各种流动性的需求来住饭店。但是大家对饭店的预期是什么？就必须超越自己的日常生活，这样才有饭店文化的效益。同时，饭店文化要超越其他行业，因为目前社会的各行各业发展都很快，社会的各类服务性企业发展得也很快。比如，社会上最大的保龄球馆达到了 108 道，饭店最大的保龄球馆充其量是 12 道。再比如，现在社会上的餐馆装饰非常有特色、非常有文化，饭店怎么和社会竞争呢？饭店的优势就在于，饭店有大家气度，有贵族气质。这种所谓大家气度、贵族气质，说到底都是超越。所以我们要超越日常生活，超越其他行业，这样才能达到超越性的品味。这是饭店文化的概念，在这个基础之上进行升华，达到一个文化主题，就形成了主题饭店。

三、主题饭店的特点

主题饭店作为一种特殊的服务种类，有以下几方面特点：

1. 别具一格的文化性

建设主题饭店首先要明确所要表现的主题文化，主题是鲜明、别具一格、有浓郁的区域性。所有的建筑都围绕这一主题进行，建筑外观、室内设计、产品设计、经营管理、服务设施、服务水平都以营造主题氛围为中心。

2. 内涵的深刻性

饭店业深层次的竞争是文化的竞争，面对个性化的消费市场，饭店竞争的终极战场应当是顾客的心灵感受，以极富个性和特色的产品及服务满足消费者的需求。最有力的工具和载体无疑是文化，而饭店本身所选择的主题为文化的竞争提供了强有力的选材设计基础。没有文化就没有饭店的生命力，就更缺乏竞争力。因此，追求文化含量和文化底蕴，无疑是饭店竞争的共同行为。

3. 产品的差异性

主题饭店在激烈的市场竞争中脱颖而出，不仅仅靠其鲜明的文化性，还有一点是与普通饭店形成错位竞争。整个饭店是一个完整的系统，主题与地方文化相吻合，与饭店建设相吻合，与企业管理相吻合，与市场需求相吻合，主题的文化表现不可复制，与普通饭店形成了巨大的差异，使主题饭店永远立于不败之地。

4. 体验经济下的主题饭店

饭店由一个庞大的系统组成，设计构思、实施系统、设计提案、系统评价等每一个环节又分为若干个小分支。每一个细节处理都要考虑到顾客的体验感，给客人带来美的享受。现代饭店不仅要有高舒适度的服务设施及服务质量，而且更需要构筑高品质的文化环境和文化氛围，让客人体验到这种文化的存在，提高娱乐程度，以满足物质生活之外的精神需求。

5. 形象的识别性

饭店所选择的主题，要提炼出具有审美特性和鲜明的文化符号，例如京川宾馆的 LOGO 设计为“双龙戏珠”，这一符号贯穿于饭店的走廊、大堂、电梯间等各空间功能，塑造着深刻的主题内涵。饭店的主题内涵给消费者心理交流和难忘的入住体验，最终主题饭店以其主题特色成为城市中一道亮丽的风景线。

6. 从业人员专业化

主题饭店的成功与否，很大程度上取决于饭店经营者和管理者能否做足主题。

员工本身就是主题文化的形象代表，是主题文化最重要的载体。因此，主题饭店的服务员与普通饭店的服务员相比，更要注重职业素养和文化内涵的培养，尤其要精通与主题相关的一切文化常识。主题饭店要对从业人员在招聘培训、考核等方面有更高的要求。

第二节　主题饭店的发展

一、主题饭店产生的背景

众所周知，目前的饭店行业面临着同质化的现状，为了在竞争中抢占先机，大家纷纷打价格战，在装修上也是比建材、比奢华。其实这是进入了一个竞争怪圈，最终结果就是两败俱伤。同时，现在的消费者又是一群“付钱买体验的消费者”。消费者在饭店已不再局限于单纯的物质满足，而是希望在接受服务的同时能得到更大的心理满足和精神享受。就目前而言，这种个性化的需求往往是得不到的，这也是饭店的一大缺憾。

在饭店业面临“同质化”和“个性化需求”的状态下，主题文化饭店的提出对解决这一状态有了很好的对策。业界适时提出了创建主题饭店的思路。

1. 现实的逼迫——市场形势

多年以来,饭店市场的形势十分严峻。2000年之后,市场的形势本来在回升,势头也很猛;大体上从1999年开始,每年全行业的出租率回升两个百分点。但是2003年遇到SARS,形成了雪上加霜的局面。之后全国的饭店市场形势应该说势头不错,发展比较猛。但是在这种情况之下,仍然需要认真研究这些现实。

(1)产业规模大,信息海量　现在的行业规模已经非常大,全国的星级饭店大概有1万多家,客房总量超过200万间。再加上各类非星级饭店,以及各类中心、大厦、度假村等,规模比星级饭店大几倍。这样就在市场上形成了一个海量信息,消费者在其中选择非常难。所以现在消费者的选择方式之一是主动选择。主动选择只能选择大饭店、高星级饭店或者是品牌比较强的饭店,比如外国连锁公司这种饭店。另外一种是被动选择,比如在携程网预订。在这样一个饭店市场的汪洋大海之中,要想引人注意,就必须形成岛屿、形成高地,岛屿和高地在一定意义上要靠文化性的主题来构建。

(2)从标准化、规范化向特色化、个性化发展　经过30几年的发展,尤其是从1987年以来,国家旅游局推行星级制度,应该说,现在标准化、规范化的基础已经具备。但是在30多年的发展过程之中,这个基础比较扎实,也自然形成了另外一个方面,大家硬性地按照星级标准执行,对于很多文化性的东西注重不够。这样就使很多饭店片面追求豪华,忽略了文化竞争,忽略了文化性经营。现在市场正在向特色化、个性化方向发展,对应市场的特色化和个性化,市场在呼唤文化,呼唤主题饭店的产生。

(3)行业体系变化　现在饭店行业大体的分工体系已经具备。在这个过程中,大饭店、高星级饭店已经基本找准自己的位置。但是中小型饭店,尤其是一些单打独斗的中小型饭店,在市场上随波逐流,找不准自己的位置,也很难形成自己的核心竞争力。以上三个方面的因素所构成的市场形势,逼迫主题饭店产生。

2. 发展的需要

一个行业成熟的重要标志,是分工和专业化。应该说,饭店行业经过三十多年的培育,尤其是不断引进国际先进经验,借鉴国际惯例,现在总体来看,分工体系已经大体形成。

这种分工体系如果从地域上来说,基本上是中部地区和西部地区形成了一个垂直分工体系。在一个城市内部,随着星级饭店体系的建立,也形成了一个垂直分工体系,大体上是高星级饭店占据了高端市场,中档饭店和低档饭店占据中低端市场。在每一个水平面上,又形成了一个水平分工体系。

这个分工体系现在已经大体形成,但很不健全。更重要的是,其中还没有完全的专业化意义。在国外有一种很明显的感觉,国外的饭店基本上是两极分化,档次好的极好,一般的非常一般。很多人出国之后,都感觉中国的星级标准太高、太严。实际上,这种严和高,是对应我们缺乏文化传统、缺乏服务传统、缺乏"以人为本"精神的国情提出来的。如果硬件的要求低,软件更加上不去。所以在一定意义上,星级标准是硬件标准拉动软件的提升。

但是从现在来看,只强调这一点已经不足,必须强调分工。首先,饭店要明确自己的主要功能，2010年新版星级饭店评定标准在这一点上有了突破。明确了自己的功能定位之后，再研究自己的空间定位；在空间定位的基础上，再研究在垂直分工体系和水平分工体系上应有的位置。在一些发育比较成熟的产业里，这是一个自然的过程，但在饭店这个新兴产业里还需要摸索。

现在只能说，分工体系已经大体形成，但是多数饭店对自己的市场定位不是很清楚，这就形成一个误区，饭店认为自己可以接待所有的客人。上千间客房的饭店必须接待所有的客人，商务客人、团队客人、会议客人都要接。有一两百间客房的饭店也认为自己可以接待所有的客人，这就是定位的错误。还有一种定位的错误是表述上的，非常典型。比如，有一些饭店打出这样的口号，我是三星饭店，但是一星价格、五星服务。这样的饭店到底是几星，实际上自己都不清楚。这两个误区实际上说明了市场定位的不清楚。所以主题饭店的产生，对于推动市场定位，适应市场的发展需要，会产生重要的作用。

3. 竞争的升华

价格竞争是饭店竞争的一个基本手段。这么多年以来，市场形势好的时候，价格问题不突出；市场处于低谷的时候，恶性的削价竞争一定非常突出。在市场最低潮的时候，甚至有这样的话，“与其自杀，不如自相残杀”。自杀也是死，自相残杀还是死，这里没有“与其”和“不如”的问题。可行的办法是“与其自杀，不如自救”，“与其自相残杀，不如联合自救”。很多饭店还是把价格当做唯一法宝。价格是基本竞争手段，但绝不是唯一法宝。所以在市场反复跌落的过程之中，很多饭店已经认识到了，必须从价格竞争上升到质量竞争。所以有些饭店靠质量吸引人，靠质量抓住人，这样维持自己的一些常客，维持饭店经营的基础。

再进一步，要从质量竞争上升到文化竞争，或者说，文化的竞争是一种更高层次的质量竞争。现在文化竞争方面花样百出，有不少很好的经验，也有一些失败的教训。但是至少说明了一点，大家在往这个方向努力。所以研讨主题饭店，创建主题饭店，应该说是文化竞争的一种高级表现形式。这种高级表现形式会在市场上产生很大的辐射效应，这种效应能使我们适应发展的需要。

二、大力发展主题饭店的意义

1. 引发注意力

现在的饭店很多，客人的成熟程度越来越高。在这种情况之下，主题饭店的第一个意义，是引发注意力。比如，在一个饭店群或者在一条饭店街，看到一个饭店，大家说，这个饭店有点意思，这就是一个注意力的引发。所以作为一个主题饭店，首先要在文化形式上出新，这样才能引发注意力。

2. 深化记忆力

同等道理，我们住过很多饭店，但是能记住几个呢？甚至连去过的连城市都记不住几个。因为中国处于工业化发展的过程中，城市没有特点、没有文化，千城一面的状况越来越突出。可以一口气跑十个城市，但是这十个城市都记不住。同样，在这十个城市里住了十个饭店，看了二十个饭店，能让人记住的没有几个。有文化、有主题的饭店一定能让人记住，可以达到深化记忆力的作用。深化记忆力等于培育回头客。

3. 创造文化力

通过主题饭店的构建，创造一种文化力。这种文化力实际上是一种生产力，因为它会引发一系列的市场效益。

4. 形成品牌力

通过主题的打造，形成饭店特有的品牌。就目前来说，很多中型饭店，甚至小型饭店，企图加入世界饭店业的组织，或者企图引进大的管理集团，这种设想都是不现实的。那么品牌问题怎么解决？一般化的经营没有品牌，饭店经营形成特色化的品牌，必须靠自己。

5. 培育竞争力

通过主题饭店的创建，最终是培育饭店在市场上的竞争能力。

第三节　主题饭店的评价与创建

一、主题饭店的一般类型

1. 自然风光饭店

此种饭店超越了以自然景观为背景的基础阶段，把富有特色的自然景观搬进饭店，营造一个身临其境的场景。比如位于野象谷热带原始雨林深处的西双版纳树上旅馆，它的主题创意来源于科学考察队为了更深入的观察野象的生活习性。

2. 历史文化饭店

设计者在饭店建筑了一个古代世界，以时光穿越的心理感受作为吸引游客的主要卖点。顾客一走进饭店，就能切身感受到历史文化的浓郁氛围。如玛利亚酒店推出的史前山顶洞人房，抓住“石”做主题性文章，利用天然的岩石做成地板、墙壁和天花板，房间内还挂有瀑布，而且沐浴喷洒由岩石制成，浴缸也是石制的。

3. 城市特色饭店

这类饭店通常以历史悠久、具有浓厚的文化特点的城市为蓝本，以局部模拟的形式和微缩仿造的方法再现城市的风采。如我国首家主题饭店深圳威尼斯酒店就属于这一类。饭店以著名水城威尼斯的文化进行包装，利用了众多可反映威尼斯文化的建筑元素，充分展现地中海风情和威尼斯水城文化。

4. 名人文化饭店

以人们熟悉的政治或文艺界名人的经历为主题是名人文化饭店的主要特色，这些饭店很多是由名人工作生活过的地方改造的。如西子宾馆，由于毛泽东 27 次下榻于此，陈云从 1979 年到 1990 年每年来此休养，巴金也曾在此长期休养，推出了主席楼、陈云套房和巴金套房，房间里保留着他们最爱的物品和摆设。

5. 艺术特色饭店

凡属艺术领域的音乐、电影、美术、建筑特色等都可成为这类饭店的主题所在。Madonna Inn 就有以电影《美国丽人》为背景的一种美国丽人玫瑰房可供选择。位于八达岭长城脚下的公社酒店则以独特建筑取胜，它是由亚洲 12 名建筑师设计的 11 幢别墅和 1 个俱乐部组成的建筑群，公社每栋房子均配有设计独特的家具，训练有素的管家随时可以为客人提供高度个性化的服务，住客可以在此充分体验亚洲一流建筑师展现的非同寻常的建筑美学和全新的生活方式。

二、主题饭店评价标准

中国第一部主题饭店建设与评定标准——《四川省主题旅游饭店的划分与评定》的起草人、四川大学旅游学院李原教授说："主题饭店目前已出现了泛主题化的现象。"为规范主题饭店的健康发展，业内酝酿着准入门槛。2007 年，李原受四川省旅游局、四川省星级饭店评定委员会委托，编制了《四川省主题旅游饭店的划分与评定》，对主题饭店的类型、各功能区域的基本要求、服务流程、管理制度等做了具体的描述与要求。同年，国家旅游局将《主题旅游饭店的划分与评定》进行立项，并将四川省作为创建主题饭店工作的试点。

知识拓展

《四川省主题饭店划分与评定标准》对主题旅游饭店的界定

1. 术语

主题旅游饭店是指以某种特定的主题为核心，在饭店建筑设计、环境设计、装饰用品设计、服务方式设计、产品形态设计、企业形象设计等方面表述同一的文化理念，展示同一的文化形象，传递同一的文化信念，并能够以个性化的具象存在为服务对象提供物质享受，并产生精神感染力的旅游饭店。

2. 符号

以太阳神鸟图案为素材形成的符号作为主题旅游饭店的标志。

3. 等级

根据旅游饭店主题化建设的程度与水平，分为一级、二级、三级、四级和五级主题旅游饭店。级数越高，表示旅游饭店的主题化程度越高。

三、主题饭店的创建

1. 明确主要功能

这是创建主题饭店的基础。也就是说，对于一个饭店，首先是功能，然后是结构，最后才是形式。所以形式要服务于结构，又要服务于功能，这是一个基本的逻辑关系。为什么把这个作为第一个问题提出来，是因为现在有一些饭店在对文化的强调上走偏了，或在强调主题饭店的时候走偏了。偏到一个什么程度，功能服从结构，结构服从形式，好像文化形式成了最重要的问题。实际上绝不是这样。如果形式变成了最重要的问题，就违背了饭店文化的概念。主题饭店必须建立在饭店文化的基础上，饭店文化的要义就是"以人为本"。作为一个饭店，首先要明确自己的主要功能。

多年以来，我们的饭店主要是两类：一类是城市中档型的饭店，一类是旅游饭店。所谓旅游饭店，就是以接待旅游团队为主，以标准间为主。这两类基本上是没有个性的饭店，我们很多主题饭店要在这个基础上产生，就要研究如何创出差异、形成特色的问题。但是这里的基础是明确自己的功能。

比如，根据所在的地理位置和市场条件，明确功能，要做一个商务饭店，商务饭店就是你的主要功能。在商务饭店的基础上，研究饭店结构，最终研究文化形式。一个商务饭店的文化形式必须和商务紧密联系。这就是形式一定要服务于结构、服务于功能。如果一个商务饭店的文化形式是一套海洋文化，文化做的不错，但是和商务的感觉联系不到一起，实际上就形成了功能和形式的冲突。

2. 研究市场定位

根据市场来明确功能，再根据功能进一步研究市场定位，我这个饭店到底对应什么市场。除了少数大饭店之外，饭店基本上不必研究怎样对应所有的客人。现在很多中小型饭店也想设总统套间，也要有行政楼层，同时还要有旅游的团队房，还要有非常多的会议设施。两三百间甚至一两百间客房的饭店，研究这么多干什么。这实际上是市场定位不清的表现，最终即使是在做主题饭店，也很容易误入歧途。

所以，这两个问题，明确主要功能和研究市场定位，可以说是基础的基础，在这个基础上来研究主题饭店，才可能把主题抓住，否则容易走歪。

3. 深化主题设计

主题怎么选择，怎么设计，下面介绍三种方法。

方法一：挖掘——挖掘主题文化

实际上挖掘是多种多样的，从任何一个角度，我们都可以进行挖掘。比如地域文化，这个地方有比较浓的地域文化特征，就可以研究，能否在地域文化上形成主题。民族文化、民间文化、历史文化都是可以挖掘的题材。还有一种行业性的文化，比如，这个饭店是邮电宾馆，是邮电系统的，就应该在邮电文化方面多做文章。比如，一个铁道系统的宾馆，就研究能不能在铁路文化上多做文章。

现代文化是一种淡化，几乎任何东西都可以加上文化，关键在于挖掘，当然更多的是属于资源性的文化挖掘，就像温泉、生态，都是属于一种资源性的挖掘。总体来说，都要从我们所信仰的文化基础、文化背景的角度进行深入的挖掘，在挖掘的基础上形成主题。比如，四川京昌宾馆是以三国文化为主题，很简单，因为成都是蜀国国都。但是许昌、浙江、江苏是否也可以做一个，也不是没有可能，南阳、襄樊也有可能。这样就有一个问题，如果国内产生了100家三国主题文化的饭店，这个主题还成立吗？也可能成立，就是变成一个主题系列、主题联盟，但如果具有可替代性，就会冲淡主题。所以挖掘的意义在于，尽可能地形成唯一的主题。

方法二：移植

第一是移植文化。实际上现在多数饭店都是在移植文化，看看人家有什么好东西，搬过来。

第二种是把国外的成功项目直接搬过来。天津有一家拥有1600间客房的饭店基本上是把南非的迷城照搬过来，但是扩大了规模。因为南非的迷城是400间客房，而它规模扩大了三倍。中国人看了，就觉得非常新鲜、非常独特，但是你仔细一看，就是一个克隆性的项目。能够对应市场就行，这种移植性的方法可谓立竿见影，也未必无效。可是问题在于，如果大家都移植，这种主题的吸引力在市场上就大打折扣，因为移植和克隆本身就意味着丧失了独特性。

比如，大家都很赞赏深圳的威尼斯饭店，从文化本身来说，威尼斯饭店就是一种移植，但是在做法上是一种创新。深圳华侨城的波托菲诺水城是房地产项目，实际上是把意大利的那条镇基本上照搬过来，可是它在中国这片土地上创造和展示了一种新的文化。这种异域文化在市场上的吸引力也不容忽视。

方法三：整合

一般来说，主题饭店最好形成单一主题，但是有些饭店觉得单一主题不能完全适应饭店自身的需要，也就形成了一个复合型的主题。有的是双主题，以商务作为主要功能，努力形成一个商务文化主题；可是商务文化主题只是一般性的文化，不具备特殊性，所以在商务文化的基础之上，再加上一系列的文化符号，可能就有了另外一个主题展示方式，也就形成了一个复合型的主题。

至于哪种好，没有判别标准，只要能对应市场就是好的。有些饭店看着不怎么样，在文化上甚至是失败的，可是它能够对应市场。有些饭店追求标新立异，其标新立异的过程很难讲是否成功。比如北京郊区有一个饭店，它以“福、禄、寿”三个巨大的造型作为饭店的外观，客房就在福、禄、寿的身上，整个饭店设计匪夷所思。这有一个好处，看一眼就能记住。

再比如，江苏的华西村盖了一个宝塔楼，也是一个主题饭店，顶层是主席楼，下边依次是部长层、司长层、处长层，严格按照中国的官本位文化排列。在中国人的传统观念里宝塔是用来镇妖的，用宝塔来做饭店是件非常忌讳的事情。这种形式可能借鉴了延安宝塔，是一种典型的农民文化的体现。

所以主题饭店也有一个主题设计和选择的问题。其实一个基本要求就是对应市场，第二个需要对应文化的提升，不能弄来弄去变成一个没落文化的体现。

一个主题饭店做到极致，应该有故事、有人物。比如，拉斯维加斯的一些特大型的饭店，5000间客房，金字塔形的，一个完整的故事链，你沿着故事链进去，里边有各种各样的人物。那种饭店让你感觉是在逛景区，但是这个景区里有你的住宿地，这就可以说达到了一个极致。

京川宾馆实际上也是这样，无论是客房的安排，还是房间里的符号化、形式化的东西，一直到它的商店，都是以三国文化为主题。实际上这样一个主题在各个方面展示了当地历史文化和地域文化的特点。在这里自然就引发了故事，引发了人物。客房里还有三国演义的小说、三国演义的连环画、华容道的玩具等，但是打开电视，没看到三国演义的电视剧，像这样的主题饭店，应该做到这一点，就说明还没有完全做到位。实际上故事和人物所构造的这条线索就是引人入胜之处，也能够让客人真正留下记忆。

方法方面归纳了上述三种，当然可能还有一些其他的方法。这三种方法我们也可以组合，最终形成主题设计。主题设计最好是唯一的，如果达不到唯一性，就要具有比较强的文化撞击力和吸引力。

4. 开发主题产品

开发主题产品就要形成组合性的产品，要培育一个经营链，围绕着饭店的主题文化，在方方面面体现出来。我们一说经营链，就是旅游的六要素——吃、住、行、游、购、娱，实际上在这六个要素之中，我们都要围绕着主题文化，体现主题文化，所以客房应该形成品牌性的客房。

比如天津的利顺德酒店，这个饭店在品牌客房方面做得很到位。每间客房门口有一个铜牌，比如 1952 年班禅活佛在这儿下榻，进去之后，里边是西藏的风格，就有烧香拜佛的地方。比如有间客房是 20 世纪初孙中山先生下榻的地方，门口有铜牌，里边有展示。这就形成了品牌性的客房，客人预订很简单，打个电话，不说房号，就说它的品牌，那是孙中山先生住过的客房，我要去住，这就形成了一个较为完整的品牌客房的概念。当然这是一个极致，因为天津的利顺德饭店是全国饭店行业唯一进入国家级文物保护单位的，不但有一个四星饭店的牌子，还有一个 4A 景区的牌子，可以说达到了一个很高的高度。

其他很多饭店未必可以这样，但是可以借鉴这个思路，这样就形成了品牌客房、主题餐饮、个性商品、特色娱乐等，形成一个经营链。这样一个经营链对饭店的总体经营都比较有利。比如主题餐饮，无锡的湖滨饭店培育了两个品牌性的餐饮，一个叫大江南北宴，一个叫乾隆皇帝宴，按照这个品牌卖价，到现在已经卖了两万多桌，效益也可以统计出来。而且在东南亚市场上已经形成了品牌，很多旅行社就订无锡湖滨饭店的大江南北宴，这就是一个主题餐饮的概念。

5. 培育主题文化

(1)形式、氛围　首先在于形式。虽然形式要服务功能、结构，但是在培育文化方面，我们要注重形式。通过文化形式、文化符号这样的点缀，形成一个主题文化的氛围。氛围应该是无所不在，使大家感觉这个主题极其突出。

(2)人才、应知应会　我们要培育主题型的人才。不仅是文化专员，应该使我们的员工在主题文化方面应知应会。饭店是一个什么样的主题，员工都要知道。有了这个应知应会，员工本身就介入了，就成了一个角色。换句话说，主题饭店在一定意义上就是一个舞台，在这个舞台上，我们饭店从总经理到员工，都是演员，客人进到这个主题饭店之后，就感觉自己融入其中，也变成一个演员、一个角色，而且是很自然的。在这种氛围之下，客人的心态就转换了，就不是一般的住饭店的实用性心态，而是转换成了一个文化性的心态。

比如，华盛顿有一个主题餐馆，这个主题餐馆展示的是 17 世纪的状况，所有服务员都穿着那时候的服装，点蜡烛，菜单也是那时候的菜单，纸非常粗糙。在这个过程之中，就觉得服务员的表演欲望极强，这是因为他扮演了一个角色，客人自然就投入其中，感觉自己也扮演着一个角色。这就是一个互动关系，把主题的文化氛围创造得更加浓厚，大家的感受也就更加深刻。

6. 开展主题营销

主题营销主要有联动式和单独式两种方式。

联动的方式里边又有多种具体的表现形态，比如景区与饭店。在有些地方，尤其是一些比较小的地方就提出，你这个县是以景区作为旅游的主体，县城的这些宾馆应该和景区挂钩，一加一。比如，云台山县城里的宾馆就是云台山宾馆，在这个宾馆里，主题就是云台山的主题，这样客人白天去看云台山的景区现场，晚上仍然感觉自己住在景区里。

另外一个联动方式，是近似主题的饭店的联动。我们有很多饭店很难有唯一性，但是有主题的近似，有这样的近似，我们就可以让近似主题形成一种联动，当然更多的是一种单独式的主题营销。所以单独式的主题营销必须把主题放在最突出的位置，同时营造独有的文化氛围。

7. 文化的转化

作为主题饭店，文化不能是简单的包装，必须转化成核心竞争力，所以在这里面文化在于挖掘，在于提升，更在于细节。文化的提升在一定意义上是要把我们各类文化提升到一个现代文化的高度，也就是说，要把文化性的资源转化成文化性的产品，转化成客人可以体会、可以消费的东西。这就是一个提升的概念，最重要的在于细节体现。很多饭店初看不错，可是细节经不起考验。如果一个饭店在细节方面，尤其在文化性的细节上能够经得住考验，这个文化就到位了，这样主题才能够真正树立。

在饭店文化主题的实施过程中，我们要形成一个体验设计的概念。从目标来说，不管是景区还是饭店，大家在视觉方面下了太多的功夫，可是人需要的是眼、耳、鼻、舌、身、心的全面感受和体验。所以不能只注重视觉设计，应该研究饭店的听觉设计、触觉设计、味觉设计分别怎么进行。如果饭店其他都比较好，可是洗手间臭烘烘，显然不行。或者背景音乐总不换，让人听了就烦，这也不行。背景音乐实际上就是一个听觉设计，也有一个怎么和主题结合的问题。所以综合起来是一个体验设计，是一个综合性的实施。

8. 主题饭店的社会认知和行业认证

主题饭店的创建首先需要社会的认知，需要被整个社会所接受。相信有这样一个基础，让社会接受难度不太大，因为大家感觉很新鲜、很有意思、很有特色。但是有的主题饭店在形式上花过多的功夫，容易引起消费者的反感，甚至引起社会的反感。总体来说，我们要在社会认知的基础上，这个基础就是市场的基础，在这个基础上进一步实行行业认证。星级标准是饭店的档次、设备、设施、服务的一个总体认证，但是从文化方面来说，星级标准缺乏相应的含量，也缺乏相应的认证方式。所以，主题饭店发展到一定程度，也需要一个行业性的认证，这种行业认证和社会认知相互联系，就会促进主题饭店在市场上的发展，而且能最终得到消费者的认同。

9. 模式之同和主题之异

因为主题追求的是差异，但是现代饭店的核心是标准化、规范化，进一步说，在主题饭店的发展过程中，实际上有一些相同的模式。只是在文化内涵上、在主题设计上有非常大的差异，但是操作模式很可能是相同的。这就需要研究模式之同与主题之异两者之间的关系。简单的说，通过大体相同的模式，达到一种低成本的运作，但是创出有差异的主题，形成特色化的经营，这就能够最终培育核心竞争力。

10. **构建新的旅游吸引物**

主题饭店增加了一个功能，它不是一个简单的住宿功能，增加了一个文化体验功能。文化体验功能是什么？就是望景点，应该说，看每一个主题饭店，住每一个主题饭店，相当于在这个城市逛了一个新的景点，文化功能要产生这样的效果。

各类主题饭店形成一个主题饭店集群，一定意义上，这就是城市旅游的吸引物、城市旅游新的亮点。如果我们各个城市在主题饭店方面都有所创造，就形成了整个主题饭店的集群，就会形成一种联动的效应，最终给城市的旅游创造一批新的旅游吸引物，给每一个主题饭店创造一个新的发展空间。

第四节 著名主题饭店介绍

一、国外主题饭店简介

国外主题饭店已有近 50 年发展历史，最早兴起于美国。1958 年，美国加州玛利亚客栈是早期的主题饭店形式，首先推出了 12 间主题房间，很受消费者青睐。房间布置的很有氛围，仿佛让人置身于远古时代，例如，模仿史前山顶洞人，地板、岩石、墙壁的材料是天然岩石，卫生间的淋浴喷洒和浴缸都为岩石所雕刻。后来房间规模发展到 109 间，成为美国主题饭店最具代表性的产品。

提起主题饭店，不得不为拉斯维加斯而赞赏。根据历史统计记录，世界上最为集中和著名的主题饭店当属美国的赌城拉斯维加斯。拉斯维加斯的第一个主题饭店是 1941 年开业的“大牧场博彩酒店”，它的主题是赌场。拉斯维加斯不仅成为“酒店之都”，更被业界认可为“主题酒店之都”。它拥有超过 14 万间饭店客房，是全球客房数最多的城市。

国外主要的、具有代表性的主题饭店见表 6-1。

表 6-1 国外部分主题饭店

所在地	饭店名称	饭店特点
阿布扎比	酋长宫殿 Emirates Palace	造价 30 亿美元、最昂贵的饭店
澳大利亚	经度 131 度假村 Longitude 131	国家公园里的豪华帐篷
拉斯维加斯	金字塔大酒店（Luxor）	金字塔主题酒店
澳大利亚	伍德华海湾度假村 Woodward Bay	既原始又奢华
伦敦	布雷克斯旅馆 Blakes Hotel	世界上最早的温馨旅馆
美国	原始森林酒店 Wildwood-inn	超乎想象主题 SPA 套房
纽约	图书馆酒店 Library Hotel	最精致的图书馆主题
柏林	怪异旅馆 Propeller Island City	搞怪个性

续表

所在地	饭店名称	饭店特点
缅因州	看守者之家 The Keeper's House Inn	浪漫灯塔旅馆
博伊西	周年纪念旅馆 Anniversary Inn Bois	连锁周年纪念
南非	玛拉玛拉营地 Mala Mala Camp	十大浪漫酒店之:"非洲探秘"
伯利兹城	卡潘多岛度假酒店 Cayo Espanto	十大浪漫酒店之:"孤岛幽情"
马尔代夫	Soneva Gili 酒店	十大浪漫酒店之:"人间天堂"
纽约	欧文旅馆 Inn at Irving Place	十大浪漫酒店之:"时光隧道"
威尼斯	鲍尔酒店 Bauer Hotel	十大浪漫酒店之:"水域风情"
瑞典	冰旅馆 Ice Hotel in Sweden	世界第一家冰旅馆
加拿大魁北克	冰旅馆 Quebec Ice Hotel	世界第二家冰旅馆
美国	出游树屋度假旅馆 Out'N'About	像鸟儿一样住在树上
巴厘岛	硬石酒店 Hard Rock Hotel Bali	亚洲第一摇滚主题
芭堤雅	硬石酒店 The Hard Rock Hotel,Pattaya	亚洲第二摇滚主题
美国	野马旅游酒店 Wild Horse Pass	印第安主题
毛里求斯	Voild'Or	最后的摩尔人部落

二、拉斯维加斯的主题饭店

拉斯维加斯是世界著名的博彩之城,同时又是著名的会展中心、购物中心、婚礼之都、旅游休闲度假中心以及主题饭店之都。其中,主题饭店的发展构筑了拉斯维加斯一道独特的风景线。拉斯维加斯位于美国内华达州,是典型的内陆城市。拉斯维加斯以其独特的自然和人文景观成为举世闻名的旅游休闲度假中心。

1. 凯撒宫大酒店(Caesars Palace)

最早、最新以及最大的第一家主题酒店是1966年开业的凯撒宫大酒店。它的开业轰动了拉斯维加斯,并造成后来主题酒店的流行。该酒店装潢采用古罗马风格,为客人营造

了一种恺撒大帝时代的氛围。人们可以亲身体验帝王级的奢华和尊宠。酒店前的大理石凯撒像及巨大的喷泉,已成为拉斯维加斯最具代表性的地标之一。酒店内装饰豪华,其中大小是原作两倍的米洛的维纳斯和米开朗基罗的大卫像等经典雕塑的复制品,格外引人注目。这里的古罗马集市购物中心汇集了世界顶级品牌。客人在享受购物的乐趣之余,还能静静地坐在餐厅里,在特制的人造天空下,边品尝美食边观赏街景,感受时光交替带来的双重享受。

2. 米高梅大酒店(MGM)

米高梅大酒店坐落于赌城的中心区斯维加斯大道及热带路的交会十字路口上,于1993年底完工,是目前全球最大、房间数最多的赌城酒店。酒店在建筑风格方面仿照了18世纪意大利佛罗伦萨别墅式样。内部装潢分别以好莱坞、南美洲风格、卡萨布兰卡及沙漠绿洲等为主题。酒店设有拉斯韦加斯最大的赌场,因此闻名中外。作为拉斯维加斯最大的酒店,它的赌场也非同小可,赌场有四个足球场那么大。酒店内的活动场地均属大型设计,如米高梅历险游乐园,是拉斯维加斯规模最大,最受大人、小孩欢迎的娱乐中心。

3. 韦恩拉斯维加斯酒店(Wynn Las Vegas)

韦恩拉斯维加斯酒店于2005年4月28日开业,是拉斯维加斯最新也是迄今为止世界上最豪华的主题酒店之一。这座酒店耗资27亿美元,用了5年时间,在215英亩土地上打造建成。由享誉世界的大导演佛朗哥·德拉格尼在一个拥有2087个座位的圆形剧场设计的一部耗资数百万美元以水为主题的大型节目,赋予了该酒店突出的主题。酒店

价值连城的艺术画廊及高尔夫球场、人造喷泉等更铸就了酒店的豪华基调。

4. 城市酒店

拉斯维加斯以城市为主题定位的酒店有巴黎酒店、纽约酒店、金字塔酒店和威尼斯酒店等。

(1)巴黎酒店(Paris) 巴黎酒店，顾名思义是一家反映法国风情的酒店。其明显标志是屹立于酒店门外的埃菲尔铁塔(165 米)，该塔塔高足有真塔的一半。进入酒店还可登塔远眺。酒店的欧式古典装饰绰约地饰有路灯和小路，精心设计的法语路牌，以及大堂墙壁上的古典壁画，无不反映着浪漫的法国情调。

(2)纽约酒店(New York) 纽约酒店，则将纽约曼哈顿的摩天楼群与惊险的云霄飞车结合在一起，反映了纽约的摩登，惊险和跳跃。在乘坐云霄飞车乘客的叫声中，仰望自由女神像，漫步布鲁克林桥，会让任何一个到过和没到过纽约的游客产生神往之情。威尼斯酒店(Venitian)，则是意大利在拉斯维加斯的缩影，它是世界上最大的集酒店和会议中心于一体的单顶式建筑。酒店的大堂可以看到古典欧洲的浮华和优雅。厚厚柔软的地

毯，低垂的多层吊灯给人以复古的遐思。乘坐刚朵拉在好客的意大利小伙子的歌声和介绍中沿大运河顺流直下，可以到达酒店内的圣马可广场。停留在在蜿蜒的运河边或广场上，既可以观赏到来自意大利的表演，又可以逛街购物，或体验一次真正的意大利美食。

(3)金字塔大酒店(Luxor) 金字塔大酒店以古埃及文明为主题，是由著名建筑大师美籍华人贝聿铭设计的。酒店外观呈大金字塔形，31 米高的狮身人面像矗立在酒店的正前方。整个环境及房间的设计以古埃及风格为主。在酒店的中庭，人们到处可以看到反映古埃及时期场景的壁画和大型雕塑。颇为特别的还有酒店的电梯。受酒店外观设计形状的影响，酒店的电梯倾斜 39 度上下。乘坐这样的电梯，客人会被这种奇妙的经历吸引而惊叹。入夜，金字塔顶的灯光发出的光束，十几英里以外的人们都可看到。停留在这样的酒店，还真有时光倒流的感觉。

5. 气候现象主题酒店

以各异的气候现象为主题，是拉斯维加斯主题酒店的一个热点。

(1)曼德勒海湾(Mandalay Bay)酒店 曼德勒海湾酒店充分体现了热带风光。酒店大堂中心是一个水族馆，里面有 2000 种海洋动物，总台的后方则以热带植物为装饰背景。在干旱的拉斯维加斯，曼德勒海湾酒店的泳池边有着难以置信的沙滩，由造波机产生的冲浪，令游客忘记了身在何处。值得一提的是酒店还设了一座钱币博物馆，以丰富酒店的文化内涵。

(2)梦幻酒店(Mirage) 梦幻酒店是以沙漠中的海市蜃楼为主题设计的，突出体现沙漠中的奇异景象。它外观是金色的玻璃幕墙，俗称金殿饭店。游客只要一踏入酒店，立即会被棕榈树、瀑布和泳池所包围，仿如置身绿洲之中。酒店总台后的装饰独出心裁，是一面海水水族箱。内装 75.8 万升的海水，热带鱼、鲨鱼在珊瑚中畅泳，诠释着海洋风情。酒店内是绿洲，酒店外也是绿洲。在酒店的外面设置了一个大型湖泊。湖边是热带丛林景色，错落有致；湖上是瀑布、洞穴和火山。入夜，火山每 15 分钟喷发一次，吸引着众多的游客。

三、中国(特色文化)主题饭店简介

(一)主题饭店在中国的发展

2005年11月26日至29日，首届“国际主题文化酒店发展论坛”在江门新会区古兜温泉度假村隆重召开，会议围绕“市场呼唤主题酒店”、“酒店如何赋予文化内涵”及“主题酒店的基本特征”、“单体酒店发展创新模式探讨”、“文化主题与酒店功能的融合”、“如何利用高科技手段与文化结合提升酒店的经营管理水平”、“酒店整合营销创新理念运用”等议题展开，这次会议深刻剖析了饭店业发展的历史、现状和趋势。在论坛上古兜温泉等22家饭店被正式授予“中国主题酒店”的牌匾。主题饭店开始备受理论界与实践界的关注。而早在2004年，四川就成立了“国际主题酒店研究会”，召开了“国际主题酒店发展论坛”。

主题饭店作为一种正在兴起的饭店发展新形态，在我国的发展历史不长，分布范围目前也仅仅局现在饭店业比较发达的广东、上海、深圳、四川等地。我国第一家真正意义上的主题饭店，是2002年5月在深圳开业的威尼斯酒店，它融合了文艺复兴和欧洲后现代主义的建筑风格，以威尼斯文化为主体进行装饰。四川省成都京川宾馆是一家以三国文化为主题的饭店；九寨沟国际大酒店和九寨天堂是以当地藏文化为主题的饭店。这些都为中国主题饭店业增添了一道亮丽的风景线。

表6-2　中国目前的主题饭店

序　号	所在地	饭店名称	饭店主题
1	四川成都	京川宾馆	三国文化
2	四川成都	翔鹤山庄	道家文化
3	四川成都	成都西藏酒店	藏式文化
4	四川九寨沟	九寨沟国际大酒店	藏羌民族文化
5	四川九寨沟	九寨天堂	藏羌民族文化
6	四川雅安	西康大酒店	茶文化
7	四川成都	成都天辰楼宾馆	杜甫文化
8	四川成都	成都文君楼宾馆	明清文化
9	四川绵阳	绵州温泉酒店	温泉文化
10	四川成都	芙蓉丽庭酒店	芙蓉文化
11	广东古兜	古兜温泉旅游度假村	盛唐温泉文化
12	广东深圳	威尼斯皇冠假日酒店	威尼斯水城文化
13	广东珠海	珠海御温泉	沐浴文化
14	广东广州	长隆酒店	野生动物

续表

序 号	所在地	饭店名称	饭店主题
15	广东广州	白天鹅宾馆	城市商务主题
16	广东广州	碧水湾温泉度假村	温泉休闲文化
17	广东深圳	华侨城大酒店	西班牙文化
18	广东深圳	海景酒店	东南亚文化
19	海南三亚	南山迎宾馆	佛教文化、黎族文化
20	辽宁沈阳	清文化主题酒店	清文化
21	江苏南京	山水大酒店	石文化
22	海南亚龙湾	亚龙湾寰岛海底世界酒店	海洋文化
23	海南三亚	天上人间热带雨林度假酒店	热带雨林
24	海南海口	喜来登温泉度假酒店	温泉文化
25	福建厦门	日月谷温泉度假村	温泉文化
26	山东威海	海悦建国酒店	海文化
27	山东济南	玉泉森信大酒店	乒乓球文化
28	云南昭通	港务大酒店	航海文化
29	云南西双版纳	西双版纳树上旅馆	自然文化
30	内蒙古	内蒙古大酒店	草原文化
31	广西桂林	愚自园 HOMA 现代艺术酒店	艺术主题
32	澳门	古堡酒店	南欧风情
33	香港	迪斯尼主题酒店	迪斯尼文化
34	湖南长沙	普瑞温泉酒店	出版文化
35	江苏南京	状元楼酒店	东方古典文化
36	浙江杭州	沁园酒店	艺术主题
37	山东曲阜	厥里宾馆	儒家文化
38	湖北武汉	楚氏春秋酒店	楚文化、百家姓文化
39	北京	九华山庄	保健文化
40	北京	景瑞温泉国际酒店	温泉文化
41	北京	拉菲特城堡酒店	法国葡萄酒文化
42	北京	长城公社酒店	艺术主题
43	北京	瑞海姆田度假村	英国乡村别墅主题
44	北京	寰岛博雅大酒店	中国传统文化

在中国饭店业发展进入成熟阶段的今天，主题饭店确实是在竞争中取胜的一种有效手段，也是中国饭店业未来发展的必然趋势，中国饭店业应该朝着主题饭店的方向突围。

但是我国的主题饭店仅仅局限在饭店业比较发达的北京、深圳、海南、成都、上海等地，相对于国际上的主题饭店来说，发展的步伐既落后又缓慢，在主题文化定位、构建与经营上还存在一定的差距。

在中国饭店业规模最大、规格最高的年度盛事之一的“中国饭店 2010 年会暨第十届中国饭店论坛”上，华侨城洲际大酒店获得中国饭店金马奖之“中国最佳文化主题酒店”荣誉称号。华侨城洲际大酒店以其中国第一家按照白金五星标准量身打造，中国第一家以西班牙文化为主题，中国第一个拥有西班牙帆船餐厅和酒吧，中国第一个保留着一堵文化记录墙——1982 老墙，中国第一个拥有独立婚礼中心，以及中国第一个拥有自己美术馆的独特西班牙文化主题饭店，再次吸引了大家的关注。

就目前全国已经创建的主题饭店来看，以民族文化作为主题的饭店相对较少。一些地方，即便是民族文化浓郁的地区，如客家人集聚的赣闽粤地区，几乎所有的星级饭店都以西方现代主义为设计风格。还有一些饭店虽以民族文化为招牌，但都是借民族文化一个空名号，里面没有体现民族文化的实质性内容。

（二）我国主题饭店的主题类型

主题饭店形式多样，内容丰富、包罗万象，我国目前主题饭店开发的主题方向主要有：

1. 以历史文化为主题

如北京寰岛博雅大酒店——中国传统文化主题饭店，王府井大饭店——都府文化主题饭店，天津利顺德大酒店——百年历史文化主题饭店等。

2. 以地域风情、民族文化为主题

如千帆碧湾大酒店——海岛风情文化主题饭店，内蒙古饭店——草原文化主题饭店，西昌顺华大酒店——彝族服饰文化主题饭店，北京新疆饭店——新疆民族地域文化主题饭店等。

3. 以动植物观赏为主题

如菏泽花都大酒店——牡丹文化主题饭店，南京山水大酒店——赏石文化主题饭店，四川新蜀联大酒店——芙蓉文化主题饭店等。

4. 以异国地理环境和文化为主题

如深圳威尼斯皇冠假日酒店——威尼斯水城文化主题饭店等。

5. 以文学、艺术为主题

如名雅经纬大饭店——儒家文化主题饭店，绍兴咸亨酒店——咸亨文化主题饭店，川音爱乐酒店——音乐文化主题饭店，西康大酒店——茶文化主题饭店等。

6. 以影视文化为主题

如兆隆饭店——电影文化主题饭店等。

7. 以某一领域发展历史为主题

如普瑞温泉酒店——出版文化主题饭店，上海奥林匹克俱乐部——体育文化主题饭店等。

8. 多种文化主题相结合

如古兜温泉旅游度假村——盛唐温泉文化主题。

可以看出,中国主题饭店主题开发建设方向的覆盖面较广,对中国传统文化的利用也极为重视,但是主题开发深度不够,没有充分体现出文化性。主题饭店的主题必须具有亲和力的逻辑关系,这种关系能够使主题饭店与目标顾客群体之间互动起来。主题饭店以各自独特的主题作为市场营销的卖点,想要营销成功,确立一个突出、有特色的主题是首要条件。在确定主题之后,经营管理亦是重中之重。

(三)著名主题饭店介绍

1. 鹤翔山庄

2003 年,第一次明确提出道家养生文化主题概念的青城山鹤翔山庄,在饭店各个功能区按照服务需要注入相应的文化内涵,引起了全行业的广泛关注。鹤翔山庄也由于特色突出,成为了中国第一家特色四星级饭店、中国道家文化第一庄。鹤翔山庄之所以选择"道家文化主题",是因为地处世界文化遗产道教发祥之地,山庄坐落的位置正是 1700 多年前的古道观——长生观旧址。走进鹤翔山庄,即被道教文化包围,古木森森,千年古园,范长生大型石刻塑像、鹤翔碑记,道家文化的形象标记——太极图,象征长寿的鹤翔书画字帖……每间客房都有老子的《道德经》书法,餐饮上有"长生宴",养生上有呼吸养生太极拳,还有道家音乐演出团体等。

2. 成都京川宾馆

京川宾馆建筑风格和外观设计都是为三国的主题文化服务。饭店的建筑外观古朴、优雅,饭店 2003 年改造后,景观设计处处显示中国古典气息。进入宾馆之前看到的景观文化,虽然面积不大,但是园里诸葛亮雕塑的运用结合人造山区及大幅的墙壁雕塑,把三国气息塑造得出神入化,即使没有进入宾馆的人也被这些三国文化的园林景观所感染。宾馆内部向外面望而看到的景色优雅古朴,一门一景,一窗一景,园林的景观小品也设计周到,小到下水道的盖子、园林音响,大到园林夜灯、茶座、亭廊,处处与整体风格相协调。

知识拓展

绍兴咸亨酒店

绍兴咸亨酒店创建于 1894 年,因鲁迅先生在《孔乙己》等多部作品中的生动描述而名扬海内外。现经扩建改造,酒店已提升为以江南文化、越文化为背景,融名城、名士、名酒风情于一体的五星级文化主题酒店。咸亨酒店总建筑面积 5.7 万平方米,设豪华客房 206 间(套);有餐位 2000 余个,包括文化内涵丰富的各式包厢 47 个和可同时容纳 800 余人就餐的多功能厅 1 个;设立了西餐厅和日本料理,能够满足中外宾客不同层次的消费需求。酒店设有 7 个设施先进的不同规格会议室以及配备同声传译系统等先进设备的多功能厅。绍兴咸亨酒店最具文化特色的"堂吃",更是游客体验绍兴风情的必到之处,另外商务中心、土特产商场、康乐休闲会所等设施一应俱全。

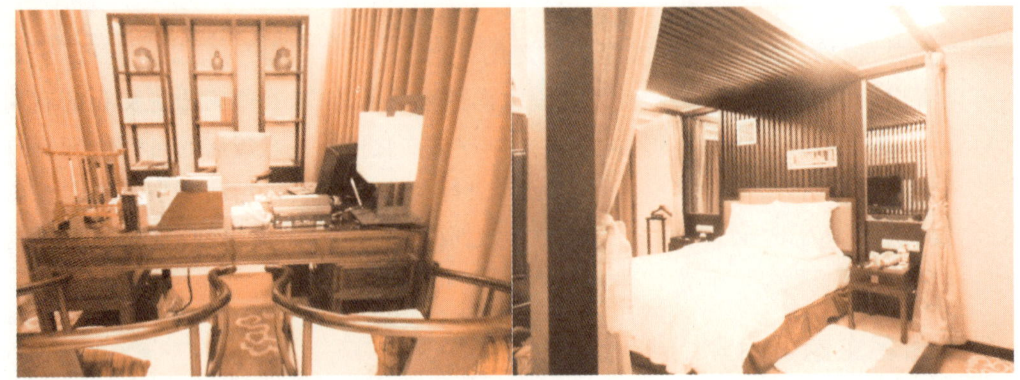

思考题

1. 请通过媒体等多种渠道了解绍兴咸亨酒店作为浙江省特色文化主题饭店的特色何在?

2. 经营者可以从那些方面进行产品设计,进一步提升饭店的特色?

闯关测试

千岛湖龙川湾70公社

70公社位于是淳安县千岛湖龙川湾景区内以知青为特色的主题饭店,饭店是在20世纪70年代浙江生产建设兵团龙川渔林场知青生产、生活原址上依原貌修建而成的,有着深厚的知青文化沉淀。70公社占地面积3.87万平方米,建筑面积4500平方米,总投资9000余万元,房间数76间,床位180张,餐位300余个,员工90余人。饭店于2009年正式营业。

千岛湖龙川湾景区位于千岛湖西南湖区,距千岛湖镇42公里,走千汾公路仅需40分钟车程。整个景区面积约2.31平方公里,大小岛屿环绕错落,港汊曲折迂回,形成了“湖中有岛,岛中有湖”的龙川胜景,是千岛湖中唯一的湖泊型湿地。

思考题

1. 假设你是千岛湖龙川湾酒店的管理者，你觉得应该如何进行市场定位及推广？

2. 饭店产品在设计过程中需要关注游客的参与性，主题饭店更需关注，你认为千岛湖龙川湾 70 公社可以从那些方面来设计产品，以增强对目标客源的吸引力？

第七章　经济型饭店

引言：经济型饭店是饭店业为适应消费者需求变化的产物，是相对于传统的全服务饭店（full service hotel）而存在的一种新业态。本章内容在结合国外经济型饭店发展历史的基础上，总结了我国经济型饭店的发展历程、发展特点和发展前景与趋势，分析了中国经济型饭店在发展中存在的主要问题，并重点介绍了中国经济型饭店的三大著名品牌：锦江之星连锁酒店、如家快捷酒店和7天连锁酒店。

教学目标

1. 掌握经济型饭店的概念、分类和特征。
2. 了解国内外经济型饭店的发展概况，中国经济型饭店发展的前景。
3. 了解中国著名经济型饭店品牌及其成功原因。

核心概念

经济型饭店　经营模式　前景与趋势

第一节　经济型饭店的定义与特征

一、经济型饭店的概念

目前，学术界对经济型饭店还没有形成一个公认的定义。国外对经济型饭店的划分主要以价格为标准。例如经济型饭店是指不提供全面服务的，房价在1991—1993年期间维持在33美元以下的饭店。Quest（1983）认为，经济型饭店是一种新类型饭店，规模小，设施有限，价格实惠。Lee（1984）指出，它是一种在饭店业发展最快的饭店类型，提供整洁而简单的房间。Bale（1984）指出美国的经济型饭店只经营客房，大约150间，房价总体低于中等饭店的25%～50%。Gilbert与Arnold（1989）的定义是一种提供有限服务的旅馆，提供标准规范化的住宿环境，质量与三、四星饭店相当，但价格便宜25%～30%。在90年代初，Snior与Morphew（1990）认为经济型饭店是一种面向短途旅游而预算较低的旅行者的住宿类型。Justus（1991）把美国的Microtel酒店规则描绘成一种经济预算的住宿业，提供基本设施，保持价格低廉，没有食品酒水服务，没有宴会设施、健身房和其他娱乐设施。Davidson(1993)指出，经济型住宿业具有所有连锁饭店业的优势，通过特定的设计和管理，以极具竞争力的房价，达到低廉的营运成本。

经济型饭店的核心理念就是在为住宿者提供较为舒适的住宿条件同时，无需住宿者为饭店摊销娱乐等非主体设施的费用，力求在严格控制成本的同时为住宿者提供较为低廉的价格、舒适的核心服务。我国经济型饭店创始人徐祖荣概括经济型饭店的特征："一星的墙、二星的堂、三星的房、四星的床。"即经济型饭店既有一星、二星饭店的节约，也拥有三星、四星的标准舒适的客房服务。

根据经济型饭店的特点和中国的实际情况，经济型饭店的定义可以总结为："以大众旅行者和中小商务者为主要服务对象，以客房为唯一或核心产品，价格低廉(一般在300元人民币以下)，服务标准，环境舒适，硬件上乘，性价比高的现代饭店业态。"

二、经济型饭店的分类

1. 国外关于经济型饭店的分类

经济型饭店有三种类型档次：有限服务饭店(limited service hotel)，经济饭店(economy hotel/budget hotel)和廉价饭店(super budget hotel)。有限服务饭店在经济型饭店中属于高档次，经济饭店中档，廉价饭店则属于最低档次。这三种层次的饭店价格相差很大，其硬件设施的差距也非常大，有限服务饭店的客房硬件设施不亚于四五星级宾馆，而一些廉价饭店则在削减成本的思想指导下尽量简化设备，客房设施比较简陋。我国目前市场上还没有出现非常清晰的产品层次的划分。

2. 国内关于经济型饭店的分类

按照运营模式，经济型饭店可以分为单体和连锁两种类型。

(1)单体经济型饭店　单体经济型饭店利用自有资金投资建设饭店，自我经营，所有权和经营权都不属于任何一个联号饭店或者其他类型的共同联合体。这种经营模式的管理成本和代理成本比较低，但是随着规模的扩大，其规模不经济性就显而易见。

(2)连锁经济型饭店　连锁经营是指企业集团在统一的字号、统一的形象、统一的企业文化和经营理念下，从事着统一的业务模式的新型业态。连锁经济型饭店按照市场范围的大小可以分为区域连锁和全国连锁；按照经营模式的不同又可以分为直营连锁、特许经营连锁和委托管理。

三、经济型饭店的特征

1. 产品的有限性

经济型饭店紧扣饭店的核心价值——住宿，以客房产品为灵魂，去除了其他非必需的服务，从而大幅度削减了成本。一般来说，经济型饭店只提供客房和早餐(Bed & Breakfast)，一些有限服务饭店还提供简单的餐饮、健身和会议设施。

2. 产品和服务的优质性

与一般社会旅馆不同的是，经济型饭店非常强调客房设施的舒适性和服务的标准化，突出清洁卫生、舒适方便的特点。

3. 价格适中

相对于高档饭店动辄上千元的房价，经济型饭店的价格一般在人民币 300 元以下，一些青年旅舍和汽车旅馆甚至只有几十至 100 元左右。

4. 市场定位明确

经济型饭店的目标市场是一般商务人士、工薪阶层、普通自费旅游者和学生群体等。而高档饭店往往以高端商务客人、高收入阶层、公费旅客为主要目标市场。

5. 连锁经营的方式

经济型饭店一般采取连锁经营的方式，通过连锁经营达到规模经济，提高品牌价值。这也是经济型饭店区别于其他星级饭店和社会旅馆的一个明显特征。

6. 管理结构扁平化

经济型饭店经营管理较星级饭店也存在较大的区别，一般来说管理的层次更少，更扁平化，员工队伍要求更为精干，以降低管理和人力成本。

四、经济型饭店的设计和规划要点

经济型饭店并不等同于廉价饭店。投资较少，运营成本低，是经济型饭店的特征之一，但不是本质，也不是绝对目的。经济型饭店的本质是负担小、回报快，这两个要素使经济型饭店的一般性规模和经营定位相对有了一个范围。

1. 位置与环境

(1)经济型饭店的特点是少花钱快赚钱，往往只能在经济发达、人口流动快、密度高、交通方便、市政设施成熟的城市或地区生存。经济落后的地区很难诞生真正意义上的经济型饭店。

(2)经济型饭店内部以客房为主要经营项目，餐饮、康乐、会议等配套设施很少或没有，所以饭店四周 300 米半径范围之内应有满足客人综合需要又步行可及的餐馆、酒吧、商店、邮政、娱乐、便利店等设施，交通站点也应较近。

(3)为经济型饭店选址时，要特别注意当地已有的市政条件和通信条件。

2. 投资与评估

(1)投资额度与投资目标必须取得合理的平衡。选址的同时需要对客源结构及其可靠性和持久性进行评估。

(2)投资额的确定基于对建设成本和运营成本两个内容的精确了解，以及对投资回报可行性和周期的客观计算。

(3)房间越多单位造价越低。

(4)设备的实用主义选择。

3. 规模与功能

(1)经济型饭店可大可小，但每层 16～20 间客房，总层数不超过 10 层的设定是比较理想的。恰当的总建筑面积应该限制在 6000～10000 平方米之内。当然，完全可以再小些。

(2)也可以将经济型饭店建在一个大的商业建筑群体内，让这组建筑的其他功能区

（如餐馆、酒吧、剧场、商店等）自然而然地为饭店配套、服务。

(3)也可以将饭店首层的某个区域用来招商租售，比如安排快餐店、洗衣店、旅行社等，既补充了功能，又方便了客人。

(4)“B&B”(bed and breakfast)，客房是经济型饭店的最重要功能，应占饭店建筑总面积的70%～80%；其次是一个前厅（大堂）、一个餐厅（或自助餐厅），有时可能会有一个饼店、一个小商品亭、一个小酒吧等等。经济型饭店并不希望客人在饭店公共区有长时间停留，大堂是精致而实用的。饭店的运营、调度、监控、财务功能都设在前台区域。

(5)安全、卫生、方便是基本标准。

(6)社会化服务配套系统的支持和保障。

(7)雇工管理模式及应用。

4. 风格与形式

(1)经济型饭店也有“风格”和“通俗”之分　风格型更具文化性，追求某种艺术效果和主题内涵，强调人性化环境，利于销售。通俗型比较简单、廉价，对位置要求极为苛刻，经营不易。

(2)经济型饭店也分为“城市风格”、“度假风格”、“大陆风格”，不同的规律、不同的定位、不同的效果。

(3)风格的周期性　经久不衰的饭店风格大多是非“时髦”的，而比较通俗的饭店则必须不断用设计注入大量的文化血液以维持风格的生命。

5. 经济型饭店房间配比

客房越多，则公摊面积越少，单位造价越低，运营成本相对也低。但经济型饭店一般不宜超过200间客房数量。

知识拓展

认识经济型饭店投资回报情况（按人民币计算）

按经济型行业平均水平，即客房数为110间，平均房价180元和出租率90%来计算，具体来说，投资一家经济型饭店需要的总投资包括装修费用、加盟费用和启动资金，总计610万元。而饭店的平均收入等于平均房价×出租率×客房数×365天，共计650万，按50%利润率计算，年均毛利润可达325万元。再从其中减去房屋租金和特许管理费用，得到年均现金流约为135万元。所以投资一家经济型饭店的投资回报期在4.5年左右。

表7-1　经济型饭店投资回报情况一览表

年营收	平均房价×出租率×客房数×365	180×90%×110×365=650(万元)
年利润	年营收×利润率	650×50%=325(万元)
总投资	装修费+加盟费+启动资金	550+30+30=610(万元)
现金流	年利润－租金－特许管理费	325－150－40=135(万元)
投资回报期	总投资/现金流	610/140=4.5(年)

(Source：艺旅决策智库)

第二节　经济型饭店的发展

一、世界经济型饭店发展概述

经济型饭店的概念产生于20世纪80年代的美国。经济型饭店(Budget Hotel)是相对于传统的全服务饭店(Full Service Hotel)而存在的一种饭店业态。经济型饭店的特点之一是功能简化,它把服务功能集中在住宿上,力求在核心服务上精益求精,而把餐饮、购物、娱乐功能大大压缩、简化甚至不设,投入的运营成本大幅降低。

经济型饭店在全球的发展经历了四个历史阶段:萌芽与发展初期,蓬勃发展时期,品牌调整时期,重新发展时期。

1. 20世纪30年代末期到50年代末期经济型饭店的发展(萌芽与发展初期)

20世纪30年代末期到50年代末期是经济型饭店的萌芽与发展初期。这一阶段的主要特点是汽车旅馆的出现与发展。20世纪30年代,随着美国大众消费的兴起以及公路网络的发展,汽车旅馆开始出现,为平民出游提供廉价的住宿服务。例如,早在1939年,美国佛罗里达几家汽车旅馆就自发形成了行业联合组织品质庭院(Quality Courts),并于第二年改名为品质庭院联合酒店(Quality Courts United),为单体汽车旅馆业主提供行业服务。二战后,美国经济的繁荣带动了大众旅游发展,引发了对中低档住宿设施的大量需求;城际高速公路网络的建成则促进了汽车旅馆的风行。1952年成立的假日汽车旅馆在吸收了过去汽车旅馆发展经验的基础上改善了服务质量,并且第一次尝试采取标准化方式复制产品和服务,在短短的十年时间里沿着美国的公路网络迅速发展。

2. 20世纪60年代初到80年代末期经济型饭店的发展(蓬勃发展期)

从60年代初到80年代末期,经济型饭店进入蓬勃发展时期。饭店数量迅速增长,而且产品形态呈现丰富的层次性,开始朝着多元化方向发展。连锁经营开始取代传统的分散经营模式,单体饭店开拓出快速发展的扩张途径,一些发展得比较成熟的经济型饭店开始并购整合单体饭店。同时,经济型饭店开始了国际化的发展,从美国传播到加拿大、中美洲、南美洲以及欧洲。这种扩张刺激了本土经济型饭店的兴起,尤其是欧洲的经济型饭店开始快速发展。到80年代末期,经济型饭店已经成为欧美发达国家成熟的饭店业态。

3. 20世纪80年代末期到90年代末经济型饭店的发展(品牌调整期)

从80年代末期到90年代末,经济型饭店行业开始进行品牌调整。经过长期的快速发展,经济型饭店进入了市场成熟期,高速增长和大规模扩张的动力逐渐减弱。大型饭店集团的多元化战略和投资政策促使饭店集团更加倾向于通过资本运作来购买和整合原有行业内的品牌,而不是自创新的品牌。市场竞争淘汰了一些管理力量薄弱、资金运营不畅的品牌,一些大而强的品牌则因资本实力和管理实力变得越发强大。竞争的加剧迫使企业转向服务质量管理和品牌建设。品牌建设、质量管理、市场细分、产品多元化等企业内部管理得到前所未有的重视。

4. 新时期经济型饭店的发展（重新发展期）

进入21世纪，经济型饭店进入了新一轮快速发展时期。这主要表现在经济型饭店在发展中国家的市场开拓和本土品牌的发展。在中国、东南亚等地区，经济型饭店的扩张非常迅速。世界著名的经济型饭店品牌陆续进入，如雅高集团的宜必思(Ibis)、方程式1(Formula 1)，圣达特集团的速8(Super 8)、天天客栈(Days Inn)、洲际集团的假日快捷(Holiday Inn Express)等，都纷纷瞄准了亚洲市场。同时，一些亚洲本土的经济型饭店品牌也开始发展，例如中国的锦江之星和如家快捷等。

二、中国经济型饭店发展概述

(一)中国经济型饭店的发展现状

20世纪90年代经济型饭店的概念开始进入中国。1996年，上海锦江集团推出了中国第一个经济型饭店品牌——“锦江之星”；进入21世纪，各种经济型饭店品牌如雨后春笋般迅速发展起来。携程网和首旅集团于2002年共同推出如家快捷品牌，美林阁于2003年推出“莫泰MOTEL168”品牌；2004年，徐曙光创立格林豪泰(Green Tree)品牌，同时美国速8和法国雅高旗下“宜必思”等国际品牌也开始进入中国；2005年，7天和汉庭相继成立。除此之外，一些区域性的经济型饭店品牌也在部分地区迅速扩张，并积极打造全国性品牌；中国经济型饭店进入了飞速增长阶段。截至2010年第2季度，中国经济型饭店的门店和房间数分别达到4270家和461115间。

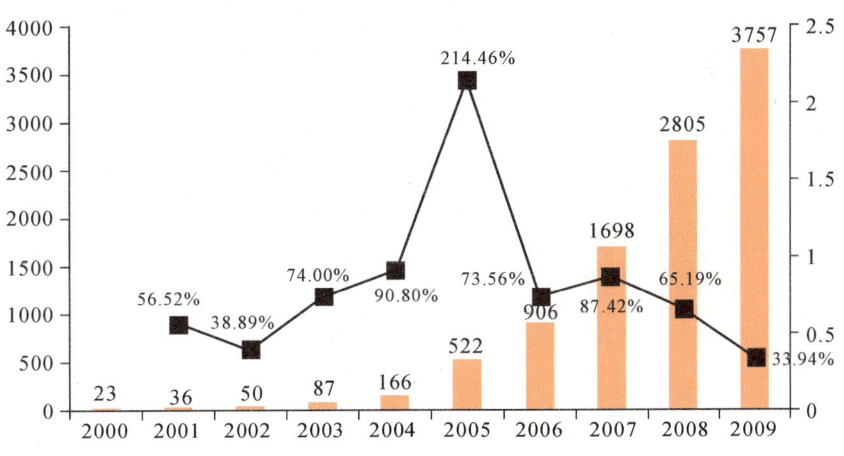

图7-1　2000—2009年我国经济型饭店发展趋势分析

注：此表数据分析：2005年增长214.46%依据的数据是2000年的23家，而2006年依据的是2005年的522家

自携程网的季琦2002年底创建“如家”品牌后，经济型饭店行业转入快速发展轨道。2003年经济型饭店进入快速发展期，门店数从2003年的87家发展到2010年的5120家，8年间增长66倍，复合增长率高达78%，远高于星级饭店的同期增长率。中国经济型饭店2003年和2004年分别实现74%和90%的增长率。随着7天、汉庭两个品牌的成立以及如家、莫泰等品牌的加速发展，2005年实现了214%的增长率，之后的2006—2008年也

保持了65%以上的高速增长。2009年金融危机让几家品牌调整了扩展速度，增速有所放缓，但7天、如家等品牌2010年后再次进入快速发展轨道。未来5～8年时间，中国经济饭店，特别是品牌化经济饭店总数将达到15000家。

2010年4月份，商务部出台了《关于加快住宿业发展的指导意见》，提出以品牌化、连锁化、便利化经营为重点，力争用2～3年时间，将我国经济型饭店比重由现在的不足10%提高到20%左右。

经济型饭店拥有广阔的增长潜力，尤其体现在它的可持续增长能力上。经济型饭店是中国饭店业中年轻的增长群体，具备强大的可持续增长潜力。受益于休闲旅游和商旅市场的蓬勃发展，我国经济型饭店前景光明，未来10年经济型饭店至少还有10倍左右的增长空间。

(二)中国经济型饭店的发展特点

1. 经济型饭店行业成长迅速

搭乘了国民经济大力发展的快车道，中国经济型饭店以高出租率、高投资回报率、高成长率，取得了令世人瞩目的骄人业绩，创造了世界饭店业发展史上的增长奇迹。我国的经济型饭店主要服务于大众旅游者和中小商务旅行者，摒弃了星级饭店使用率很低的餐饮娱乐设施，而把更多的资源集中到商务客人最关注的睡眠、沐浴和商务设施上。借用汉庭酒店董事长季琦的描述是，经济型饭店优势是“好睡觉、好洗澡、好上网”。凭借“三好生”的素质吸引顾客，打败招待所，挤压星级饭店。随着我国大众旅游市场的进一步成熟和中产阶级的发展，会给经济型饭店带来更大的市场空间。

2. 吸引了各类资本的涌入

众多国内外的投资人都看好了经济型饭店在中国的成长潜力，纷纷注资。包括国内自由资金、其他实体企业投资、国际风险投资等。之外，各饭店为了增强自己的资本运作实力，纷纷筹划上市，2006年10月26日，如家快捷在美国纳斯达克挂牌上市，之后又有多家企业跟进。

3. 行业标准缺失

“经济型饭店”是一个从西方引入的概念，不能轻易与二星级饭店、一星级饭店、社会旅馆、招待所等住宿设施等同。目前我国有一些服务质量不高、卫生条件差、管理不规范的饭店，也打着“经济型饭店”的旗号，结果使得人们将经济型饭店同脏、乱、差的社会旅馆、招待所等同起来，让人们对经济型饭店产生了错误的认识。经济型饭店行业没有统一的规范标准，其内涵和外延还有待于在现实发展中给予进一步规范和完善。中国不缺价格经济的饭店，缺的是达到真正经济型标准的饭店。

4. 专业的管理人才匮乏

目前经济型饭店的主要经营管理者来自以国内饭店集团。国内品牌对市场熟悉，但管理经验特别是经营一个经济型饭店品牌的经验还很缺乏。而国际品牌有成熟的管理经验和人才培训体系，但对国内市场的了解和驾驭能力则显得不足。未来，如何利用国外品牌培养专业的管理人才，是国内和国际品牌合作的一个重要方向。中国培养的大部分饭店经理人都是为大饭店“订做”的，专业的中小饭店管理人才培养较少。

(三)中国经济型饭店经营模式

由于进入的技术门槛相对比较低，经济型饭店的快速规模化成为竞争的主要目标，行业扩张冲动加剧加盟争夺战。

1. 特许加盟

加盟店即特许经营，由拥有技术和管理经验的总部，指导传授加盟店各项经营技术经验，并收取一定比例的权利金及指导费，此种契约关系即为特许经营。

由于自身资金的限制和寻找当地优秀物业资源的需要，经济型饭店通过加盟的方式快速占领市场，欧美等发达国家的饭店品牌加盟比例均已超过50%。目前经济型饭店业内的加盟费收入构成上，都是“首期加盟＋特许管理费用”模式。对于加盟者来说，首期加盟费用在50万～70万左右，需一次性付清。特许管理费用与客房收入挂钩，一般在客房收入的4%～7%之间，按年度支付。

2. 直营店

直营店由公司本部直接经营投资管理各个零售点的经营形态，总部采取纵深似的管理方式，直接下令掌管所有的门店，门店必须完全接受总部的指挥。

知识拓展

中国经济型饭店加盟情况

锦江之星总裁俞萌说，迫于资本市场业绩的压力或者对资本市场的冲动，以量取胜成为快捷酒店快速发展的主要动力，通过加盟扩大规模，时机合适。据了解，速8在中国的发展主要是以加盟为主；格林豪泰2009年新开业的饭店中大部分是加盟店；2009年汉庭新开店中直营店与加盟店各一半，加盟比例也由20%提升到30%；如家计划加盟店40%左右；锦江之星计划加盟和直营各占一半。

表7-2　经济型饭店主要加盟费(人民币)及期限

品　牌	首次加盟费用(一次性)	特许管理费用(每年)	加盟期限(年)
锦江之星	20万＋(2500客×房数)	客房收入×4.5%	8
汉庭	30万＋(3000×客房数)	客房收入×6%	8
如家	36万＋(3000×客房数)	客房收入×6%	8
7天	30万＋(3000×客房数)	客房收入×7%	5

(资料来源：饭店官网公开数据)

(四)中国经济型饭店存在的问题

1. 市场细分不充分，产品层次不清晰

在经济型饭店非常发达的美国，不同的经济型饭店所针对的目标市场是非常明确和

独特的。有专门为自驾车客人准备的汽车旅馆，有专门为老年游客服务的饭店，有专门为青年背包旅游者提供的住宿设施，有专门接待女性旅游者的饭店，还有针对家庭出游的公寓式经济饭店。由于经济型饭店在中国的发展也就近十几年的时间，尤其是一些民族品牌，还没有明确的目标市场，或者对目标市场的细分工作不够细致和完全，只是笼统的把自费出游和中小商务客人作为目标市场，很少有进一步的划分，导致了市场重叠或者过于宽泛，产品设计没有层次，缺乏针对不同细分市场需求的产品和服务。中国目前市场上还没有出现非常清晰的产品层次的划分。

2. 管理经验缺乏，人力资源不足

在几年的发展过程中，国内的经济型饭店积累了一定的管理经验，但是与国外一些成熟品牌几十年的管理经验相比，不足之处仍然很明显。在成本控制、服务质量、培训机制、物流配送、企业文化等方面，需要继续改进。同时，中国以往的饭店人才是按照高星级饭店的服务规范和特性培养出来的，无法适应经济型饭店"一人多岗，一职全能"的技能要求。对于高层管理者来说，很少有既精通连锁经营又掌握饭店管理的人才。经济型饭店各个层次的人才都面临供应不足的问题。

3. 市场营销手段缺乏，销售预定网络不全

与国外品牌相比，我国经济型饭店品牌明显缺乏市场营销的意识和手段。尤其是一些区域性的品牌，知名度非常低，品牌形象构建也不够成功。尤其重要的一点是，除了7天、锦江之星、如家快捷等少数几家饭店连锁建设了独立销售预定网络和电话中心以外，其他很多饭店都主要依靠专业的订房中心和旅行社来销售客房。即使是有预定网络的饭店，其预定技术和效率也不是很高，设计不够完善。

4. 非理性资本的涌入给产业带来冲击

经济型饭店的高投资回报率吸引了大量的资本，但是一些非理性资本的涌入也导致了很多问题。一些低星级饭店被资本收购后改头换面冠以经济型饭店之名；部分经济型饭店的管理、经营等各个方面都存在很大的问题；一些资本的真实关注点是地产，只想借经济型饭店之壳进入房地产市场。这些现象都会搅乱这个原本就不是很稳定的产业秩序，导致一般民众对经济型饭店概念理解的混乱，并且为价格竞争埋下隐患。

三、经济型饭店的发展前景与趋势

1. 行业快速增长，寡头竞争格局越趋明显

基于以上对中国经济型饭店现状和影响因素的分析，研究认为，3～5 年内中国经济型饭店将维持高速发展态势，排名靠前的经济型饭店品牌在规模迅速扩大后行业的寡头竞争格局将越来越明显。目前规模较大、具有较强竞争力的品牌还不到 10 个，小品牌数量则有几百个。随着行业的发展，因快速扩张需求和优秀饭店物业资源的稀缺，品牌之间的整合也不可避免。

截至 2011 年年底，全国经济型饭店门店数前十强见表 7-3，经济型饭店的整体市场状况见表 7-4。

表 7-3　全国经济型饭店门店数排名

排　名	饭店名称	2011 年底门店数量	2011 年底客房数
1	如家(不含莫泰)	1098	121241
2	7 天	963	94684
3	汉庭	631	63629
4	锦江之星	553	63273
5	格林豪泰	415	36439
6	速 8 酒店	314	26583
7	莫泰 168	310	47941
8	99 旅馆连锁	147	9771
9	尚客优	126	6685
10	布丁酒店	98	7395

注:2011 年 5 月,如家以 4.7 亿美元收购莫泰 168 全部股份,2011 年年底完成收购。

表 7-4　国内经济型饭店的整体市场局面状况

代表性饭店	国内:布丁、如家快捷、锦江之星、莫泰 168、格林豪泰、汉庭酒店、7 天连锁、速 8 酒店等 国外:快捷假日(洲际集团)、宜必思(雅高旗下)等
服务对象	商务人士、普通白领旅游者
价位	房价一般比当地三星级饭店的平均价低 10%～20%。 以上海为例,如家快捷的标间优惠价一般在 150～220 元之间,低于一般三星级饭店。但其客房条件超过三星。
入住率	大多在 85%以上。 国内著名的经济型饭店连锁品牌店如如家快捷、锦江之星等基本入住率都在 95%以上,甚至常常是 100%。

资料来源:力勤资讯研究部 2010.06

从国外饭店行业的发展历史看,美国最大的饭店集团——温德姆酒店集团旗下 11 个品牌只有 1 个是自己创建的;法国雅高集团自 1974 年以来几乎每年都有收购发生。中国经济型饭店发展的这几年间,如家通过并购“七斗星”成为了行业老大,汉庭收购“宜居”实现快速扩张,连一向稳健的锦江之星也并购了金广快捷。在今后经济型饭店的发展过程中,品牌之间的整合难以避免。

2. 加盟店的比例继续提升

经济型饭店品牌在发展过程中,由于自身资金的限制和寻找当地优秀物业资源的需要,会通过加盟的方式快速占领市场。欧美等发达国家的饭店品牌加盟比例均已超过 50%。近年来中国各大经济型品牌加盟店的比例不断提高。汉庭和 7 天的加盟店的比例从创建到 2007 年的两年间都不到 10%,但随后几年为了快速发展,加盟店的比例都迅速提高。截至 2010 年第 3 季度,如家、7 天、汉庭的加盟店比例都超过 40%。老牌锦江之星的加盟店的比例更是达到了 60%。各家今后的发展计划中,加盟店的数量又高于直营数量，所以加盟店的比例将进一步提高。

3. 入住率短期内将维持高位

入住率是经济型饭店运营中最重要的一个指标，直接决定了企业的盈利能力。经济型饭店的入住率水平一般都在80%以上，远高于维持饭店盈亏平衡所需的50%～60%的入住率水平。7天CEO郑南雁表示，现在的入住率主要受新开饭店的影响，新开饭店一般需要3～6个月才能达到正常的入住率水平；今后几年入住率还将维持在较高水平，未来行业达到一定规模后可能会有所下降。

4. 多品牌发展渐成趋势

在前几大品牌中，汉庭原本就是从中高端的“汉庭酒店”品牌发展到“汉庭快捷”品牌，随后又发展了“海友客栈”品牌；锦江旗下更是有“锦江之星”、“百时捷”、“金广”、“达华”和“白玉兰”等多个细分品牌；莫泰也有“MOTEL168”和“MOTEL268”品牌；如家也表示要开始发展中高端的“和颐”品牌。特别是在最近“百元酒店”迅速发展的背景下，许多品牌都希望尽快进入这个市场。

知识拓展

对经济型饭店认识的误区

经济型饭店的主要服务对象是普通旅行者、中小企业商务人士和学生等。如果你是其中的一员，那么你可能对经济型饭店的潜在市场有一个感性的认识，因为我们会经常需要到外地旅游或者办事，但预算并不很多，非常希望在一个陌生的城市选择一家价格较低但又十分卫生和安全的饭店居住，对于饭店的豪华程度并不在乎。经济型饭店针对的正是这些人的需求，装修和硬件设施比较简洁，但非常突出“经济性”的特点，价格一般在100～300元人民币之间。多数专家、业内人士包括政府有关部门，对经济型饭店这个耳熟能详的名词，几乎都没能给出一个统一的定义。正是这种模糊，致使经济型饭店投资领域至少存在四大误区。

误区一：价格混乱

经济型饭店如何体现“经济”？美国经济型饭店房价一般在30～65美元之间。测算显示，中国经济型饭店房价应该在120元左右才比较合理。然而目前中国大多数经济型饭店的价格已经远远超过这一标准。沪上某标榜“经济型”的饭店连锁品牌在饭店大堂、楼梯上设置雕塑，在卫生间使用大型喷淋头，甚至还设置上下两层的套间客房——高昂的建设、装修成本必须依靠房价消化，这家经济型连锁品牌尽管打出“168”的房价标准，但实际平均房价已经超过200元。

误区二：炒作概念

什么是经济型饭店？专家认为经济型饭店就是“b&b”，即“床(bed)＋早餐(breakfast)”。经济型之所以“经济”就是在满足基本住宿需求的同时，省去了星级饭店的冗杂设施，节省投资成本。可是，中国大量所谓的“经济型”饭店缺乏这样的成本控制理念。个别饭店为了招徕住客，不但提供午餐，还提供饭店舞厅的舞票。上海某“经济型”饭店甚至炒出了“DIY”的概念，在饭店中设置厨房、洗衣房，让住客自助服务。在国外，一般只有最廉价的青年旅舍才让住客自助服务，但这家DIY的经济型饭店的最低房价也高达268元，显得不伦不类。

误区三：单兵作战

经济型饭店依靠什么降低成本，“连锁”和“品牌”是经济型饭店成功的两个要件：前者可以使企业做大规模，通过统一采购、统一订房降低成本，提升出租率；后者可以提高企业知名度，增加客源，提高竞争力。但是中国现存的大量经济型饭店却处于单体状态。没有统一采购系统、订房系统和品牌支援，在市场旺盛的情况下它们可以衣食无忧，一旦市场趋于饱和，就会面临被淘汰的危险。

误区四：疯狂加盟

投资者加盟连锁品牌，一定赚钱吗？在经济型饭店的热浪中，一些连锁品牌拓展速度很快，引起了投资者的瞩目。但是，利润诱惑背后隐藏着利润陷阱。一家国内民企花几十万美元从海外购得了某经济型饭店品牌中国地区代理权，开了一家样板店后就开始大量吸纳加盟者。它的盈利模式是：当连锁达到一定规模后，立即把品牌和网络高价转卖给其他投资者，或者以经济型、连锁、网络的概念择机海外上市，套取巨额利润。无论哪种结果，加盟者必输无疑，而接盘者或者股民也会血本无归。

第三节　著名经济型饭店介绍

一、锦江之星连锁酒店

（一）锦江之星连锁集团的概况

锦江之星旅馆有限公司系中国驰名的综合性旅游企业集团——上海锦江国际酒店（集团）股份有限公司旗下一家著名的经济型连锁饭店的专业公司。公司创立于1996年，注册资本17971.22万元。1997年，全国首家经济型饭店锦江之星上海锦江乐园店正式开业，“经济型饭店”这一概念由此被带入中国市场。截至2011年9月30日，旗下各品牌饭店总数已达727家，分布在全国31个省、直辖市的168个城市，客房总数超过87000间。2010年，公司从H股回归锦江股份A股，成为第一家在A股上市的主营业务企业。

锦江之星始终以中国经济型饭店事业健康发展为己任，一直为探索中国经济型饭店的发展方向不懈努力，积极作为。它坚持以国际视野塑造经济型饭店品牌，以先进理念打造企业管理系统，以质量为先加快企业规模发展；坚持信誉至上、以人为本的企业服务理念；坚持共商发展、共创双赢、回馈社会的企业经营宗旨；坚持创新发展、铸造细节、追求卓越的企业精神。在这种理念与精神的指引下，锦江之星经过十多年的实践与发展，以“安全、健康、舒适、专业”为品牌特质，品牌品质始终保持了行业的领先地位，受到了社会各界的赞誉，创造了国内经济型饭店业界的多个第一。“锦江之星”持续被评为“上海市著名商标”。此外，锦江之星还先后荣获“全球酒店品牌连锁先锋”、“中国最佳经济型连锁酒店”、“最具竞争力连锁酒店品牌”、“中国酒店业拓荒者奖”、“上海市最具成长力的服务商标”、“上海名牌产品”等诸多荣誉称号。以“营养、实惠、时尚”为特色的“锦江大厨”餐饮品牌荣获了“上海著名餐饮品牌企业”。

公司成立以来，为努力成就业内专业典范，实现锦江之星成为出行者专业、超值、简约、安全、舒适的经济型饭店的首选，公司坚持以专业的水平、务实的精神、真诚的服务，精心塑造锦江之星品牌，不断创新产品，不断提升服务质量，追求简约又时尚、不求奢华但讲究品位的风格，在服务中始终关注客人的住宿体验，将产品的服务内涵与客人的基本需求完美的结合，其特点为健康、安全、舒适的饭店产品，专业、真诚的饭店服务和清新、淡雅的饭店形象。始终保持产品的性价比处于同行最高，为我们的客人提供一个“品味自然健康、享受简约舒适”的经济型饭店产品。

公司在发展中坚持国际化的经营管理方向，不断将国外著名经济型饭店集团有益经验与锦江之星的实际进行有效的结合与发挥，建立了质量管理标准系统、管理服务操作标准系统、运营支持保障系统、市场营销支持系统、计算机网络管理系统、人力资源支持系统，对各连锁店进行支持与服务，以保障连锁运营质量，维护提升品牌形象。公司通过品牌经营的方式管理饭店、出售特许经营权，并为加盟店提供品牌、销售、管理、培训、技术等全面的支持及服务。为促进品牌特许经营健康有序发展，公司经营管理的连锁饭店按照经营项目统一、服务标识一致、管理标准规范、营销策略超前、操作系统便捷和连锁联网、资源共享的模式为客人提供标准化、专业化的服务。公司设有以专门培养经济型连锁饭店各类管理人才的锦江之星旅馆管理学院。

2009 年 3 月 19 日，锦江国际旗下由锦江之星旅馆有限公司经营管理的“百时快捷酒店”品牌正式亮相。百时快捷酒店充分体现了更为方便、更加快捷、更富个性的消费理念，突出了“资源节约型”的特点，体现个性、张扬、自由自在的全新概念。

2010 年 9 月，锦江之星家族新添一位成员：金广快捷品牌。她的加入给广大宾客一个全新选择，在创新、温暖和个性中享受统一的品质，体验不同的感受。

知识拓展

锦江酒店集团

锦江酒店集团是全球第 12 大饭店集团，同时也是中国最大的饭店集团。集团旗下拥有约 700 家饭店，其中 500 多家为经济型饭店，除了锦江品牌，还有商悦品牌和经典饭店如国际饭店。集团还拥有上海驰名中外的饭店如和平饭店和华尔道夫酒店，目前正以其新的饭店——上海中心酒店在上海打造世界最高的饭店。锦江集团还持有旗下有 24 家饭店的美国洲际酒店集团一半股权。

锦江之星“4S版”

本着“经营一代，开发一代，构思一代”的理念，截止到目前，锦江之星已经陆续推出了四代饭店产品。负责锦江之星项目建设的上海锦江国际旅馆投资有限公司CEO刘国祥先生介绍说：“与第四代相比，研发完成的‘4S版’的饭店产品将安全、健康、舒适、专业的理念得到更高层次的展现，商务功能更加突出，更多的节能环保技术得到应用，饭店客房的功能更人性化，舒适度也更好。

新风系统是4S版产品的最大亮点之一

在安全健康方面，新的客房产品全面应用了自然新风系统，使客房环境的空气质量更加清新。由于客人晚上休息后，门窗是完全关闭的，门缝又很小，因此室内空气就比较污浊，不利于客人的身体健康。目前国内经济型饭店考虑到成本，还没有完全独立的新风系统。此次锦江之星全面推广的新风系统是借鉴国外发达国家的一些做法，使住店客人在晚上入眠后，门窗都完全闭合的情况下，能为宾客营造一个更加健康、清新的睡眠环境。

商务功能得到进一步的加强

在商务功能的提升方面，“WIFI将在“4S版”的饭店产品中做到安全全覆盖，方便商务客人安全自由地使用网络。随着时代的发展，如今像iPhone、iPad等智能产品得到了迅速普及，商务客人对无线网络的需求越来越强烈，因此锦江之星在“4S版”产品的研发中，就很认真地考虑了这一问题。另外，为了提高住店客人的舒适体验，客房中的液晶电视机也被放大了尺寸，座椅也更加的舒适。

公共区域的设计布局将更加的舒适愉悦

“经济型饭店也要彰显品位”，在完成了饭店大堂的提升设计之后，在“4S版”的产品中，锦江之星重点对公共区域尤其是走廊做了新的改进，提高了走道的温馨度，同时也强化了隔音效果。

作为专业的饭店公司，锦江之星从一开始就给自己打上了“专业”的烙印。为了实现做百年老店、树民族品牌的职业梦想，锦江之星人始终在追求，始终在把握着饭店发展的潮流。就像乔布斯引领了智能手机的消费需求一样，锦江之星酒店产品的创新升级一直在引领行业的风尚，引领消费者的住宿需求。“我们不仅在满足需求，更重要的是要创造一种需求，而且锦江之星还要把这种创新、创造常态化，让锦江之星的饭店产品不断带给客人新的惊喜。”

(二)锦江之星取得成功的原因

1. 行业先发优势

锦江之星自1997年在上海开创国内第一家具有现代意义的经济型饭店至今，始终坚持以国际视野塑造经济型饭店品牌并保持着行业的领先地位。在中国饭店协会组办的中国饭店与餐饮业改革开放30周年纪念大会上，锦江之星作为中国经济型连锁饭店的开创者，受到了商务部与中国饭店协会领导及与会嘉宾的一致称赞，对锦江之星注重安全、健康、专业和舒适的饭店经营理念与良好的服务品质给予了充分的肯定。在大会上表彰的30个“中国饭店与餐饮业改革开放30周年功勋企业”中，锦江之星被列入前三名“功勋企业与中国饭店业著名品牌企业”。

2. 创建“互联、互通、智能”的智慧企业

为实现企业提高营利水平，加速市场扩张战略，便捷服务顾客，锦江之星与IBM合作建成了具备250个坐席、拥有精细化运营管理、标准化服务及销售流程的大型综合呼叫中心。这不仅是全国饭店行业内的新标杆，更全面体现了智慧企业的管理理念。“锦江之星呼叫中心实施整合管理项目”充分利用并集成了锦江之星现有技术、设备，通过标准化流程再造和IT层面互联互通的技术整合，全面提升了锦江之星呼叫中心的客服水平和精细化、智能化管理，为锦江之星提升顾客忠诚度，持续改善顾客体验，把锦江之星打造成与客户共建“互联、互通、智能”的智慧企业，为进一步提高市场份额与盈利水平奠定了坚实的基础。

3. 走有中国特色的网络营销

在众多纷繁的网络营销案例中，锦江之星的市场营销团队注意到，只有将中国网民的行为习惯和企业营销目标结合起来，才能实现网络营销的效果最大化。与国内风头正盛的SNS媒体——开心网合作，便成为锦江之星市场营销团队的一次重要选择。开心网的用户主要以国内各大城市的白领为主，其人群特征和消费品味符合锦江之星的品牌定位，这是锦江之星选择和开心网合作的重要原因。锦江之星在不影响开心网用户体验的前提下，给予潜在客户人群以足够的利益驱动。例如，在2010年1月20日开始到3月10日，锦江之星携全国已开业的300多家连锁店共同推出千万(奖品)别错过的主题优惠活动，奖品非常丰富，活动设置轻松、有趣。活动期间，在开心网首页广告的网民浏览量已经超过了100万次，网友们对活动帖子的浏览量达到500万次，每天都有近10万人次将锦江之星的抵用券作为礼物在亲朋好友之间互相赠送。

二、如家快捷酒店

(一)如家酒店连锁公司的概况

如家酒店连锁创立于2002年，2006年10月在美国纳斯达克上市(股票代码：HMIN)。作为中国饭店业海外上市第一股，如家始终以顾客满意为基础，以成为“大众住宿业的卓越领导者”为愿景，向全世界展示着中华民族宾至如归的“家”文化服务理念和民族品牌形象。公司借鉴欧美完善成熟的经济型饭店模式，凭借标准化、干净、温馨、舒适、贴心的饭店住宿产品，为商务和休闲旅行等客人提供“干净、温馨”的饭店产品，倡导“适度生活，自然自在”的生活理念。

作为中国经济型饭店行业的领袖品牌，以直营和特许并存的模式经营连锁饭店1000多家，形成了遥遥领先业内的最大的连锁饭店网络体系。截至2011年9月30日，如家业

务已经覆盖了中国 174 个城市，共有 1004 家饭店投入运营，包括 500 家租赁经营饭店和 504 家特许经营饭店，每家饭店平均客房数量为 114 间。截至 2011 年 9 月 30 日，如家还有总计 202 家饭店，其中包括 82 家直营经营饭店和 120 家特许经营饭店已经签约或在建设中，位居中国经济型连锁饭店第一。2011 年 9 月 13 日，《财富》杂志公布了 2011 年全球"100 家增长最快的公司"(该榜单的排名是依据公司过去 3 年的收入、利润增长以及投资收益)，9 家中国公司入选，如家酒店集团排名第九，在上榜的服务行业公司中排名最高，成为全球服务业增长冠军。

成立至今，如家更以敏锐的市场洞察力、完善的人力资源体系、有力的管理执行力和强大的资金优势迅速建立起了品牌、系统、技术、客源等多个核心竞争力。作为行业标杆企业，如家正用实际行动带动着中国经济型饭店市场走向成熟和完善。

2011 年 5 月 27 日，如家酒店集团正式签署了收购莫泰 168 国际控股公司(以下简称"莫泰 168")全部股份的协议。不仅巩固了如家在中国经济型饭店的领导地位，也为如家跻身全球饭店集团前列奠定基础。根据如家酒店集团的战略规划，收购之后，如家酒店集团旗下将拥有三大主要品牌：如家快捷、和颐酒店以及莫泰 168。在对莫泰 168 旗下饭店进行梳理、整合后，如家将继续扩张莫泰 168 的规模。未来如家将三箭齐发，努力打造全球最大的综合性连锁饭店集团。中国旅游研究院院长戴斌教授认为，如家成功收购莫泰 168 是中国饭店行业的一件大事，对于中国饭店业的规模化、品牌化、集团化发展都具有深远影响。此举将进一步推进中国饭店业的整合和优化，如家收购莫泰 168 也将为中国饭店业的兼并收购及整合提供范本。

如家 CEO 孙坚也信心满怀地提出了如家在下一个 10 年的战略规划："未来 10 年，如家从 1400 家到 5000 家，平均每年增加 360 家，这个野心虽然有一定的难度，但是并非不可实现。"

(二)如家快捷酒店取得成功的原因

1. 塑造品牌

如家在品牌塑造上是战略三部曲，第一步，建设品牌。首先是设计一个朗朗上口、方便记忆的名字，"如家"这个名字与饭店定位保持了高度一致性，取 home away from home 之意，希望客人能够有"宾至如归，温馨如家"的感觉。同时，"如家"谐音"儒家"，一听便是中国品牌。同时在 Logo 设计上，采用了轮廓圆润的五边形设计。外观就像一所房子，既简洁明了，又兼具包容性，中挂一轮弯月，散发出浓淡相宜的亲情。在装饰上，如家快捷酒店采用明黄色，其清新明快的店面设计风格和饭店内详尽的企业相关资料介绍，都给了消费者以强烈的品牌形象视觉冲击，加深了消费者对如家品牌的认同。在选址上，主要原则在于：选择大、中城市的"一类地区，二类地段"。这样既保证了客源，又扩大了品牌影响。第二步，品牌维护，包括建立如家酒店管理学院，确保品牌一致性；推出常客优惠计划，树立品牌忠诚度；淡化加盟，提倡直营，保证品牌的质量；实施品牌营销策略，强化品牌的知名度。第三步，品牌扩张，包括树立明确的做国内经济型饭店第一的扩张目标；摸索资本＋品牌的品牌扩张模型；线上与线下品牌扩张共举。

2. 建立标准

如家的运营系统的标准化包括总部管控的标准化和门店营运的标准化，总部的标准化包括了运营标准化和服务支持标准化，其中运营标准化涉及了门店的选址评估统一、建店装修标准统一、开店及开业验收统一、品牌形象统一，服务支持标准化涵盖了人资、财务、行政、信息化。而门店的标准化体现在人、物、环境的三个统一上，包括：统一的服务流程和标准，各连锁店均提供准三星的服务，门店的管理干部和基层人员均接受统一的服务和礼仪训练，保证了入住每家饭店享受的都是一样的服务；统一的硬件设施，体现在运营系统、技术系统、信息系统的统一，以及对客服务设施统一，如各连锁店均提供 24 小热水淋浴、空调、电视、电话，有标准的席梦思床具及配套家具；统一建筑设施及环境，所有连锁店均由国外设计师提供室内、外的设计方案。

3. 借力资本

连锁企业要扩张，可以采取加盟和直营的两种方式。对于如家来讲，要保证扩张的质与量的平衡，就必须多开直营店，对于资本的需求就迫在眉睫了。如家是中国饭店业投资主体中第一个引入国际风险投资的，为的是寻求市场扩张的资金支持。2003 年，如家引入包括 IDG、美国梧桐创投等境外战略投资者后，开始了大举扩张。2006 年 10 月，如家酒店依靠 IPO 从纳斯达克融资 1.09 亿美元。近日，饭店业并购的一股飓风再次触动了人们的神经，中国饭店业海外上市第一股如家酒店集团 2011 年 5 月以 4.7 亿美收购莫泰 168 国际控股公司(简称莫泰)的全部股份。

4. 优化渠道

饭店的直销渠道包括散客、企业客户、旅行社客户，通过饭店官网和饭店电话进行预订；分销渠道有全球 GDS 预订系统、第三方饭店预订平台(如携程、同程、去哪儿等)、地方性的小型订房中心。目前，各经济饭店为了增加利润，往往会严格控制直销与分销的比例，如家目前的比例控制在 85%～90%，在行业内属于领先的地位。据相关数据统计，2011 年经济饭店行业的电子商务规模达到约 240 亿元，占行业总收入的 90%左右，电子商务平台能最大程度的优化客房预订模式，减轻前台及呼叫中心的压力，压缩销售成本，如家已经实现了互联网、呼叫中心、短信和手机 WAP 立体的电子商务平台，其电子商务程度居于国内饭店行业的前列。

知识拓展

如家酒店集团的企业文化

如家的愿景：成为大众住宿业的卓越领导者！

如家的理念：把我们快乐的微笑、亲切的问候、热情的服务、真心的关爱献给每一位宾客和同事。

如家的使命：

为宾客营造干净温馨的"家"

为员工提供和谐向上的环境

为伙伴搭建互利共赢的平台

为股东创造持续稳定的回报

为社会承担企业公民的责任

如家酒店服务理念：

CONVIENCE 便捷——便捷的交通，使您入住如家从此差旅无忧。

WARMTH 温馨——亲切的问候和照顾，让您仿佛置身温馨的家庭氛围。

COMFORT 舒适——我们在意每一个细节，专业服务为您带来舒适的住宿感受。

VALUE 超值——贴心的价格，高品质的服务，选择如家，超值就是这么简单。

三、7 天连锁酒店集团

(一)7 天连锁酒店集团的概况

7 天连锁酒店集团(7 Days Group Holdings Limited)创立于 2005 年，自 2005 年 3 月在广州北京路开出第一家分店以来，短短 7 年取得了迅猛的发展。创建前三年以每年 400%的增速发展，随后一直保持行业领先的增长率，2009 年之后一直保持行业最快的扩张速度。2011 年，7 天完成了对“华天之星”(华天之星是隶属 A 股上市企业华天酒店集团股份有限公司的经济型连锁饭店)的收购。2009 年 11 月 20 日在美国纽约证券交易所上市(股票代码：SVN)。作为第一家登陆纽交所的中国饭店集团，7 天连锁酒店秉承让顾客“天天睡好觉”的愿景，以直销低价模式，快乐自主的服务理念，致力为会员提供干净、舒适、快乐的住宿环境和氛围，满足客户的核心住宿需求。

在中国经济型饭店行业快速发展的趋势中，7 天一直坚持快速扩张的战略，借助品牌优势迅速发展加盟店，并在快速扩张过程中保持营收的稳步增长。2012 年 2 月，7 天全国开业分店数突破 1000 家，成为中国第二个开业门店数超过 1000 家的经济型饭店品牌，覆盖全国 127 个主要城市，业已建成经济型连锁饭店全国网络体系。深谙企业运营之道的 7 天连锁酒店，凭借庞大的会员体系，通过科技和服务的持续创新，结合充满活力的 7 天企业文化，已成为中国经济型饭店行业的领先品牌。

(二)7 天连锁酒店集团取得成功的原因

1. “垂直切割”的经营理念

7 年来，7 天一直以创新的发展模式引领着国内经济型饭店发展趋势。从创立至今，7 天坚持践行“垂直切割”的经营理念，不断满足会员的核心需求。根据目标受众(年轻，偏好廉价、实用)的需求倒推产品定位，把有限的资源尽数倾倒在最能使之感受到价值的地方，即切实用在住客身上的、满足“住”这一核心需求的——床垫及隔音门板(睡好觉)、花洒(洗好澡)、有线网络及无线网卡(上好网)、营养套餐(吃好早餐)；其余，繁华地段、富丽大堂、康乐设施、复杂家具、冗余人工，一概剔除。这种最大限度地发扬目标定位，究其一点、不及其余的策略在 7 天内部被概括为“垂直切割”。

知识拓展

以“垂直切割”修炼“内在美”

雅兰为7天定制一款改善了脊椎承托功能的床垫，而7天则计划在未来2年内斥资数千万，逐步将旗下饭店的床垫全部升级为雅兰护脊床垫。如果相伴随的不是房价上涨，这对7天的会员和潜在受众而言无疑是一则利好消息：拥有多项专利的雅兰一向是高端床垫品牌的代表，入驻的往往是丽思卡尔顿、J. W. 万豪等五星级饭店。花几乎是最便宜经济型饭店的钱，躺在五星级的床垫上，无需仔细计算也是件性价比甚高的美事。

有趣的是，如此大方的7天留给人们的一向是一尊“抠门”形象：专拣非核心路段、非临街物业开店，甚而从中间楼层起租，前台都不在一楼；房间特别紧凑，平均面积17平米，小于行业平均；相应的，窗户也更小一些，写字桌不装抽屉，只有一个插座；不提供一次性洗漱用品，不能免费打电话上网，吹头发要到走廊上，买泡面要下楼……一个经典段子是，有住客推开饭店房间的床，竟发现床下是没有地板的！

然而，以入住的步骤而非参观的心态，感受到的则是另一重理解下的“精明”：在7天网站直接订房，而非自中介网站注册、过滤非实时房态，或呼叫中心等待再等待；新推出智能手机Android系统客户端的会员试用版本，集合了几乎所有官网功能，在行业内率先做到了掌上check-in；订房的同时可选择是否需要、需要哪些日用品，销售的洗漱用品合作方是高露洁、棕榄和宝洁，售价则基本与超市持平；浴巾外包一层消毒包装隔离二次污染，下楼可自取一盒睡前牛奶，7元早餐定价较实惠且作为可选项不包含在房价内；凭会员卡可即时退房，免去查房这一被许多商旅客人归结为负面心理暗示的环节；回家后在7天论坛恣意批评不会被删帖。

经济型饭店控制成本方面都做了大的努力。任何一种成本的降低必然有一种前提，就是品质绝不能下降。7天常常讲的就是差异化、低成本，也就是说其实买方和卖方之间永远都是有一对矛盾，买方总是希望价值越高越好，卖方总是希望成本越低越好。看上去是一对矛盾，但是其实未必是这样的，所以对于企业经营者，他必须要有一个思维就是对于客户的需求进行拆解，拆解成核心需求或者非核心需求，或者是核心附加值或者非核心附加值。如果企业想降低成本，必须在核心需求提升的情形下，把非核心需求做一定的资源重组。

2. 电子商务的运用

在分店规模快速扩张的同时，信息技术的大力运用成为7天发展的重要驱动力。作为国内经济型饭店的领导品牌，7天连锁酒店在电子商务领域的持续探索和创新，一直是7天区别于其他传统服务企业和同行的重要优势和显著特点。7天从只有5家分店的时候，就开始着手发展电子商务，依靠领先的电子商务平台和IT基础设施，建立了具有7天特色并领先于业内的电子商务体系，是业界唯一将网站和饭店数据库完全对接的饭店品牌，成功缔造了业内第一电子商业事务平台。7天强大的IT电子商务，为注重价值的客户提供从预订、入住到离店的全程互动沟通服务，同时也增强了顾客黏性。7天会员在预订饭店的时候，除了7天官网，还可以使用手机客户端、手机WAP等5种预订方式，在掌上即可完成整个预订、预付流程，既便捷又高效。目前7天80%以上订房来自会员在官网自主下单，其余来自呼叫中心及饭店前台walk-in，只有不到1%通过第三方渠道(少到在7天内部没有准确的统计数据)，几乎可以定义为直销；会员在论坛上互动点评的数量达到了每月13万条，电子商务对7天总交易额的贡献已经达到80%以上，而会员对7天的贡献率更高达98%。

3. 提高产品和服务品质

目前在经济型饭店行业还没有像星级饭店一样的公开评价机制，因此，客人在选择饭店的时候，难以直观地判断某一分店的服务品质，尤其是硬件设施上的标准。在行业快速发展的同时，如何确保服务上的规范化、透明化，让客人能明明白白消费，真真切切体验，成为几大经济型饭店品牌关注的焦点。2011年年初，7天连锁酒店率先在行业中推出了"Q+服务认证"项目，并成功地把这种服务认证体系发展为7天官网引导会员选择分店的依据。"Q+服务认证"，是中国经济型饭店业的第一个服务认证体系，也是这个行业第一套由企业自发制定的服务标准。现已经推出的4个Q+认证项目——7天定制舒睡床垫、10秒速热淋浴、免费WiFi、洁净毛巾封包等推进十分迅速。目前，已完成床垫升级的分店达到400家，累计投入将近8000万元；和中国移动合作推出的免费WiFi服务，已有近100家分店完成铺设；10秒速热淋浴系统和洁净毛巾封包服务则已覆盖7天全国分店。从7天连锁酒店每个月回收的近15万份会员调查问卷分析结果来看，Q+服务认证受到了会员的广泛欢迎，在会员中的认知度非常高，而这种认知也进一步提升了客人的入住体验，提高了客人的满意度。

4. 单一品牌发展战略

继锦江之星、汉庭率先实行多个品牌运作后，一直在行业中处于领先地位的如家酒店集团也宣布，将进军内地中高端商务饭店，实施多品牌战略。但7天连锁酒店CEO郑南雁表示，7天将始终坚持单一品牌的发展策略，在依靠自身增长能力加速品牌扩张的同时，不断关注区域中小品牌的潜在收购机会。成功收购华天之星，也为7天新一轮的发展提供了新的增长动力。基于7天集中精力将单一品牌做大做强的扩张策略，7天有信心迅速扩大连锁店规模，将7天发展到国内经济型饭店单一品牌的最大规模，成为中国经济型饭店第一品牌。

7天的管理店和直营店均由7天统一管理，这种100%无差别的管理确保了管理上的一致性，而7天推出的、旨在提升饭店产品和服务品质的Q+服务认证项目，又保证了大量管理店的品质符合7天的标准。

5. 独特的治理结构

7天的治理结构与其他连锁饭店都不一样。传统连锁业务的管理是按区域划分的，前提是能找到合适的区域负责人。但此假设往往难以成立，因为在快速扩张过程中，骨干通常比一般人才更难得。如果负责人不合格，整个区域都会被拖垮。在大动荡的情况下，划分区域的压力也很大。所以，7天的方式是，干脆假设永远都不会出现合适的区域负责人，而将整个系统视为一张网，每个分店就是网上的一个点。"虽然系统是由IT平台中央控制的，但权力是分散的。”这种以单店为核心、监管型的管理模型，在 7 天的话语体系里，被称为“放羊式”。

知识拓展

“放羊式”管理

当被“放羊”时，店长的自主权很大，就算是请亲戚吃饭也可以开单报销。“只要你认为这个亲戚能带来生意，这属于你的商业判断。”但这种判断不是难以被制衡的，效法自 NBA 的“奢侈税”制度被引入了进来：将单店支出扣除房租等例行项目，计算出中位数，实际支出超出中位数 15%的分店要从奖金中扣除超出部分，用于奖励低于中位数 15%的分店。这种设置导致不同分店奖金差别可能很大，多的有几万块、十几万块，少的则可能为负。这正是郑南雁想要的内部竞争：“湖人每年都交奢侈税，但人家拿冠军，广告费高到完全不在乎支出这一笔，这样也行啊。”

在拥有决定权的同时，也意味着店长不能做错。一旦被系统和人力抽查发现问题，处罚会非常严格。如果被认定有贪污、虚假报销等过失，即使金额只有几百块也可能面临开除风险，不存在中国式的情有可原。“因为放权的前提，是建立在信任的基础之上。7 天的管理方式，就是把每个店长都视作独立经营者，让他们意识到自己是自己的老板，自己做主，对自己负责；而不是等着老板告知该做什么，犯了错也一概推到老板身上。抱打工心态的人会很不适应 7 天的管理，觉得缺少温情。但在我看来只有把每个员工都培养成创业伙伴，公司才能经营得更好。”郑南雁很推崇美国式的监管理念，表面上不怎么管，一旦违规则必须对结果负责，“这样会使得社会管理成本很低”。

任何管理都是有利有弊的，这种“放羊式”当然也有缺点：分店间缺乏协同效应。为弥补之，7 天设立了“区域执政官”这一协调性职位：各区域通过民主选举选出一位店长兼任“执政官”，作为区域连锁业务的最高负责人，负责提升区域业绩、组织协调其余店长的工作。“执政官”享有一定的财权、评估权，但无人事任免权。一旦获任“执政官”，工资就翻了一倍，相当于多了一笔补贴，做得好还会上涨。“执政官”每年选举一次，为的是避免形成官僚机制，技术出身的郑南雁对之有天然的反感。目前，7 天在全国共有 25 位“执政官”。其中，广州、北京两个城市由于分店数量太多，分别设置了 2 位。

店长与总部之间，还有一级组织：“立法会”。从内部选出“九大立委”——由 9 位店长组成的团体，对公司治理结构中的重要决策具有审议权。为了让“立法会”的存在不流于形式，每次召开会议都要对 7 天的全体员工全程直播。普通员工有任何想法，都可随时给系统内任何一人电邮；但要成为店长，则需经受三个月的密集培训，期间可能面临洗两个月厕所之遭遇。店长又分为七个星级，目前最高星级者为五星，共有 3 位，都做过“区域执政官”；四星级店长则有 20 多位，享受“创业计划”，得到公司借款，利率接近银行，但一旦离职必须尽数还清；三星级店长开始享受期权；达到一星级的店长开始享受奖金。

如是，公司就像一个小社会，一套复合型系统将一切的人和事串联起来。郑南雁说他从不参加任何商会，因为在他看来，相比较人脉关系带来的信息和利益，内部系统的运转和消费者需求的满足更为重要。

6. 采取会员制营销

最初为控制成本,"7 天"选择了"推广会员制"这种直销模式,而不像很多连锁型经济饭店那样,依附第三方平台推广饭店。自 2005 年"7 天"第一家店成立时,其自主开发的中央预订系统也投入使用。通过采取会员制营销,依靠强大的网络体系,7 天使得客人能够直接通过企业门户网站获得便利的订房服务,从而节约成本。现在很多饭店都和中介多少有合作,有些销售能力不佳的小饭店可能很依赖中介渠道,相比于行业 10%～15% 的中介预订比例,7 天把这个数字降低在 1%左右。庞大的会员数量成为 7 天全直销计划的坚实基础。目前,7 天会员数已达 1300 万,是中国首家会员数突破千万大关的品牌经济型饭店,而在 7 天网站、热线、短信以及 WAP 四种方式预订中,来源于网络平台的订房量占比已超过 60%,呼叫中心则占到 20%左右。在这种前提下,7 天与中介分道扬镳已然水到渠成。

闯关测试

通过创办价格低廉却充满时尚艺术感的精品饭店,中国企业家吴海正享受着他的成功果实。自 2006 年创办以来短短 3 年内,总部设在北京的桔子酒店集团旗下已有 16 家饭店。现年 40 岁的吴海是桔子酒店集团的创办人兼首席执行官,他把饭店的设计定位于新潮时尚。饭店以"桔子"命名正是仿效资讯科技业巨头苹果公司的新潮做法。正在 INSEAD 攻读高级管理人员工商管理硕士学位(EMBA)的吴海解释说:"桔子很容易被记住,电脑品牌可以叫做苹果,为什么饭店就不能称之为桔子?"

吴海在接受 INSEAD 智库网访问时谈到,他决定创办桔子酒店集团是因为他看到中国饭店业虽有高档和经济型连锁饭店,却没有适合中端市场的经济型精品饭店。目前桔子酒店遍及北京、宁波、杭州和南京等各大城市。吴海创办酒店的灵感来自他到美国旅行时入住的经济型精品饭店。鉴于中国饭店"大同小异",吴海看到了脱颖而出的商机。

思考题

1. 可以通过网络、实地考察等方式,多渠道了解桔子酒店的特点,分析桔子酒店和目前中国市场上其他经济型饭店的区别。

2. 分析桔子酒店取得成功的原因。

第八章　饭店组织

引言：哈罗德·孔茨提到："为了使人们能为实现目标而有效地工作，就必须设计和维持一种职务结构，这就是组织管理职能的目的。"组织是管理的心脏，饭店组织管理是饭店管理的一项重要职能。饭店组织管理是否有成效，直接影响饭店的运营成果。

教学目标

1. 掌握饭店组织的概念。
2. 掌握饭店组织管理包括的内容。
3. 了解不同的饭店组织结构类型。

核心概念

饭店组织

第一节　饭店组织管理概述

一、饭店组织的含义

1. 组织的一般含义

组织是为了达到某些特定目标，在分工合作的基础上所构成的人的集合。

组织作为人的集合，不是简单的毫无关联的人与人的总和，它是人们为了实现一定目的而有意识地协同劳动所产生的群体。可以发现我们周围被称之为组织的群体，如某政府部门、某社会团体、某企业，这些组织从事活动各不相同，但它们都有目的、有计划、有步骤地对个体行为进行协调，形成集体的行为。这一含义包括 4 个方面的主要内容：

(1)组织是一个人的系统。这一系统是由人建立的、以人为主体组成的具有特定功能的整体。

(2)组织必须有特定的目标。目标是组织存在的前提，组织目标反映了组织的性质及其存在的价值。

(3)组织必须有分工与协作。组织的本质在于协作，正是由于人们聚集在一起，协同完成某项活动才产生了组织。组织功能的产生是人类协作劳动的结果。

(4)组织必须有不同层次的权利与责任制度。权责关系的统一,使组织内部形成反映组织自身内部有机联系的不同管理层次这种联系是在分工协作的基础上形成的,是实现合理分工协作的保障。组织规模越大,权责关系的处理就越重要。

2. 组织的管理学含义

在管理学中,组织被看做反映工作职位和一些个人之间关系的网络式结构。

管理学中,组织含义可以从静态与动态两个方面来理解。静态方面指组织结构,也即反映人、职位、任务以及它们之间特定关系的网络。这一网络可以把分工的范围、程度、相互之间的协调配合关系、各自的任务和职责等用部门和层次的方式确定下来,成为组织的框架体系。动态方面即指维持与变革组织结构以完成组织目标的过程。企业必须根据组织的目标建立组织结构,并不断地协调组织结构以适应环境的变化。

正是从组织的动态理解,组织被作为管理的一种基本职能。通过组织结构的建立与变革将生产经营活动的各个要素、各个环节从时间上、空间上科学地组织起来,使每个成员都能接受领导、协调行动,从而产生新的整体职能。

企业的组织结构是企业全体员工为实现企业目标,在管理工作中进行分工协作,在职务范围、责任和权利方面所形成的结构体系。就像人类由骨架确定形体一样,组织也是由结构确定的。

3. 饭店组织的含义

饭店组织是由饭店管理人员、服务人员和其他各种技术人员所组成的组合体。这些人员之间相互关联,通过运用各种管理方法和操作技术、技能,把投入饭店的资金、物资、信息转化为可供出售的产品,以达到饭店经营的目的。

二、饭店组织的类型

饭店组织存在着正式组织和非正式组织之分。随着现代科技、互联网的发展,还出现了虚拟组织。为充分发挥员工的创造性思维能力,实现共同的愿景,饭店也成立了学习型组织。

1. 正式组织

正式组织是指为实现一定目标,并按照一定程序建立起来的,有明确职责和组织结构的组织。正式组织有四个基本特征:①目的性,正式组织有明确的目标。它是经过设计、规划,为了实现组织目标而有意识建立的,因此,正式组织要采取什么样的结构形态,从本质上说应该服从于实现组织目标和落实战略计划的需要。这种目的性决定了组织工作通常是在计划工作之后进行的。②合法性,正式组织是经过政府认可的实体,不是自发形成的。③正规性,正式组织是一个有机的系统,它建立不同层次结构并配备相应的人员、职务、权力与责任,其成员在各自岗位上为实现组织目标而分工合作。正式组织通过其所制定的严格规章制度来规范成员行动,规章制度对成员具有强制性作用。正式组织还建立了考核和奖惩制度,对所属单位和个人有显著贡献者给予表彰或奖励;对于工作任务完成不好或违反纪律者,视情况给予必要的处罚。④稳定性,正式组织一经建立,通常会维持一段时间相对不变,只有在内外环境条件发生了较大变化而使原有组织形式明显不适应时,才会提出进行组织重组和变革的要求。

饭店正式组织是有明确的经营目标、明确的职责范围的组织体系，经饭店管理者设计而成。饭店正式组织以完成饭店经营目标为中心，借助饭店组织结构图和职务说明书等明确组织成员职责。饭店正式组织反映饭店管理理念和模式，有明确的组织目标、任务和职能，有明确的责任、权利和行为规范。

2. 非正式组织

非正式组织是伴随着正式组织的运转而形成的。在正式组织展开活动的过程中，组织成员必然发生业务上的联系。这种工作上的接触会促进成员之间的相互认识和了解。他们会渐渐发现在其他同事身上也存在一些自己所具有、所欣赏、所喜爱的东西，从而相互吸引和接受，并开始工作以外的联系。频繁的非正式联系又促进了他们之间的相互了解。久而久之，一些正式组织的成员之间的私人关系从相互接受、了解逐步上升为友谊，一些无形的、与正式组织有联系但又独立于正式组织之外的小群体便慢慢地形成了，被称做非正式组织。

非正式组织具有如下特点：①它是不受正式组织制度束缚的自发性群体。②它是以情感为纽带、有弹性的团体。非正式组织的成员不是固定的，由于"感情"缺乏外在的固定模式，所以非正式组织的进入和退出不需要履行正式组织那样的手续。③非正式组织内的活动是自愿的，对于其成员来说是没有任何报酬的，他们所得到的只是感情上的需要和心理上的满足。④非正式组织的行为规范是非制度化的。非正式组织虽在形成过程中会逐步形成成员一致认同和接受的不成文的规范，而且非正式组织的成员也会自觉地遵守，但这些行为规范不可能采取制度化的形式。非正式组织中的行为规范被违反时，所采取的只能是孤立、疏远等拉开感情的措施。⑤非正式组织一般会有一位核心人物，但大多不是正式组织中的领导。非正式组织的领袖人物没有制度化的权力，他们发挥作用的唯一基础是个人影响力。

饭店非正式组织对饭店正式组织有较强的影响力，是饭店组织管理不可忽视的群体。该群体成员有表达思想的机会，如果被管理者有效地指导和利用，可提高职工士气并促进饭店组织的稳定性，还可提高自信心，减少工作紧张感，为饭店经营发挥重要作用。但当非正式组织目标与饭店经营目标不一致时，将成为饭店经营管理的障碍。

3. 虚拟组织

虚拟组织也称网络组织，是饭店业利用现代信息技术建立起来的新型组织结构，是饭店通过与外部组织建立和维持契约关系，达成互惠互利、相互协作并销售产品等建立起的合作组织。实际上，虚拟组织指两个以上的独立实体，为迅速向市场提供产品和服务，在一定时间内结成的动态联盟。该组织不具有法人资格，也没有固定的组织层次和内部指挥系统，只是一种开放式的组织结构。1993 年，美国《商业周刊》将虚拟组织定义为运用技术手段把人员、资产和创意动态地联系在一起的新型组织形式。虚拟组织的特点是：充分整合饭店外部的资源，以强大的组织结构和成本优势及机动性完成饭店本身难以承担的某些经营功能，如产品开发、产品销售等。饭店虚拟组织的优势是组织精简，经营灵活，能满足顾客不断变化的需求，为顾客提供最佳产品。其缺点是：饭店作为虚拟组织成员之一，无法对其他成员施加有效控制，在虚拟组织中职工的流动性很强，很难形成凝聚力。

4. 学习型组织

学习型组织是指通过培养弥漫于整个组织的学习气氛、充分发挥员工的创造性思维能力而建立起来的一种有机的、高度柔性的、扁平的、符合人性的、能持续发展的组织。学习型组织的特点是:①组织成员拥有一个共同的愿景,组织的共同愿景来源于员工个人的愿景而又高于个人的愿景,它是组织中所有员工的共同理想,它能使不同个性的人凝聚在一起,朝着组织共同的目标努力。②组织由多个创造个体组成,在学习型组织中,团队是最基本的学习单位,团队本身应理解为彼此需要配合。组织的所有目标都是直接或间接地通过团队的努力来达到的。③善于不断学习,这是学习型组织的本质特征。所谓“善于不断学习”,主要有四点含义:一是强调“终身学习”。即组织中的成员均应养成终身学习的习惯,这样才能形成组织里浓厚的学习气氛,促使其成员在工作中不断学习。二是强调“全员学习”。即企业组织的决策层、管理层、操作层都要全心投入学习,尤其是管理决策层,他们是决定企业发展方向和命运的重要阶层,因而更需要学习。三是强调“全过程学习”。即学习必须贯彻于组织系统运行的整个过程之中。一个学习型组织不应该是先学习然后进行准备、计划、推行,不要把学习与工作分割开,应强调边学习边准备、边学习边计划、边学习边推行。四是强调“团体学习”。即不但重视个人学习和个人智力的开发,更强调组织成员的合作学习和群体智力(组织智力)的开发。④“地方为主”的扁平式组织结构,学习型组织的组织结构是扁平的,即从最上面的决策层到最下面的操作层,中间相隔层次极少。它尽最大可能将决策权向组织结构的下层移动,让最下层单位拥有充分的自主权。⑤自主管理,自主管理是使组织成员能边工作边学习,并使工作和学习紧密结合的方法。通过自主管理,组织成员可以自己发现工作中的问题,自己选择伙伴组成团队,自己选定改革、进取的目标,自己进行现状调查,自己分析原因,自己制定对策,自己组织实施,自己检查效果,自己评估总结。团队成员在自主管理的过程中,能形成共同愿景,能以开放求实的心态互相切磋,不断学习新知识,不断进行创新,从而增加组织快速应变、创造未来的能力。

饭店学习型组织使得饭店管理者成为设计师、仆人和教师。饭店管理者的设计工作是对组织要素进行整合的过程,他要设计组织发展的基本理念。自觉接受愿景的召唤,协助员工对真实情况进行正确、深刻地把握,提高员工对组织系统的了解能力,促进每个人的学习。饭店学习型组织一般都建立一定的学习制度,定期组织教育和培训,鼓励员工学习,不断更新和深化自己的知识,有利于饭店不断吸收新信息和新知识,站在时代的前端,随时调整自己的发展方向和市场适应能力。

三、饭店组织管理的内容

饭店组织管理是指饭店对实现目标的各种组织要素和人们在经济活动中的相互关系进行组合、配置的活动。组织管理是有规律、有实际的常规性内容的管理,要使组织管理成为规范和科学,就要有组织制度保证。我们在执行组织职能是以组织制度为依据。组织管理的内容和组织制度紧密联系在一起。

(一)构建合理的组织结构

内容包括:

1. 制作组织结构图

组织结构图是全面反映饭店组织内部组织结构、权责关系、岗位分工、人员安排的综合图解。

2. 业务范围划分

在部门设置和管理层次划分后,要确定各部门各层次的业务内容,即把饭店所有的业务分解并划归某一部门某一层次,这称为业务界面划分。在划分饭店业务范围时要把握几个要点:

第一,饭店所有的业务都要有归属,哪怕再小的业务也必须落实到某一个部门,不能有"三不管"业务。

第二,一些涉及几个部门的业务,一方面要强调相互间的协作,同时要把各部门对同一业务的权限进行明确的划分。如预订业务涉及销售部和前厅部,房内送餐服务涉及客房部和餐饮部等。

第三,业务界面划分以后,要以制度的形式(如职务说明书、服务规程等)给予确定。职务说明书是对每个职务(岗位)的工作内容、职责、权力,组织中其他部门和职务的关系,要求担任该职务者必须具备的基本素质、技术知识、工作经验、处理问题的能力等条件的具体规定和描述的饭店文件。服务规程是以描述性的语言规定饭店某一特定的服务过程所包含的内容和作业顺序,规定该服务过程所应达到的规格和标准。服务规程既是服务过程动态的标准,也是服务的规范。以服务规程来控制饭店服务质量,这是饭店服务质量管理的一大特点。

(二)编制定员

编制定员是核定各岗位、各班组、各部门及全饭店的管理人员和服务员的数量,并根据编制配备各类人员。

通常,饭店根据经营方向、规模、档次、业务类型、组织机构、员工政治思想和业务素质等,本着节约用人、提高效率的宗旨,来确定必须配备的各类人员的数量。然后,在建立岗位责任制的基础上,按照编制定员合理配备各类人员。

编制定员是饭店制定人力资源管理计划的基础、科学安排各类人员的依据,对于合理使用人力资源、提高工作效率具有重要意义。

(三)组织运转

1. 建立饭店管理制度

饭店是一个正式组织,正式组织的特点之一就是有明文规定的规章制度。组织有组织的目标,为了达到组织目标就要有组织的统一意志和统一行动,而组织的统一行动必须由规章制度予以制约。组织是多人劳动的协作体,多人共同劳动强调一致和协作,反对随心所欲及各行其是，组织管理把每个成员的行为纳入到组织的步调中来，其方式就是规章制度。

2. 组织联系

组织联系主要指组织的业务联系。岗位责任制确定以后，各岗位的业务明确了，各岗位的业务可以进行了。但作为全饭店及各部门的业务要运作起来，就要把各岗位的业务联系起来，使之相互协作相互配合，形成一个业务协作的整体。

饭店组织的联系首先由业务设计来完成。在各部门及全饭店的业务设计中把各岗位业务通过纵横的联系连成一个个业务过程，把一个个业务过程再通过纵横的联系连成一个饭店的业务系统。

组织联系的第二步是通过制定各业务过程的服务规程进行深化。服务规程以作业联系的形式把饭店的业务联系成一个系统。

组织联系的第三步是设计建立信息系统。在组织联系中设计信息系统，主要是根据信息流和业务运作过程进行表单设计和表单传递设计。

3. 任务分配

把组织目标的具体任务具体内容分解落实到各部门，这就是组织管理中的任务分配。

(1)确定组织目标　饭店作为一个组织，有组织的目标，组织目标都包含在饭店的计划之中。饭店的各类计划形成计划体系，计划体系的主干是计划指标。饭店在经过决策后制定了计划，在计划中提出各项计划指标。饭店的计划指标体系就是组织未来要达到的目标。

(2)分解指标和分配任务　组织确定目标以后，整个组织的各分系统都要团结一致为组织目标而努力奋斗。组织目标正是在各部门完成各自任务的基础上实现的。因此，各部门明确并完成各自的任务就成了组织达到目标的关键。为此，饭店要对各部门、各部门要对各班组下达指标并分配任务。首先，饭店要把计划指标进行分解，分解成能落实到各部门的部门指标，并把这些指标落实到各部门。其次，把达到指标的各具体业务任务分配到各部门。再次，各部门根据指标和业务任务制定本部门的部门计划。这是组织管理进行任务分配的一系列工作。组织管理在任务分配以后，饭店及各级管理部门要积极创造条件为所属部门完成任务和计划目标创造一个良好的环境。

(3)考核目标　组织分配任务以后，要了解任务完成得怎样，是否达到各阶段目标，就要对分配的任务和目标进行考核。饭店考核目标通常以月为单位进行，考核目标时对任务完成情况进行评估，对是否达到目标进行分析，对目标的质量进行判定。在此基础上对完成下阶段的目标和任务提出意见和措施。

4. 劳动组织形式

劳动组织形式是通过一定的形式和方法使饭店岗位劳动连成一个流程，随着宾客的旅居活动而行进，同时使岗位劳动横向联系和协作形成一个多使用价值的和谐整体。劳动组织形式有三层含义：一是把单个的劳动组合成集体劳动，组合成为一个组织；二是纵向形成业务流程，完成特定的接待过程；三是横向组合各业务联系。

组织管理要把各岗位单个的劳动组合成一个业务运转的整体，使每个岗位的劳动不仅有连贯性和行进性，而且有协调性和节奏性。这些要用劳动组织形式来完成。

(1)业务流程和协作　组织管理明确了岗位职责以后,要把有前后联系的相关岗位按一定的程序连贯起来,这就叫业务流程。饭店要进行业务流程设计。业务流程设计先是把每个岗位的作业内容按业务运行规律排列前后顺序,再把相关岗位的有前后时序关系的业务内容排列前后顺序,从而形成业务的流程。业务流程有相应的服务规程与之配套。员工按服务规程进行作业,按业务流程来衔接各业务。纵向的业务联系在业务流程中得以实现,形成了纵向的劳动组织形式。岗位与岗位间、业务流程与业务流程间有着广泛的经常联系,用服务规程形式、信息形式、组织协调形式等劳动组织形式来保证业务的横向联系。在业务的横向联系中信息起着重要的作用,其中通过电脑的信息传输和通过表单传递进行的信息传输是最常用的信息联系方式。饭店在确定劳动组织形式的时候往往把信息联系放在一起进行设计和组织。

(2)排班　劳动组织最规则的形式是排班。排班是根据各岗位及由岗位组成的班组的业务规律来规定工作时间和时间段,规定作业内容。在同一时间从事同一性质和内容的一群人就形成了班组。班组是饭店劳动的基层组织。排班实际上是以岗位或班组为单位的劳动分工形式。排班有两种形式:

一是按作业时间区分,排成时间班。时间班是以日为单位,确定日工作时间和时间段,如早、中、晚班等。

二是按工作性质业务内容排成业务班。按业务性质排班,先对业务内容进行归类,把性质相同的业务归为一类,再对业务进行业务量的划分,业务量划分以班组能完成的量为基础,业务量划分后再配备相应的班组。有时也以区域来划分业务量,如中餐厅、宴会厅、大堂吧、屋顶花园吧等。按业务性质排班,一个班组从事同样的工作,这就对饭店业务进行了分工。例如,前厅是一个业务区域,在这个区域里根据业务内容的不同可有总台组、行李组、总机组、商务中心任务组等班组。

排班是劳动组织中一个重要的内容,也是一项很细致的工作。排班既要做到业务分工上的合理性,又要做到工时安排上的合理性,非常讲究技巧和方法。

排班应先做作业研究,通过作业研究确定各班次的工作量、工作定额、日工作量,为核定班次人数提供依据。然后由各部门按业务特点排定业务班次,排业务班次是为了按业务性质进行分工,所以,业务班次的业务界面要明确。业务班次排妥后再排时间班次。排时间班次是为了确定每个时间段的工作班组。排时间班次要明确时间段,各时间班次的工作任务、工作内容、工作量、工作重点。

(四)组织变革

组织变革是指对饭店组织的调整、改革和再设计。当饭店在运行中发现原先的组织设计不够完善或当内外部环境出现新的情况,就有必要对饭店组织进行调整和变革,以提高组织的效能,增强组织的适应性。随着市场需求的不断变化,饭店也应对组织机构随时进行调整以适应市场需求的变化,使饭店在竞争中立于不败之地。

(五)对非正式组织的管理

非正式组织是一个不以人们意志为转移的客观存在,其消极作用是难以禁止和取消的。由于非正式组织具有许多有利于正式组织的积极作用，正式组织的领导人就应该充分利用非正式组织，以达到培养集体意识的目的。

1. 非正式组织的消极作用

（1）影响工作效率　如果非正式组织的目标同正式组织的目标发生冲突，它就会成为影响正式组织目标实现的障碍，它能够降低其内部成员对正式组织目标的认同感，影响他们工作的积极性和责任感。

（2）传播流言　非正式组织内部的成员聚集在一起，很容易传播小道消息与流言。

（3）控制内部成员行为　非正式组织内部成员往往为了使自己顺应非正式组织的标准，不得不采取一种众人行为，这很容易挫伤个人的积极性。

2. 对非正式组织的管理措施

（1）建立通畅的正式沟通渠道　非正式沟通往往是由于缺乏正式的信息沟通才产生的，并且由于非正式沟通的非规范性和非权威性，经常会引起信息的失真。当通过这种非正式的渠道所传递的信息严重失真并引起组织内部的人心涣散和惶恐时，它就会对组织造成极大的伤害。为此，作为管理者，当面对危机时，首先应致力于迅速在组织内部建立起权威的、正式的信息沟通渠道。当组织内的员工对组织的任何情况产生疑问时，有一个合法的渠道获取真实的信息，就能把非正式沟通给饭店带来的损失减少到到最低限度。

（2）消除同质化　非正式组织的根源就在于同质化，比如相似的经历、学历、年龄，相似的背景、价值观，来自同一个城市、同一所大学，等等，这是非正式组织存在和发展的基础。同质化使得员工在压力之下或利益的驱动下能更快地取得一致，从而为非正式组织的紧密化提供良好的条件。所以尽量保持员工的多样化、差异化是最容易达到效果的方法

（3）引导非正式沟通　考虑到非正式沟通对缓解工作压力、增进人际关系的作用，饭店管理者可以考虑更多地创造机会，在组织内部正确引导非正式沟通渠道，从而使上下级之间、同级之间有更多的机会了解、沟通，最终使组织能够健康发展。可以为非正式组织群体成员意见的沟通组织一些活动，如各种舞会、联欢会、恳谈会等，举办各种专栏、有奖征文，开展合理化建议、体育比赛，等等，对他们进行潜移默化的影响，逐渐使其接近或认同企业的观点。

（六）完善饭店规章制度

饭店的规章制度是用文字条例的形式规定员工在饭店里的行为规范和行为准则。由于饭店行业的特殊性，饭店在实行现代化管理中制定的制度比较多，执行制度较为严格，制度在饭店管理中起着重要的作用。饭店管理者要对制度有一个全面的认识，制定完善的规章制度。一般而言，饭店有如下规章制度。

1. 饭店管理方案

饭店管理方案是饭店根据饭店管理的原理和本饭店的特点，对饭店及各部门的管理思想、原则、内容、方法所作的规定。管理方案既提出了饭店整体的管理，又提出了各部门各方面的管理原则和方法，因此它是饭店实际管理工作的依据，是饭店管理的纲领性

文件。

饭店管理方案(也有的饭店称管理模式)可以有多种形式,每个饭店形成管理方案的结构和内容也可能不同,但管理方案的基本内容有两个部分:一个部分是饭店整体管理方案,一个部分是各部门的管理方案。

饭店整体管理方案提出饭店整体管理的思想和方法。首先要提出饭店的企业精神和饭店管理的基本思想,对本饭店管理作基本的定位,确定本饭店管理的基本水准,然后是本饭店管理在各个领域的展开。这些展开的领域主要有:组织管理、服务质量管理、市场营销管理、公共关系管理、人事管理、设备管理、物资管理、财务管理、安全管理、业务管理、企业文化等,对这些管理都要提出原则、内容、方法,提出这些管理的基调。

饭店部门管理方案是提出各部门管理的思路和方法。各部门的业务内容是不同的,管理的具体内容和方法也不完全一样。各部门针对自身的业务内容和特点,提出部门管理的基本目标、思想、内容、方法。部门管理侧重在决策和计划、业务管理、服务质量、效益等方面。

整体管理方案和部门管理方案两部分有机地结合起来,就构成了饭店管理方案。饭店管理方案是饭店管理的基本依据,管理必须照此实施。饭店一般定期在店务会议上检查管理方案的实施情况,保证管理者按管理方案进行科学管理。

2. 员工手册

员工手册是饭店的又一个基本制度。员工手册是规定全饭店的员工共同拥有的权利和义务、共同应遵守的行为规范的条文文件。员工手册对每个饭店来说都是必备文件,是饭店发放最广的文件。员工手册与每个员工都休戚相关,因而它是饭店里最带有普遍意义、运用最广泛的制度条文。

员工手册的内容主要有:序言、总则、组织管理、劳动管理(包括用工类别、聘用条件、劳动制度、劳动合同、体格检查、试用期、工作时间、超时工资、人员培训、工作调度、调职与晋升、合同解除等)、员工福利(各种假期、医疗福利、劳动保险、工作餐等)、宾馆规则(包括礼节礼貌、考勤、行为规范、员工投诉、使用电话、宾客投诉、离职手续等)、奖励和纪律处分、安全守则、修订和解释。

员工手册的内容非常丰富,包罗万象。员工手册要杜绝空话和废话,条文规定要简单明确,便于操作。饭店要经常给员工讲解员工手册,使员工熟知其中的内容以便执行。

3. 经济责任制

饭店的经济责任制简单地说就是在确定了组织目标后,把组织目标以指标的形式进行分解,层层落实到部门、班组、个人,并按照责、权、利相一致的原则实行效益挂钩的一种管理制度。经济责任制的核心是责、权、利的一致。这种一致是以制度或内部合同的形式予以确定的。经济责任制的内容主要有:通过决策制订计划,提出组织目标。分解计划指标并把它落实到各部门及班组,从而提出各部门及班组的经济责任。为保证完成经济责任,饭店要给部门及班组授权并创造必要的条件,提出完不成、完成、超额完成计划指标的经济利益分配,即收益与效益挂钩。经济责任制要提出分配与效益挂钩的具体办法,对完成经济责任的考核,要提出时间、考核项目、考核方法,根据考核的实绩兑现分配,从饭店到个人层层落实经济责任制的分配方案。

经济责任制是一项很细微的工作，从制订计划、分解指标到考核业绩、落实分配都有很细的工作要做。经济责任制又是一项政策性很强的工作。该制度旨在调动全体员工的积极性，但如处理不当，又会挫伤员工工作的积极性。在制定经济责任制时，一定要十分谨慎，在经过反复讨论后才出台其方案。经济责任制每年都要制定，在实施的过程中根据情况变化还要作修订。

4. 岗位责任制

岗位责任制是以岗位为单位，具体规定了每个岗位及该岗位人员的职责、工作内容、工作范围、作业标准、权限、工作量等的责任制度。岗位责任制使每个员工都明白自己所在的岗位要完成哪些工作、什么叫做好本职工作。岗位责任制在每个饭店都是必要的。岗位责任制的内容主要有：明确岗位和岗位名称，该岗位的直接上级（即对谁负责），该岗位的直接下级（即领导谁），岗位的职责和工作内容、工作量、工作质量标准，岗位权限，对有些岗位还要确定人员上岗的标准。岗位责任制有一套对岗位人员的考核办法，岗位考核由部门按日、周、月进行。

5. 部门制度

部门制度在饭店是一类很重要的制度。部门制度是指各部门根据自身的业务特点为规范部门行为而制定的制度。部门制度是有特殊性的，只适用于部门运转的制度。部门制度的制定一方面要依据饭店的基本制度，另一方面要紧扣自己部门的业务特点，使部门制度对部门的运行能起到特别的规范行为的作用。部门制度主要有：

（1）业务运转责任制度　这类制度主要是针对业务运转而制定的，这类制度有：业务情况和业务活动记录统计制度，排班、替班、交接班制度，业务流程制度，服务质量考评制度，卫生制度，表单填写制度，信息传输制度，例外事件处理制度等。该类制度的主要内容根据部门的业务不同可繁可简。

（2）设备设施管理制度　各部门所配置的设备设施各不相同，对设备设施的管理要求也不一样。各部门在设备部门的统一指导下，根据设备部门提出的要求和各自设备的特点制定设备设施管理制度。如果一个部门拥有多种设备设施，可以按设备种类制定各种设备设施的管理制度。

（3）服务质量标准　每个部门根据各自的特点和饭店的决策制定本部门服务质量标准。

（4）部门纪律　其是各部门员工的基本行为规范，是根据各部门业务特点制定的部门纪律。

（5）物品管理制度　部门物品管理制度主要有：物品分级管理制度，物品领用使用制度，物品保管责任制度，物品的成本核算制度，物品盘存盘库制度，重要物品专人保管制度。

（6）劳动考核制度　其包括考勤制度，任务分配工作安排制度，作业检查制度，劳动考核和工作原始记录制度，奖金分配制度，部门违规处理制度。

（7）财务制度　其包括各部门收银及现金管理制度，信用消费制度，支付制度，资金审批制度，营业外收入制度，流动资金部门管理制度等。

6. 专业管理制度

专业管理制度主要是针对职能部门而言的。专业管理制度是由专业的职能部门制定而在全饭店通用,要求全体员工都遵照执行的那些制度。专业管理制度主要有:

(1)行政性制度　行政性制度是对饭店的行政事务所规定的一些制度,主要有行文制度,报告制度,发文制度,行政档案制度,与行政主管部门联系制度,保密制度,内部接待制度。

(2)人事制度　其是人事部对所属各单位的管理制度,包括人事部所属各单位对全体员工的服务制度,技术职称考评制度,人事管理制度,劳动工资制度,奖惩制度,人员培训制度,晋升制度,福利制度等。

(3)安全保卫制度　饭店安全保卫制度主要有四大类:一是和公安、安全、消防部门接轨,按这些部门要求制定的安全保卫制度。二是饭店的内保制度,包括各部门的内保制度。三是消防安全制度,包括部门的消防安全制度。四是交通安全制度。安全保卫制度有的是单独制定的,有的是包含在其他各项制度里的。

(4)财务制度　饭店的财务制度较多、较复杂。财务制度根据财政部门对旅游财务会计的规定、饭店的决策、本饭店的实际情况分门别类地制定。财务制度一要和国家的规定相衔接,二要和部门财务制度相衔接,三要根据饭店实际业务运行特点。财务制度既要严密,又要积极为饭店的经营服务。

7. 饭店工作制度

饭店在管理和行政中有许多例行的工作,对这些工作要制定一定的制度,以便在工作中照章办事。工作制度主要有:

(1)会议制度　饭店的会议不宜多但不能没有会议。饭店的会议主要有:早会、晚会、店务会议、办公会议、年会、职工大会、部门业务会议、班前会、党组织生活等。对这些例行会议都要有制度。

(2)饭店总结制度。

(3)决策和制订计划制度。

(4)质量监督制度。

第二节　饭店的组织结构

饭店的组织形式表现为组织结构。饭店的组织结构是指饭店各部分的划分,各部分在组织系统中的位置、聚集状态及互相联系的形式。饭店的组织结构反映了管理者的经营思想、管理体制,直接影响经营的效率和效益。组织结构是在遵循组织原则的基础上根据饭店的实际情况形成的。

一、饭店组织结构设置原则

(一)组织形式服从组织目标

组织目标是组织行动的目的。饭店管理的一切都是为了目标,没有目标也就用不着管理,也就不需要组织职能。饭店的目标就是效益,即社会效益和经济效益。效益又和效率有密切的关系,组织也就必须服从效益和效率的原则。具体要求:

1. 组织形式要和市场经济协调,服从饭店市场竞争的需要

饭店组织要和市场紧密联系起来,有利于与市场信息的沟通,有利于强化促销。如饭店设置市场销售部、公关部,前厅设有大堂副理和订房部等,这些都是和市场相联系的组织形式。

2. 组织形式要为效率服务

饭店效率一是取决于全体员工的积极性和士气,二是取决于组织的有效性。由于饭店业务形式的分散性和业务内容的随机性,就算员工的积极性和士气再高,还需要组织的有效性以保证效率。

为了饭店的效率,饭店要做到:

一是根据管理幅度原则和实际需要确定饭店的组织层次。层次太少违背等级原则,容易造成混乱;层次太多环节就多,运行缓慢。这两者都会影响效率。一般来说,层次能简则简。如小型饭店没有必要设总监层。

二是按需设岗位。饭店岗位的设计是很有科学性和艺术性的工作。岗位是应工作的必需而设置的。一个岗位要分析其功用、内容、工作量、环节周转和其他岗位的关系,有无替代性等。对可设可不设的岗位一般不设,但对应设的岗位也不能随意取消。

三是精兵简政,精简人员。在核定每个岗位合理的工作量后,按工作定额配备人员,每个岗位尽量不要有富余人员。饭店工作内容弹性较大,因此在人员配备上一般偏紧配置。人员精悍工作量饱和,才能保证效率和提高效率。

3. 管理职位为管理目标服务

为了组织目标才需要管理,管理职位正是为管理而设。职位设置不当就会造成管理的错位而使管理混乱,严重影响饭店的目标。有很多饭店正是因职位滥设而形成尴尬的局面:要么三个和尚没水吃——工作推三阻四;要么把组织目标放在一边为争权夺利而勾心斗角,造成饭店管理劣质低效。管理职位一定要按需设置,决不能因人设置或随意设置。根据科学管理的原理,饭店设置总经理后,按需配备副总经理或总经理助理,高层管理层副职应从严控制。部门经理(包括总监层)以下的管理职位基本上是一职一人不设副职,视需要可设置助理,以保证效率。职位的合理设置能使饭店管理成为一个有效的协作系统,有利于组织目标的实现。

(二)饭店的组织路线要为目标服务

就饭店来说,目标确定以后,管理人员就是决定因素。用人,就是饭店的组织路线。

饭店的组织路线是"德才兼备,以德为重"。饭店处在激烈的市场竞争环境中,现时的饭店不仅仅是效益好坏的问题,而且首先是生存问题,它要靠人去营造生存空间,然后再由人去制造效益。为了饭店的目标,必须选拔那些经过考验的德才兼备的人员到管理岗位上来。饭店坚持管理人员的选用标准应是"本质好、会管理、懂业务、自身素质好"。

(三)等级链和指挥统一原则

等级链的原则是由法约尔提出来的。法约尔用一个大环下面挂着若干链条的图示来表示等级链。大环表示最高管理者,一条链条表示组织中的某一个业务系统。饭店作为一个组织系统从上到下形成了各管理层次,从最高层次的管理者到最低层次的管理者之间组成了一条链条系统结构——等级链。这个链条系统结构反映的组织特点是:

首先,它是有层次有等级的。

其次,每一条链上的各环是垂直而相互联系的,所有的链都连接于最高一环——总经理。每个链条结构是一条权力线,是发布命令、指挥控制、信息反馈的途径。

从等级链的原则出发,也引出了组织管理中的一些基本原则:

1. 权力和责任原则

要使组织服从统一意志,必须建立管理者的权力和权威。管理者的权力应由组织给予明确规定。各级管理者拥有权力也应担负相应的责任。饭店组织的要求是把责任明确地落实到人,谁负什么责任都应该很清楚。

2. 服从命令原则

饭店强调在组织上必须服从命令,由于饭店业务的机动性和随机性比较大,个人行为的机动性和随机性也比较大,因此服从命令的要求比其他行业更高些。饭店业有一句话叫做"对上级的命令不管对错与否都应该执行",如果借口命令是错的而拒绝执行命令,则任何命令都可以因种种理由而遭拒绝。命令应该有其严肃性。当然从权责一致的原则出发,指挥者应该对自己的命令负责,如果命令错了,谁发布的命令就由谁负责。

3. 命令统一原则

从最高管理层到最低管理层的命令精神应该保持一致,命令不能是简单的复述,而应该由执行者根据自身环境的具体情况给予发挥和具体化。饭店的命令要层层下达,都应该是指挥者向直接下属下达而不越级指挥。现代饭店要求饭店每个员工只有一个顶头上司,他只听命于这位顶头上司。

(四)管理幅度与授权原则

1. 管理幅度原则

管理幅度,也叫管理跨度、组织宽度。管理幅度是一位管理者能够有效领导、监督、指挥直接下属的人数。

管理者的管理幅度是有限度的。有人曾提出,饭店总经理为 3 人,副总经理为 4 人,部门经理为 6 人,主管为 6 人,领班为 12 人。实际上,这些都只能是经验数,管理幅度取决于多种因素,如管理人员的能力、员工的素质、饭店的规模、各部门的业务情况等。

组织宽度决定饭店的组织形式是金字塔形的。

2. 授权原则

饭店组织就是根据组织宽度分成多个管理层次,每个层次的管理者要对目标、对上司、对下级负责。管理者要管理在管理宽度范围内的事务,所以就要拥有权力。组织的原则是对各级管理者的授权。当组织在确定了各管理职位后,也应当同时确定该职位所拥有的权限。如果最高管理层把大小的权力都高度集中,那么没有授权的管理职位就形同虚设。授权,是正式组织的授权,一部分是由制度给予明确规定的,一部分则由上司在职权范围内以一定的形式授予。权力和职位应相称,授权过大或过小都是对权力的误解。

3. 权力的制约

授权是为了管理,为了饭店的目标。权力绝不应成为牟取私利的凭借。对管理者的权力应该有制约手段。对饭店最高管理层可由监事会、董事会、党组织、职代会等来制约,同时在饭店最高管理层中各成员相互之间有监督制约机制。各部门经理的权力一方面受上级的检查监督和制约,另一方面应受到相关职能部门的监督和制约,同时,部门经理的权力应受到本部门员工的监督和制约。所有对权力的监督和制约都应该有相关的制度给予规定,真正做到权力不可无限膨胀。

(五)饭店组织的系统原则

系统理论认为一个系统最本质的要素是它的"组织联系",组织联系形式的不同就形成这个组织系统和那个组织系统之间的区别。例如,工厂系统是以实物产品为纽带而形成系统内的组织联系,饭店则是以宾客在饭店的周期为纽带形成系统内的组织联系。正是从饭店系统的"组织联系"特点出发确定了饭店组织的系统原则。

1. 强调组织目标

组织是为目标而存在的,一个组织应有一个统一目标。饭店的统一目标是饭店的整体效益,即整体的社会效益和经济效益。为了实现饭店的目标,饭店确立的宗旨是一切为了宾客旅居生活的圆满,也即"宾客至上"。饭店在业务设计和业务组织时都是以此宗旨为准则,生产最优的饭店产品。饭店在内部协调上也是以宗旨为准则,不管要克服多大的困难,即使饭店要作出一定的牺牲也不能损害宾客的利益,饭店也不能把内部矛盾暴露给宾客。为了整体目标,饭店各部分的局部利益要服从整体利益。

2. 各部分的目标和责任

系统中各部分的性质和职能由它们在整体中的地位所决定。饭店内各个部分之所以存在,是因为每个部分都以自己的部分目标在实现饭店的整体目标,以自己的部分目标为系统承担责任。根据组织对任务分配的功能,饭店要把总目标进行分解,成为各子系统各部分的分目标。分目标要明确,分目标和总目标的关系同样要明确。饭店的组织系统、目标系统要和经济责任制挂起钩来。

(六)团结一致的原则

饭店组织要把系统中的各部分、各种资源拧成一股指向目标，成为一种和谐的矢力，减少摩擦力，消除反作用力和其他方向的力。因此，团结一致成为饭店的一个重要的组织原则。

1. 是组织就必须团结

组织的特征是有目标，多人协作劳动。饭店员工到饭店组织中来，首先是鉴于有共同的目标，这个共同目标可以化解为部分及个人的目标，个人的目标是以共同目标的实现为前提。既然目标一致，就应团结一致。饭店是协作劳动，其协作就会受到损害，导致目标的残缺。饭店是独立的分散劳动，但又有很紧密的联系，只有团结才有协调。

2. 团结是有原则的

团结是为了组织目标，而不是为了一种表面的形式，团结必须是有原则的。这个原则就是以目标为准则，以正气为前提。

3. 组织保证

要使饭店组织能真正团结一致，做到长治久安，必须一方面要加强企业文化的建设，另一方面要有组织保证。组织保证的措施有：

(1)从制度上和道德观念上确定每位员工的人格尊严观，以人格力量建立起人与人之间的正确关系，互相尊重互相关心，并以此来规范和自我约束每个人的言论和行动。

(2)以制度形式界定破坏团结的言论行为，并有相关的处罚手段。

(3)各级管理人员在组织团结一致方面起模范表率作用，同时做好消除不团结的隐患的工作，对发生的不团结现象应以高度的责任感及时处理纠正。

二、组织设计的依据

1. 战略因素

饭店组织结构设计应服从饭店战略的需要。设计适应战略要求的饭店组织结构是实施战略、实现饭店组织目标的前提。实现饭店组织目标，通常可有多种战略选择，而不同的战略选择会影响饭店组织结构：一是不同的战略要求不同的业务活动，从而影响组织设计；二是战略重点的改变引起工作重心转移，从而有必要对各部门及相关岗位作出相应调整。

2. 环境因素

任何企业组织都在一定的社会经济环境中运转，外部环境必然对组织内部的结构产生一定的影响。例如，在计划经济时代，我国的饭店企业以完成接待任务为主，饭店内部机构设置以接待和服务部门为主；而在市场经济的条件下，饭店必须自己开拓市场，饭店企业纷纷建立市场销售部。加入 WTO 后，为适应全球竞争的需要，饭店纷纷加强了与国际订房中心的合作，强化订房部在饭店的作用等。

3. 技术因素

饭店的业务活动需要利用一定的技术和反映一定技术水平的物质条件。技术和技术设备水平不仅会影响饭店业务活动的效果和效率，而且还会影响饭店业务的内容划分、岗位设置和人员素质要求。例如，计算机技术在饭店的普遍运用，使许多岗位降低了工作强度，减少了人员配备，但对操作人员的基本素质提出了新的要求。

4. 规模与等级因素

规模与等级是影响饭店组织结构的一个十分重要又非常直接的因素。饭店规模的大小往往与饭店等级密切相关。高星级饭店要求有齐备的服务项目和配套设施，因此其组织机构也会比较复杂；规模不大的低星级饭店则不必要也不可能有复杂、庞大的组织机构。

三、饭店组织设计

（一）饭店部门设计

1. 设计原则

（1）产品部门化　产品部门化是根据饭店经营的主要产品设立部门，包括产品设计、生产、营销和服务等一系列工作。这种组织设计可充分利用职工专业知识，有利于发挥专项产品的生产和经营，对产品质量和特色管理有重要的意义。饭店主要经营客房产品、会展产品、餐饮产品和康乐产品，这些产品在生产、技术、服务和营销方面各不相同。因此为了方便工作，保证产品质量，饭店必须以产品来设计部门，例如客房部（管家部）、会展部、餐饮部和康乐部等；然后根据产品的生产和服务流程设计该部门的二级部门，即下属部门，例如客房部包括客房楼层、客房中心、洗衣房等。

产品部门化设计方法适用于规模较大的饭店，优点是易于集中专项产品的营销和质量管理，对市场有较强的适应力，易于激发职工的主动性和创造性，为培养高级管理人才提供良好机会。然而产品部门化也可能导致部门独立性过强，不利于饭店整体组织的协调。

（2）职能部门化　以工作职能为依据设计部门是将相近的工作内容的职务归类成为一个部门，如人力资源部、财务部、保安部、市场营销部和工程部等。

职能部门化有利于饭店专业归口管理，便于监督指导，可提高工作效率；同时按职能设计部门有利于职工培训，充分发挥部门工作效率。职能部门化的缺点是：工作性质相对独立，容易造成部门利益和部门间的冲突。

（3）区域部门化　以经营区域为依据设计部门指按饭店经营区域划分部门。这种部门设计适用于国际饭店集团和大型饭店。例如国际饭店集团或大型饭店的营销部下设欧洲营销部、亚洲营销部等。

区域部门化的优点是管理人员可熟悉地区市场环境，经营管理专业化，产品种类和营销策略有针对性，工作效率高；缺点是饭店对管理部门的控制不利。

（4）时间部门化　时间常作为饭店部门设计的依据，由于饭店一线部门工作时间长，例如，房务部每天 24 小时工作，尤其是客房服务中心，因此可根据时间将一线业务部门设计为早班组、正常班组和晚班组等。按工作时间设计不同工作班组可方便服务和管理，利于产品质量控制。

(5)综合管理化　在饭店组织中，总经理办公室常作为饭店综合管理部门，对外联系本企业与外部组织机构，对内协调饭店各部门工作。因此在饭店组织设计中，应充分考虑综合管理部门。

2. 饭店的部门分类

(1)饭店的上级机构　所谓上级机构是指饭店的投资者，它对产权有最终决策权，并以所有者的身份监督并约束经营者的经营管理行为。上级机构在一些饭店可能不存在，如独资自行管理的饭店，但饭店有上级机构的体制在我国是大量存在的。

(2)饭店内部各部门的划分　①经营部门。经营部门也叫前台部门、一线部门，是指处于一线为宾客提供面对面服务的部门，主要有市场营销部、公关部、前厅部、客房部、餐饮部、娱乐部、康乐部、商品部等。这些部门的共同特点是面对顾客，提供服务，产生经营效益。②后勤部门。后勤部门也叫后台部门、二线部门、支持部门，指处于二线不直接和宾客接触，间接向宾客提供服务的部门，主要有人事部、财务部、工程部、保安部、采供部、办公室等。这些部门的共同特点是不直接面对顾客和提供服务，不直接产生收入，是一线部门的支持部门，是饭店的成本部门。③其他机构的设置。饭店除业务的前后台部门设置外，根据我国的国情、法律、政治经济体制等，饭店还要设置其他机构。一是党组织的领导机构，它要对饭店的正常运行、经营决策、实现组织目标起监督保证作用；二是工会、共青团、妇女组织机构。工会是职工代表大会的常设机构，工会通过职工代表大会的形式使职工行使民主管理的权利，监督饭店的活动，维护广大职工的利益。青、妇组织是饭店的群众组织，根据该组织的章程在饭店中发挥积极的作用。

(二)管理层次设计

饭店组织层次设计是确定饭店组织内的纵向工作关系。通常纵向层次划分受职能部门管理幅度制约，而管理幅度指一个上级管理者能直接管理下属的人数。

管理幅度与管理层次相互联系，相互制约，两者成反比例关系。即管理幅度越大，管理层次越少；管理幅度越小，管理层次越多。

在饭店组织层次设计中，管理者的能力很重要，能力包括个人素质、专业知识和管理经验。通常高业务素质的管理者可胜任较大的管理幅度，否则应确定较小的管理幅度。而被管理者的素质是组织层次设计不可忽视的因素，高责任感、技术熟练、能胜任工作的职工不需过多地指挥和监督，可设置较宽的管理幅度。

有些职工愿意自我管理，设计较宽的管理幅度更助于提高工作效率。但是对于过分依赖上级的职工，应有较小的管理幅度。根据饭店调查，有效的职工培训能减少职工对上级管理者的依赖，从而可设置较宽的管理幅度。饭店组织中有较强的凝聚力，即使设置较宽的管理幅度，也便于管理和协调。

管理工作复杂，管理者与下级职工需要保持经常联系，应设置较小的管理幅度；工作简单，应有较宽的管理幅度；如果业务之间有较强的相关性，应设置适合的管理幅度。

通常，饭店采用较小的管理幅度策略时，管理层次必然多，该组织结构形似金字塔，将这种类型的组织结构称为“高架结构”。把管理幅度宽、纵向层次少的组织结构称为“扁平结构”。高架结构和扁平结构各有利弊，高架结构可集中管理，实施严格的控制，但不利于组织内信息沟通和传递，工作效率较低；扁平结构有利于分权和授权，组织成员可从工作中获得满足感，但加重管理者的负担。现代饭店组织结构趋向平面化和弹性化。

四、饭店组织结构类型

就本质而言，组织结构是反映组织成员之间的分工协作关系。组织结构设计的目的是为了更有效地和更合理地把组织成员组织起来，即把一个个组织成员为组织贡献的力量有效地形成组织的合力，让他们有可能为实现组织的目标而协同努力。每个社会组织内部都有一套自身的组织结构，它们既是组织存在的形式，本身还是组织内部分工与合作关系的集中体现。所有组织成员都将在此结构中充当一定的角色，承接一定的工作，否则就没有资格待在组织之中。由于组织内外部环境的不同，组织结构的类型也不尽相同。一般来说，饭店组织结构的形式有以下几种：

1. 直线型

特点：下属只接受一个上级的指令（见图 8-1）。

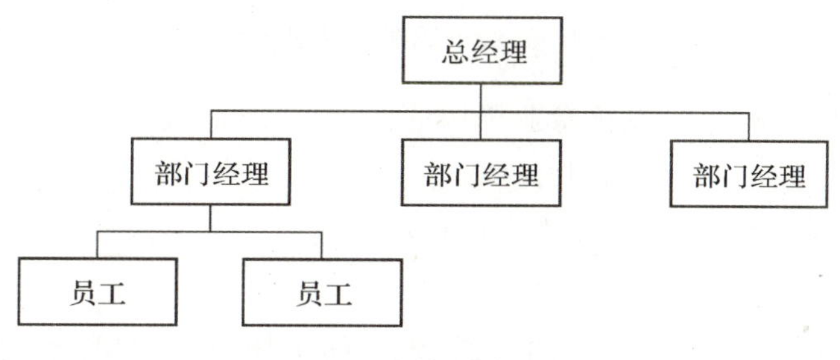

图 8-1　直线型组织结构

优点：结构简单，责任分明，命令统一。

缺点：最高主管要通晓多种知识和技能是比较困难的。

适用：较小规模的饭店通常采用这种结构。

2. 职能型

特点：将技能相似的专业人员集合在各自专门的职能机构内，并分工合作（见图 8-2）。优点：适应了大生产分工合作的要求，提高了专业化和管理水平，减轻了高层的压力。

缺点：一个下级受多个上级的领导，还会片面追求本部门的利益，部门冲突增多。

适用：流水线生产企业通常采用，饭店企业不太常见。

3. 直线—职能型

特点：是吸取上述两种形式的优点，把企业人员分为两类：一类是直线领导，按统一命令原则对各级组织行使指挥权；另一类是职能机构，按专业化原则，做好直接领导的参谋，不能对直接部门发号施令，只能进行业务指导（见图 8-3）。

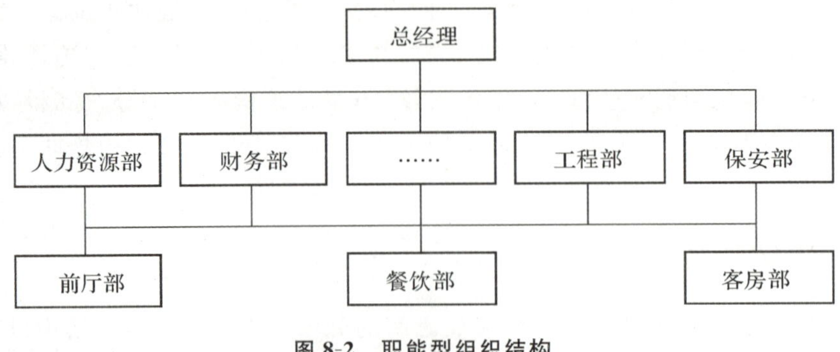

图 8-2　职能型组织结构

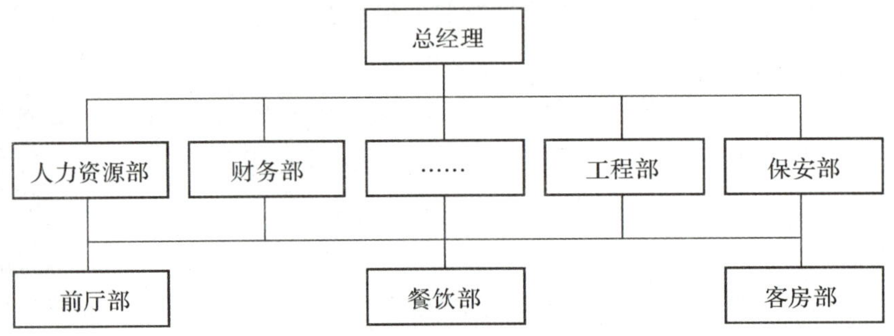

图 8-3　直线—职能型组织结构

优点：既保证集中统一，又发挥专业机构的作用。

缺点：职能部门之间的协作和配合性较差。

适用：多数上规模的单体饭店通常采用这种结构。

4. 事业部制

特点：事业部必须具备三个基本的要素：独立的市场、独立的利益、独立的自主权，执行"集中决策，分散经营"的管理原则（见图 8-4）。

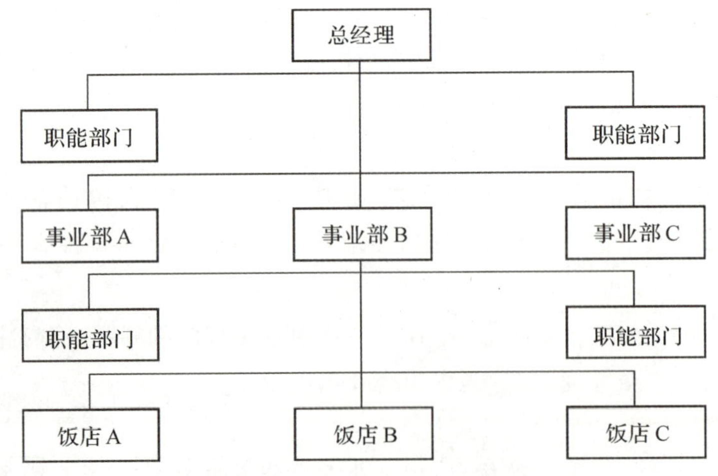

图 8-4　事业部制组织结构

优点：它使高层管理部门摆脱了日常繁杂的行政事务，可以专注战略决策事务。同时能充分发挥各事业部的积极性，培养“多面手”式的管理人才。

缺点：职能部门重复，管理人员增多，管理成本提高。

适用：饭店集团公司通常采用这种模式。

5. 矩阵型

特点：是由纵横两套管理系统组成的矩形组织结构，纵向是管理系统，横向是项目系统（见图 8-5）。

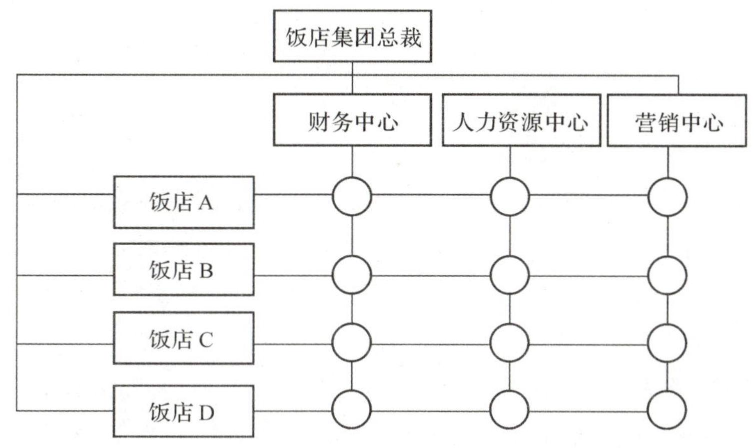

图 8-5 矩阵型组织结构

优点：可以取得专业化分工的好处，可以跨越各职能部门获取他们所需要的各种支持活动，可以有效地克服职能部门之间相互脱节的弱点。

缺点：组织中的信息和权力等资源一旦不能共享，项目经理与职能经理之间会发生矛盾。项目成员需要接受双重领导，要具备较好的人际沟通能力和平衡协调矛盾的技能。

适用：饭店管理公司中，项目管理的饭店通常采用。

6. 动态网络型

特点：是一种以项目为中心，通过与其他组织建立研发、生产制造、营销等业务合同网，有效发挥核心业务专长的协作型组织（见图 8-6）。

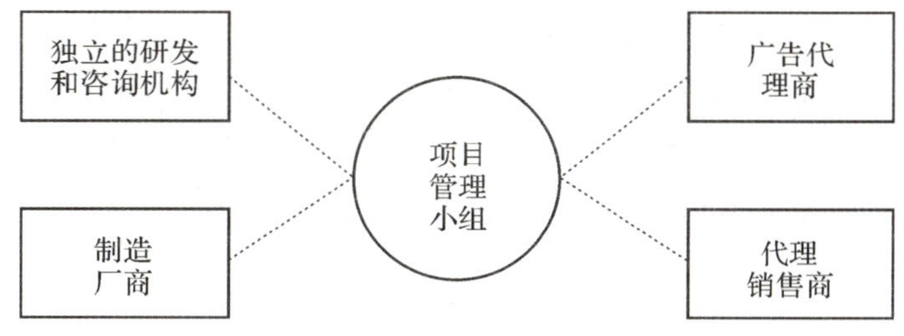

图 8-6 动态网络型组织结构

优点：以项目为中心的合作可以更好地结合市场需求来整合各项资源；由于组织中的大多数活动都实现了外包，组织结构可以进一步扁平化。

缺点：组织的可控性差。

适用：耐克公司就采用这种模式。饭店战略联盟网络组织基本上也是这种模式。有的饭店将培训、工程、物资供应等外包，也应该算这一模式。

与传统组织模型对比，网络组织有以下主要特点：网络性、扁平性、灵活性、多样性、全球性。

知识拓展

浙江世贸君澜大饭店组织

一、浙江世贸君澜大饭店介绍

浙江世贸君澜大饭店位于杭州西湖宝石山下，黄龙洞旁，地处杭城金融、商业、旅游和文化体育中心——黄龙商务区的中心位置，是商务、会议和旅游人士的最佳选择。浙江世贸君澜大饭店，规模宏大，位居“杭州城市建设十大新景观”之首。饭店占地4.5公顷，总建筑面积约13.2万平方米。其中：一期总投资7800万美元，建筑面积8.2万平方米，包括世贸君澜大饭店（各类客房387间套）、世贸国际展览中心（1～4号展馆）、世贸大厦（一期写字楼）、智能化大型地下停车库等；二期建筑面积5万余平方米，包括世贸大厦（二期写字楼）、世贸国际展览中心（5、6号展馆）和世贸俱乐部。整个饭店气势雄伟，规模、档次高居浙江省之翘楚。

◇世贸建筑物——“杭州城市建设十大新景观”之首。

◇5万平方米写字楼——杭州市商务办公首选之地，企业实力的象征。

◇会议中心——会议设施功能齐全，经典LED屏，展现精彩、靓丽的时尚会议新空间！

◇拥有15200平方米的绿色草坪和同时可容纳300余车位的智能化大型地下停车库。

◇杭州市第一家开通无线宽带高速上网。

◇世贸俱乐部——豪华、高贵的商务、健身、美容美体休闲场所。

◇通过ISO9001国际质量体系认证的饭店。

◇“国际大会及会议协会（ICCA）”成员之一。

◇中国饭店“金钥匙”组织杭州地区首席代表。

◇“中国杭州西湖博览会”主会场。

◇中国首家通过“绿色环球21”认证的饭店。

二、浙江世贸君澜大饭店组织结构图

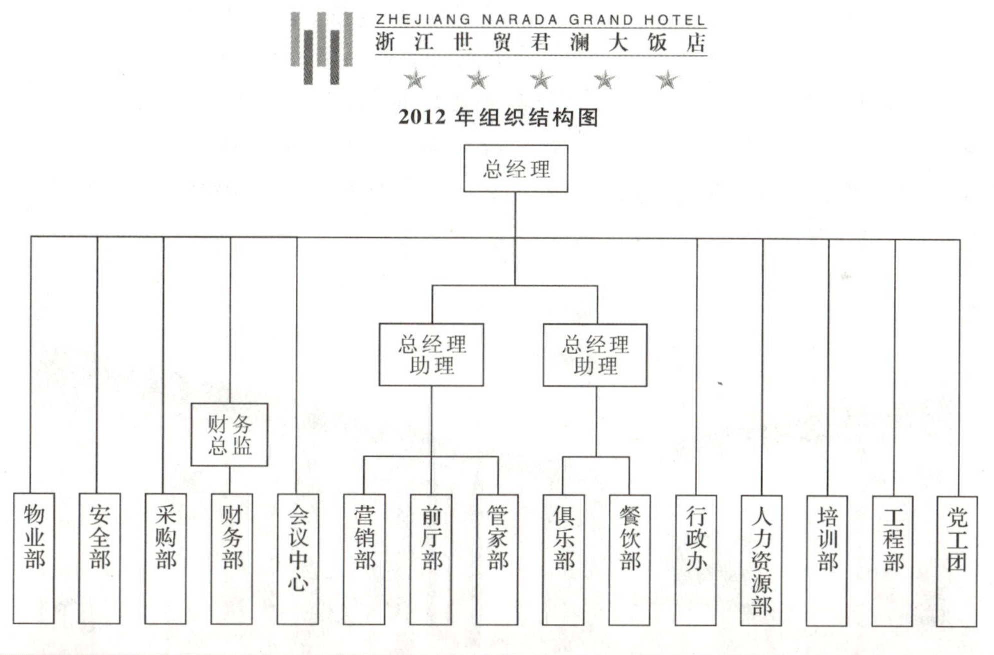

知识拓展

香水湾君澜度假酒店

香水湾君澜度假酒店是君澜酒店集团全资管理的一家奢华海滨度假酒店。酒店位于海南陵水县香水湾旅游度假区，背靠自然分界线牛岭，与绵延的牛岭生态公园相望，面朝浩瀚的南中国海，与南海诸岛相映生辉。酒店占地 64000 平方米，距陵水县城 17 公里，距三亚市区 60 公里，距三亚凤凰国际机场 90 公里。香水湾君澜度假酒店于 2010 年 10 月

开业，仅由96户滨海院墅组成，共119间卧房，超大的观景落地窗、独立的私家泳池以及私密的花园庭院让宾客足不出户尽享悠闲假期和放松心情。风荷轩中餐厅环绕于令人叹为观止的南中国海海浪和沙滩美景之中，蒂芙尼西餐厅24小时营业。酒店拥有宽敞的会议厅，私家罗马式草坪婚礼广场。私家教练开展冥想、禅修、瑜伽、太极等课程，提供专业的水疗服务，前所未有的自动平衡式灵动思维车和顶级自行车品牌崔克脚踏车可以带宾客游转酒店热带花园及沙滩，另有多项水上设施如超大海景无边界镜面户外泳池、沙滩泳池、儿童房及娱乐会所等给度假客人带来无限的欢乐时光。

思考题

1. 请通过网络、电话调研等方式了解香水湾君澜度假酒店的组织结构。

2. 君澜酒店集团位于浙江杭州，香水湾君澜度假酒店位于海南省三亚市，试从组织管理职能角度思考集团如何开展全资管理？

闯关测试

浙江大酒店

浙江大酒店系浙江省交通投资集团实业发展有限公司全资子公司，位于杭州市经济、文化最繁华的武林CBD商圈。

酒店主楼高29层，建筑面积5万多平方米，拥有278间(套)风格迥异的舒适客房，餐饮面积5600平方米，各式包厢15个，现为四星级饭店。目前，酒店为求得永续发展，并为实现成功转型而打造成现代高品质的酒店，将投入1亿元的改造资金。现已全面完成主体装修改造。新增的服务设施包括：目前杭城仅有的位于酒店25层的空中大堂，龙井茶吧设于大堂内；有贴切个性化服务与特性消费之所需的“女士楼层”、豪华舒适的湖景套房以及可满足商务活动、大型会议、会展、婚宴之所需的国际宴会厅、会展厅、咖啡厅、杭帮风味餐厅、港澳风味餐厅、行政俱乐部会所、露天花园烧烤等。

全面完成装修改造后的浙江大酒店将定位于城市精品商务型酒店，并计划开展五星级饭店的申报评审。为此，酒店与君澜酒店集团签订委托管理合同，希望借此提升服务品质和档次。

思考题

1. 假设你是君澜酒店管理集团的管理者，你觉得该如何设置浙江大酒店的组织结构？

2. 为了顺利通过五星级饭店的评审，你认为浙江大酒店的管理内容该如何调整，以完成组织目标？